하트 오브
비즈니스

하트 오브 비즈니스

초판 1쇄 인쇄 2022년 4월 27일
초판 8쇄 발행 2023년 11월 24일

지은이 위베르 졸리, 캐롤라인 램버트
펴낸이 고영성

책임편집 윤충희 **편집** 박소현 **디자인** 정혜림 **저작권** 주민숙

펴낸곳 주식회사 상상스퀘어
출판등록 2021년 4월 29일 제2021-000079호
주소 경기도 성남시 분당구 성남대로 52, 그랜드프라자 604호
팩스 02-6499-3031
이메일 publication@sangsangsquare.com
홈페이지 www.sangsangsquare.com

ISBN 979-11-975493-9-7 03320

하트 오브 비즈니스

미래의 비즈니스를 위한 안내서

THE HEART OF BUSINESS

위베르 졸리, 캐롤라인 램버트 지음 | 엄성수 옮김

상상스퀘어

저자

위베르 졸리^{Hubert Joly}는 하버드 경영대학원의 부교수이고 베스트
바이의 전직 CEO이자, 회장이다. 그는 존슨앤드존슨과 랄프로렌
코퍼레이션, 뉴욕공공도서관과 미네아폴리스미술관의 이사이고,
HEC파리의 국제자문위원회의 위원이다.

위베르 졸리는 《하버드 비즈니스 리뷰^{Harvard Business Review}》의 세계
100대 CEO, 《배런스^{Barron's}》의 세계 30대 CEO, 〈글래스도어^{Glassdoor}〉
의 미국 10대 CEO 중 한 명으로 선정됐다. 그는 〈싱커스50^{Thinkers50}〉
의 세계 50대 경영인 중 한 명으로 선정됐고, 2021 리더십 어워드를
수상했다.

공동 저자이자 집필 파트너인 **캐롤라인 램버트**Caroline Lambert는 기업과 시민 사회, 정치 분야를 이끄는 리더들을 포함해 변화를 이끄는 다양한 사람들과 협업하며 그들의 생각과 경험을 책으로 만드는 일을 하고 있다. 과거에는 시사 주간지《이코노미스트The Economist》의 해외 특파원과 아시아 담당 부편집장으로 활동하면서 세계 각지에서 사업, 경제, 정치 분야의 기사를 썼다. 이러한 공로를 인정받아 디아지오 아프리카 비즈니스 리포팅 어워드Diageo Africa Business Reporting Award와 산람 어워드Sanlam Award의 우수 금융 저널리즘 부문을 수상했다. 인시아드INSEAD 경영대학원에서 경영학 석사 학위를, 존스홉킨스 국제관계대학원에서 국제 관계 문학 석사 학위를 받았으며, 이곳에서 C. 그로브 헤인즈 어워드C. Grove Haines Award 국제 정책 부문을 수상했다. 또한, 글로벌개발센터에서 객원 연구원으로 일했다.

역자

엄성수는 경희대학교 영문과 졸업 후 집필 활동을 하고 있으며 다년간 출판사에서 편집자로 근무했다. 현재 번역에이전시 엔터스 코리아에서 출판 기획 및 전문 번역가로 활동하고 있다.

《테슬라 모터스》《유튜브 컬처》《E3: 신이 선물한 기적》《더 이상 가난한 부자로 살지 않겠다》《당신은 완전히 충전됐습니까?》《나는 오늘부터 나를 믿기로 했다》《필 잭슨의 일레븐 링즈》《무소의 뿔처럼 당당하게 나아가라》《아틀라스 옵스큐라》《디지털 매트릭스》《타인의 친절》등 약 70권의 책을 번역했다.

저자의 탁월한 리더십으로 다 쓰러져 가던 '베스트 바이'가 기업 회
생에 성공한 것은 놀라운 일이 아닐 수 없다. 저자의 업적은 전 세계
경영대학원에서 가르쳐야 하고, 또 가르칠 만한 사례다. 대담하면서
도 사려 깊은 그에게 많은 것을 배울 수 있을 것이다.

- 제프 베이조스, 아마존 창업자

실제 경험에서 나온 위대한 이야기와 교훈을 통해, 저자는 한 기업
의 목적을 깊이 생각하게 만든다. 여기서 목적이란, '휴먼 매직'을
발산해 조화롭게 모든 이해관계자에게 봉사하고 공익에 기여하는

것이다. 또한 이런 비전을 현실로 만드는 일련의 원칙들과 현실적인 조언을 제시한다.

- 사티아 나델라, 마이크로소프트 최고경영자

이 책에 담긴 철학은 저자의 가슴에서 우러나온 것이며, 지난 10년 넘게 우리 회사의 책임자로서 개인적으로 공유해 온 철학이기도 하다. 그는 성공을 향한 여정에서 숭고한 목적을 추구하며 사람을 가장 중시해야 한다고 믿는데, 이 믿음은 그가 말하는 휴먼 매직의 일부다. 베스트 바이가 그의 리더십 아래 되살아난 것은 가슴에서 우러나는 그 원칙들이 얼마나 큰 변혁의 힘을 갖고 있는지 보여준 한 가지 예에 불과하다. 나는 오랜 세월 이 경험들을 저자와 직접 공유하며 많은 영향을 받는 특권을 누렸다. 특히 요즘같이 도전이 많은 시대에, 이 책은 진정한 리더십과 함께 일하는 방식들에 관한 독특하면서도 아주 인간적인 안내서다.

- 랄프 로렌, 랄프 로렌 코퍼레이션 회장 겸 최고 크리에이티브 책임자

저자는 조직 혁신에 대해 신선한 목소리를 냈으며, 이제 이 책을 통해 자본주의 이해관계자를 잇는 다음 단계를 예견한다. 세계적 착한 기업의 기준과 계속 변화하는 리더십의 본질, 그리고 우리가 하는 모든 일의 중심에 목적이 있어야 하는 이유를 알고자 한다면 이 책을 꼭 읽어야 한다.

- 알렉스 고르스키, 존슨앤드존슨 회장 겸 최고경영자

이 책은 향후 10년간 대표적인 경영학 서적으로 기억될 것이다. 이 책에서 저자는 아주 단순하면서도 성공적이고 심오한 자신의 통찰력을 독자들과 공유함으로써, 목적, 사람, 수익을 재조명하고 있다. 이미 입증된 그의 철학은 포용적 자본주의의 새로운 시대에, 모든 이해관계자를 위해 신속한 방향 전환을 도모하는 모든 리더와 기업의 훌륭한 길잡이가 될 것이다.

- 안젤라 아렌츠, 전직 애플 수석 부사장, 전직 버버리 최고경영자

저자는 이 책에 비즈니스, 리더십, 삶에 대한 평생의 교훈들을 압축해 넣었다. 용기 있는 리더에게서 나온 의미 있고 흥미진진하며 시기적절한 책이다.

- 앨런 멀러리, 전직 포드 최고경영자, 전직 보잉 최고경영자

고무적인 목적을 세우고 직원을 이끄는 기업이 어떻게 예상치 못한 혁신적 성공을 누릴 수 있는지 잘 보여주는 최고경영자가 나타났다! 저자는 이해관계자의 참여를 이끌어 내고 계속 좋은 성과를 내려면 휴먼 매직이 필요하다는 것을 대담하게 주장하고 입증함으로써 기존의 틀을 깬다. 이 신선하고 깨어 있는 접근방식이 폭넓게 실천되기만 한다면, 사업을 선한 힘으로 만들고 나아가 자본주의를 구원하게 될 것이다.

- 마릴린 칼슨 넬슨, 전직 칼슨 컴퍼니스 회장 겸 최고경영자

리더들은 현재의 기술과 경영 혁신에 집중한다. 이 책에서 저자는

진정한 리더십이 무엇인지 보여준다. 그것은 목적을 분명히 하고, 사람을 중심에 두고 모든 이해관계자를 포용하며 이익을 결과로 보는 것이다.

- 아이차 에반스, 죽스 최고경영자

이 책은 저자가 베스트 바이에서 수년간 쌓은 경험을 토대로, 목적의식과 인간적인 리더십의 중요성을 강조한다. 그리고 이런 리더십을 발휘하는 법을 잘 보여주는 혁신적인 책이다. 휴먼 매직을 맘껏 발산하게 하는 이 책은 기업의 경영 방식은 물론 경영대학원에서 비즈니스와 자본주의를 가르치는 방식까지 뒤바꿀 것이다. 이 책은 우리 시대를 규정짓는 필독서다.

- 아리아나 허핑턴, 스라이브 글로벌 창업자 겸 최고경영자

저자는 '이해관계자 자본주의' 경영 사례를 명쾌히 규명해 온 존경받는 리더다. 이 책은 수익보다 목적과 사람을 더 중시하는 그의 열정을 예리하게 포착한다. 또한 인간성이 몹시 약해진 상태일 때도 기업이 어떻게 선한 영향력을 계속 추구할 수 있을지, 실제 사례와 독특한 통찰력을 곁들여 보여준다.

- 폴 폴먼, 이매진 재단 공동 창업자 겸 회장, 전직 유니레버 최고경영자

이해관계자 자본주의와 사업의 목적이라는 개념을 논의하기 훨씬 전에, 저자는 이미 그 두 가지 개념을 받아들여 인상적인 성공을 거두고 있었다. 가장 뛰어난 기업 리더로서, 그는 이 책에서 조직을 목

적과 인간애로 이끄는 것이 왜 좋은지, 이를 현실에서 어떻게 실현할지 설명한다. 이 책은 깊이 있는 연구로 탄생한 매우 실용적이고 읽기 쉬운 책이다. 또한 비즈니스와 자본주의를 어떻게 완전히 새롭게 재창조할지, 고무적이고 유쾌한 비전을 제시한다.

- 대런 워커, 포드 재단 이사장

이 책을 보면 저자는, 각 개인이 자신의 됨됨이와 기여도에 따라 평가되는 환경을 조성하려면 어떻게 해야 하는지 잘 알고 있는 것이 분명하다. 그는 다양성이 뒤로 미룰 수 없는 비즈니스의 기본 중에 기본이라는 걸 잘 안다. 또한 뚜렷한 목적과 인간애를 지닌 리더가 되려면 어떻게 해야 하는지도 잘 알고 있다. 이 책을 읽음으로써 당신 또한 그런 리더가 될 것이다.

- 크리스털 E. 애시비, 전직 경영진 리더십 위원회(ELC)의 최고경영자

이 책의 저자는 가장 설득력 있고 배려심 많은 우리 세대의 최고경영자 중 한 사람이다. 이 책은 목적의식이 뚜렷한 리더가 되고 의미 있는 전문가로 살아가기를 원하는 모든 사람에게 안내서 역할을 할 것이다. 나는 저자가 그런 사람이란 것을 직접 목격했다. 그는 목적이 이윤만큼이나 중요하며, 일 그 자체가 아무리 힘들어도 나름대로 즐거울 수 있다는 원칙에 따라 성심성의껏 사업에 임했기 때문이다.

- 코리 배리, 베스트 바이 최고경영자

의미 추구, 기업의 리더십과 목적과 관련된 여러 의문들은 아마 오

늘날 자본주의 사회의 최대 관심사일 것이다. 베스트 바이의 회장 겸 최고경영자를 지낸 저자는 자신의 지난 여정을 되돌아보며 우리에게 무한한 영감을 불러일으킨다. 그는 이 책에서 개인적 성취와 기업의 성공을 이끌어 내고 세상에 긍정적인 영향을 주는 열쇠가, 기업이 사람들과 그들의 열망을 최우선으로 생각하는 것이라고 역설한다. 그러나 이 책은 유용한 관리 원칙과 조언을 제시하는 것 이상의 역할을 한다. 즉 우리로 하여금 삶 그 자체의 의미에 대해서도 생각하게 한다. 저자는 자신의 풍부한 경험과 지혜로써 자본주의의 미래에 결정적으로 기여하고 있다.

- 토마스 부베를, AXA 최고경영자

"목적과 사람을 비즈니스의 중심에 놓는 것이 성과도 올리고 장기적인 가치도 올리기 위한 가장 강력한 동인이다." 이것이 저자가 전하고자 하는 메시지의 핵심이다. 사람을 가장 중시하는 기업을 이끌고 있는 나는 그의 접근방식, 이해관계자들의 공동체인 기업을 향한 비전, 기업의 민첩성과 권한 부여를 바라보는 관점 등에 크게 공감한다. 이 책은 경제, 사회, 환경 분야에서 긍정적인 영향력을 발휘하고자 하는 모든 이들에게 영감을 주는 필독서다.

- 소피 벨롱, 소덱소 회장

우리 시대의 완벽한 리더십을 보여주는 이 책은 시기적절한 동시에 시대를 초월한다. 이 책은 세계 각계각층의 리더들이 사람들에게 영향을 주는 방법에 관한 오랜 진리를 활용하도록 도와줄 것이다. 저자 자신이 분석력이 뛰어나고 활기 넘치는 매킨지 컨설턴트에서 목적 지향적 리더로 변신했기 때문에, 이 책의 인상적인 이야기들과 진정성 있는 겸손함은 생생한 설득력을 얻는다. 그는 이 책에서 숭고한 목적을 추구하고 사람을 가장 중시하는 것이, 모든 사람이 활용할 수 있는 놀라운 리더십 공식인 이유를 독자에게 보여준다.

— 제임스 M. 시트린, 스펜서 스튜어트 최고경영자

이 책은 현재의 리더와 미래의 리더가 읽어야 할 필독서다. 동료로서 저자의 활동을 지켜본 나는, 이 책에서 지금까지 그를 이끌어 온 원칙들을 읽으며 누구보다 큰 감명을 받았다. 그는 성장을 촉진하고 사업을 성공으로 이끄는 인간 중심 경영의 중요성을 강조한다. 이것이야말로 선함의 진정한 힘이요, 이 세상에 절대적으로 필요한 힘이라고 말한다.

— 메리 딜런, 울타 뷰티 최고경영자

저자는 내가 깊이 존경하고 흠모하는 리더다. 흥미진진한 이 책에는 직원, 고객, 공급업체, 투자자, 지역사회와 인간적 관계를 맺도록 격려하고 목적을 이용하는 그의 타고난 재능이 담겨 있다. 이런 일들을 효과적으로 해내는 법을 배우고 싶다면 이 책을 꼭 읽어야 한다.

— 존 도나호, 나이키 사장 겸 최고경영자

이 탁월한 책을 읽는다면, 내가 저자와의 만남과 배움을 통해 얻은 것을 당신도 얻게 될 것이다. 또한 일, 리더십, 삶에 대한 당신의 접근방식도 완전히 바뀌게 될 것이다.

- 로돌프 뒤랑, HEC 파리 교수

여러 기업을 되살린 저자는 이제 자본주의 자체의 방향을 바꾸는 가장 큰 도전에 나섰다. 이 책은 경영학 논문이나 경영 회고록 이상의 의미를 갖는다. 사람들이 어떻게 사업에서 의미와 목적을 찾을 수 있을지, 기업이 발전할 수 있는 숭고한 목적을 어떻게 알아낼 수 있을지를 탐구한다. 저자는 흥미진진하면서도 사업 지향적인 견해를 내세우며, 자본주의의 미래가 사람들이 직장에서 잘나가게 돕는 일에 달려 있는 이유를 설명한다.

- 로저 W. 퍼거슨 주니어, TIAA 사장 겸 최고경영자

이 시대의 가장 유능한 리더 중 한 사람인 저자는, 어려운 사업적 도전을 헤쳐 나가는 동시에, 주변 사람을 더 높은 목적으로 이끄는 남다른 능력이 있다. 이 책은 모든 리더들이 가장 중요한 것, 즉 인간관계의 힘에 집중하여 영향력을 높일 수 있는 현실적이고 야심 찬 로드맵을 제시한다. 공감 능력과 용기를 갖고 다른 이들을 이끌어 가도록 격려하는 스승으로 저자만 한 사람은 없다.

- 미셸 개스, 콜스 최고경영자

이 책은 우리가 왜 그리고 어떻게 사업을 해야 하는지 다시 생각하게 하는 분명한 메시지를 담고 있다. 저자의 리더십과 인간애는 이 책의 모든 페이지에서 빛을 발하며, 그에게 영향을 준 경험과 사람

들의 이야기에서 그의 철학을 엿볼 수 있다. 이 철학 덕분에 그는 놀라운 성공을 이룩했다. 이 책은 저자 자신만큼이나 영향력 있고 진실하며 쉽게 읽힌다.

- 신디 켄트, 브룩데일 시니어 리빙 부사장 겸 사장

저자와 그의 팀이 이룩한 베스트 바이의 놀라운 성공 스토리는 금세기 들어 가장 고무적이고 교훈적인 이야기다. 이 책은 조직의 리더라면 직급과 상관없이 누구나 읽어야 한다. 또한 미래의 리더를 꿈꾸는 이에게는 로드맵이 될 것이다.

- 마셜 골드스미스, 《뉴욕 타임스》 최고의 베스트셀러 작가, 《트리거》의 저자

저자는 목적과 진심을 바탕으로 조직을 이끌어 주주와 이해관계자들에게 기여하면, 조직을 위해 가장 장기적인 가치를 구축할 수 있다고 말한다. 저자의 이런 신념은 전통적인 비즈니스의 개념에 변화를 일으키고 있다. 이 책에서 그는, 왜 변화는 사람들로부터 시작되고 또 그 결과 어떻게 재정적인 성공에 이르게 되는지를 밝힌다. 이 책은 현실적이고 실행 가능한 안내서다. 남다른 결과와 영감을 얻고자 노력 중인 리더들이 반드시 읽어야 한다.

- 린다 코즐로스키, 블루 에이프런 사장 겸 최고경영자

이 책은 비즈니스계의 동화 같은 이야기가 아니다! 대단한 결과와 효율성에 관한 위대하고 진실한 이야기다. 이 책에서 저자는 선을 행하고, 직원들이 더 행복해 하면서 자사의 브랜드와 제품, 고객, 매

장에 열성을 갖게 함으로써 어떻게 베스트 바이를 변화시켰는지 이야기하고 있다. 이 책은 꼭 읽어야 한다.

- 모리스 레비, 퍼블리시스 그룹 감사위원회 위원장

어떤 최고경영자든 비즈니스에서 성공하려면 꼭 지켜야 할 원칙이 있다. 베스트 바이를 변화시켜 엄청난 성공을 거둔 저자는 그 원칙을 이렇게 설명한다. 숭고한 목적을 추구하라. 직원들이 일을 하면서 스스로 중요한 존재라고 느끼게 하라. 모든 이해관계자들을 참여시켜라. 이것을 제대로 실행한다면 상당한 이익을 보게 될 것이다. 이 책은 크든 작든 기업을 운영하면서 성공을 거두는 데 필요한 일종의 로드맵이다.

- 헨리 크래비스, KKR 공동 창업자

이 책은 현대 기업의 안내서로, 모든 이해관계자에게 가치를 창출해주는 기업의 목적과 사람의 힘을 잘 보여준다. 이 책에는 저자가 베스트 바이를 비롯한 여러 변혁적 여정에서 얻은 소중한 통찰력이 담겨 있다. 그는 그것이 휴먼 매직에 의해 작동되기 전까지는 종이에 쓰인 글자에 지나지 않는다고 강조한다. 저자의 사려 깊은 메시지는 모든 리더에게 보내는 매우 고무적이며 설득력 있는 행동 개시 신호다.

- 파트리스 루베트, 랄프 로렌 사장 겸 최고경영자

이 책에서 저자는 자신이 세운 사업과 리더십의 원칙, 그리고 그것을 수년간 활용하면서 적용한 방법들을 공유한다. 경영대학원을 갓 졸업한 사람이든 노련한 최고경영자든, 이 책은 독서 목록에 넣어야 할 놀라운 책이다.

– 인드라 누이, 전직 펩시코 회장 겸 최고경영자

지난 10년 넘게 나는 저자가 '리더가 되는 법'에 대한 자신의 독특한 비전을 실천하는 것을 감탄 어린 눈으로 지켜봤다. 이 책에서 그는 자신을 성공한 리더로 만들어준 핵심 원칙과 경험을 소개한다. 기업의 목적과 사람의 중요성에 초점을 맞춘 현실적인 예들을 깊은 성찰과 함께 제시함으로써, 21세기 리더들을 위한 궁극의 안내서를 펴냈다.

– 빌 맥냅, 전직 뱅가드 회장 겸 최고경영자

운 좋게도 나는 10년 넘게 저자와 알고 지냈다. 이 책은 숭고한 목적이 오늘날 사업의 성공에 꼭 필요한 동인이라는 개념에 대해 많은 생각을 하게 만든다. 저자는 자신이 경험한, 흥미진진한 일화들로 이런 개념을 뒷받침한다. 또한 그 개념을 실천하는 데 필요한 현실적인 지침도 알려준다. 시기적절하고 의미 있는 이 책은 세계를 발전시키는 데 기업이 어떤 역할을 해야 하는지 일깨워준다.

– 샨타누 나라옌, 어도비 시스템스 최고경영자

저자는 기업이 이윤과 목적 중 어느 하나를 선택할 필요가 없다는 사실을 보여준다. 그뿐 아니라 실용적인 조언과 명확한 예를 통해 그 이유도 설명한다. 이 책을 읽고 나면 자본주의의 미래에 대해 낙관적인 생각을 갖지 않을 수 없다.

- 지니 로메티, 전직 IBM 최고경영자, 원텐 공동 회장

비즈니스는 선을 지향하는 힘이 되어야 한다. 저자는 이 책에서 목적과 사람을 사업의 중심에 놓는 것이 가장 좋은 경영 리더십이라는 걸 보여준다.

- 케빈 스니더, 매킨지 앤드 컴퍼니 글로벌 매니징 파트너

현재 많은 리더와 조직이 자사와 직원, 고객, 세계를 위해 의미를 만들고 나아갈 길을 찾고 있다. 따라서 이 책에서 얻을 수 있는 교훈은 그 어느 때보다 강력한 힘을 발휘한다. 이 책은 지혜로운 삶의 이야기와 조직을 훌륭하게 이끄는 리더들의 이야기를 토대로 쓰였다. 이 책을 읽는 리더들은 자신이 왜 그 일을 하는지, 어떤 목적을 갖고 그 일을 해야 하는지 돌아볼 수 있을 것이다. 저자는 중요한 일과 다시 관계를 맺는 것이야말로 일이 '제대로' 돌아가게 만드는 지름길임을 일깨워준다.

- 에릭 플리너, YSC 컨설팅 최고경영자

사람이 먼저다! 이 책은 지속 가능한 자본주의의 미래를 의심하는 사람들에게 희망을 되찾아줄 것이다. 저자는 회사를 경영하며 직접 경험한 사례들을 통해, 목적이 뚜렷한 인간 조직이 배려와 믿음을 토대로 어떻게 가장 절망적인 기업에서 업계의 선두 기업으로 탈바

꿈했는지 보여준다. 저자가 오늘날 가장 존경 받는 기업의 리더 중한 명이란 사실은 그다지 놀랍지 않다. 그가 설득력 있게 비즈니스를 위한 길을 닦고 있으니, 그의 조언을 따라야 할 것이다.

- 장 도미니크 세나르, 르노 회장

이 책에서 저자는 전통적인 사고방식에 역행하는 21세기 리더십의 새로운 패러다임을 보여준다. 비즈니스의 목적이 사람과 문화에 있어야 할 필요성을 강조한다. 즉 장기적이고 지속 가능한 성과에 집중하면서 모든 사람의 기여에 큰 의미를 두는, 리더십에 대한 새로운 접근법이 필요하다는 것이다. 그는 실제 기업 경영을 해본 풍부한 경험이 있으며, 기업에서 사람이 만들어 내는 변화를 굳게 믿고 있다. 이런 확신을 토대로 저자는 비즈니스가 나아가야 할 긍정적인 길을 제시한다.

- 장 파스칼 트리쿠아, 슈나이더 일렉트릭 회장 겸 최고경영자

내 아내 오르탕스에게

내 친구 위베르 졸리가 쓴 뛰어난 책 《하트 오브 비즈니스》에 이렇게 서문을 쓸 기회를 갖게 되어 영광이다. 이 책은 새로운 세대의 기업 리더들이 자사 직원, 고객, 공급업체, 지역사회를 중심으로 자본주의에 다시 활력을 불어넣고, 투자자에게 지속 가능한 수익을 실현할 때 등대 역할을 할 것이다.

이 책은 전직 최고경영자가 쓴 전형적인 책들과 다르다. 저자는 평생 글로벌 비즈니스의 참호 속에서 겪은 자신의 경험에 개인적이고 심오한 지혜를 짜 넣었다. 그리하여 모든 기업 리더가 추구해야 할 '조직을 이끄는 법'의 모델을 제시한다.

이렇게 중요한 책을 쓸 수 있기까지는 우여곡절이 많았다. 매사에 배우는 자세로 임하는 위베르는 사전 경험이 없는 업계에서 매우 과감하게 방향 전환을 시도했다. 그는 매킨지 앤드 컴퍼니McKinsey & Company의 컨설턴트 경험과 엄격한 프랑스 교육의 경험을 살려 최고경영자로서 5개 기업을 이끌었다. 그의 이런 능력은 베스트 바이Best Buy(미국의 초대형 전자제품 소매 기업-옮긴이)의 회생을 이끌면서 정점을 찍었다. 그 시절 위베르는 회의에서 가장 똑똑하고자 애쓰던 사람에서, 열정적이고 온화하게 사람들을 이끄는 리더로 변신하며 개인적인 변화를 경험했다.

나는 그가 칼슨 컴퍼니스Carlson Companies의 최고경영자로 미니애폴리스에 온 직후 만났고, 그때부터 가까운 이웃이 되었다. 우리는 리더십, 자본주의의 목적, 위대한 기업을 건설하고 유지하는 데 필요한 것에 대해 같은 믿음을 공유한다는 것을 알게 됐다. 그는 프랑스에서 그리고 나는 미국에서, 비슷한 길을 따라 기업의 세계를 걸어왔다. 그러면서 리더십이란, 모든 답을 갖고 있는 사람에 대한 이야기가 아니라는 것을 어렵게 습득했다.

위베르는 2012년 베스트 바이의 최고경영자가 되었다. 그 전까지 그는 EDS 프랑스, 비방디Vivendi 비디오게임 사업부, 칼슨 왜건릿 트래블Carlson Wagonlit Travel, 칼슨 컴퍼니스의 리더로 대변혁을 이끌었다. EDS 프랑스와 비방디에서 큰 성과를 거뒀지만, 40대 초반에 접어든 그는 성공을 좇는 데 환멸을 느끼고 있었다. 그 무렵 그는 보다 나은 삶의 방향을 찾기 위해 잠시 한 발 뒤로 물러나 차분히 자신의 영혼을 들여다본다. 프랑스에서 가톨릭 수사들 및 여러 최고경영자들과 공부하는 과정에서, 그는 일이란 다른 사람들에게 도움을 주기 위한 고귀한 소명이자 사랑의 표현이라는 걸 깨달았다. 시인 칼릴 지브란은 "일은 눈에 보이는 사랑이다Work is love made visible"라고 말했지만, 위베르는 일이란 사람을 중심에 놓고 목적을 추구하는 방향으로 나아가야 한다고 믿는다. 그러한 확신은 그의 삶과 경력에 큰 영향을 주었다.

이 책에서 위베르는 그런 마음으로 다가가는 모든 개인적 경험을 공유한다. 사람들을 일에 참여시키는 것이 그들을 이끄는 보다 강력한 방법이라는 걸 배웠기 때문이다. 또한 자신의 약한 면까지 공유하면 다른 사람들도 마음을 열어 더 깊이 연결될 수 있다는 걸 알았다. 그는 이렇게 말한다. "약한 면이 없이는 진정한 인간관계란 있을 수 없고, 불완전한 면이 없이는 약한 면도 있을 수 없다."

젊은 나이에 산 정상에 도달한 듯한 느낌이 들어 '이게 다야?'라고 자문했던 건 비단 위베르뿐이 아니었다. 나 역시 허니웰Honeywell에서 보낸 40대 후반에 그런 느낌이 들었다. 당시 나는 세 번의 연이은 전환에 몰두하며 이 세계적인 기업의 최고경영자 자리에 오르려 안간힘을 쓰고 있었다. 1988년 어느 날 집으로 차를 몰고 가던 나는 백미러에 비친 한 비참한 인간의 얼굴을 보았다. 그리고 마침내 내가 길을 잃고 헤매고 있다는 걸 인정했다. 그때 나는 내 소명을 다하기보다 열정도 없는 사업에서 타이틀을 따내려고 몸부림치고 있었다. 나는 가슴으로 이끄는 게 아니라 내 열정과 연민을 억누르고 있었다. 이를 계기로, 또 아내의 재촉과 주변 지인들의 격려에 힘입어 나는 결국 메드트로닉Medtronic의 영입 제안을 받아들였다. 거기에서 내 전문 경력을 통틀어 가장 멋진 13년을 보냈다.

1995년에 내 아내 페니와 나는 불교 승려인 틱낫한을 만났다. 그는 우리에게 이런 가르침을 주었다. "여러분이 하게 될 가장 먼 여행은 머리에서 가슴까지 약 45cm에 이르는 여행입니다." 그러나 그 여행에서 얻은 지혜를 늘 바로 행동으로 옮길 수 있는 건 아니다. 나는 메드트로닉의 최고경영자 자리에 있으면서 그런 교훈을 배우는 중이었다. 머리에서 가슴으로 여행해 보려고 무던히 애썼지만 배워야 할 게 너무도 많았다. 틱낫한 스님의 가르침과 마찬가지로, 위베르는 큰 성공을 이룬 누군가에게 신선한 관점을 제시한다. 가장 중요한 교훈은, 내면으로 진정한 자아를 발견하는 여행을 할 때 늘 열린 마음과 초심자의 정신을 유지하는 것이다.

위베르의 리더십이 이런 개인적 여행을 통해 변화한 것처럼, 리더십 철학도 바뀌었다. 그는 기업들도 이런 여행을 해야 한다는 걸 깨달았다. 즉 재정적 이익이라는 목표를 추구하는 데서 벗어나, 비즈니스의 중심이 비즈니스와 관련된 사람들에게 있다는 걸 알아야 한다. 위베르는 이렇게 말한다. "기업은 영혼 없는 독립체가 아니다. 사람이 중심에 있고, 함께 노력하여 기업이 목표를 이루도록 뒷받침하는 인간들의 조직이다." 기업이 이렇게 바뀌면 모든 직원이 자신의 잠재력을 100% 발휘할 수 있는 환경이 조성되어 '휴먼 매직human magic'이 발산된다. 그는 모든 비즈니스의 중심에 목적이 있고, 그렇게 할 때 기업이 공익common good에 기여하고 모든 이해관계자에게 봉사할 수 있다고 주장한다.

베스트 바이가 심각한 어려움에 처해 있었을 때, 많은 분석가가 2012년에 파산하거나 사모펀드 기업에 인수될 거라고 예측했다. 위베르가 베스트 바이의 최고경영자로 선출된 뒤, 우리는 장시간 함께 논의했다. 이렇게 다 죽어가는 기업을 살려야 하는 상황에서 최고경영자를 맡으면 보통 다음과 같은 전통적인 기업 회생 절차를 따른다. (1)매장의 30~40%를 폐쇄하고 부동산을 매각한다. (2)3~4만 명에 이르는 직원을 해고한다. (3)제품 카테고리를 줄인다. (4)공급업체를 쥐어짜 제품 단가를 낮춘다. (5)그런 다음 높은 인센티브를 받는다.

그는 다른 전략을 택했다. 그는 기업 회생이라는 까다로운 일을 하는 데 필요한 에너지를 폭발시키려면 기업의 목적과 사람이라는 열쇠가 필요하다는 걸 잘 알았다. 그는 자신이 유통업을 잘 모른다는 걸 인정했고, 배우는 사람의 입장에서 미네소타 주 세인트클라우드 시로 향했다. 당시 그는 카키색 바지와 베스트 바이의 상징인 블루 셔츠Blue Shirt를 입고 있었는데, 셔츠에는 '최고경영자 수습'이라고 적힌 명찰이 달려 있었다. 그는 베스트 바이에서의 첫 4일을 그곳에서 보내며, 매장에서 일하는 직원과 고객의 눈으로 무엇이 잘못됐는지 파악했다.

위베르는 전 직원이 베스트 바이의 기업 회생 계획인 '리뉴 블루Renew Blue'에 적극 참여하도록 유도했다. 그는 일자리 축소와 매장 폐쇄를 최후의 수단으로 미뤄 놓고, 매출 신장과 마진 개선을 최우선 과제로 삼았다. 그는 긍정적인 분위기를 조성하고, 회사가 어떤 도전에 직면해 있는지 완전히 투명하게 공개함으로써 그런 일들을 가능하게 했다.

기업 회생에는 오랜 시간(그것도 불확실함으로 가득찬 시간)이 걸릴 수 있으므로, 위베르는 공개적으로 축하할 만한 작은 승리들을 찾아 냈다. 2012년 말, 매출의 현상 유지를 발표한 것이 좋은 예다. 이 발표는 매출 감소 추세가 끝났음을 알리는 신호였다. 또한 그는 공급업체를 압박하는 대신, (최대 라이벌 기업인 아마존을 비롯한) 모든 공급업체를 동반자로 삼았다. 예를 들어 매장 내에 삼성전자, 마이크로소프트, 애플 등의 '미니 매장'을 만들어 가전제품과 헬스케어 제품을 추가했다. 이런 조치들로 12만 5,000명에 달하는 베스트 바이 직원들에게 희망과 열심히 일한 보상이 생겼다. 그러자 그가 추구하는 휴먼 매직이 생겨났다.

그 결과 매출이 늘고 마진이 개선되어 곤두박질쳤던 회사의 주가가 회복됐고, 주주들에게 수익 배분도 가능하게 되었다. 2016년 베스트 바이의 재건이 마무리되자 위베르는 '기술로 고객의 삶을 풍요롭게 만들자'는 것을 회사의 임무이자 목적으로 삼았다. 회사의 성장 전략도 '빌딩 더 뉴 블루Building the New Blue'로 바꿨다.

베스트 바이의 성공적 재건에서도 배울 점이 많지만, 독자들은 이 책에서 더 많은 것을 얻어 갈 것이다. 직원들이 기업과 공동의 목적을 추구하여 성공하려면 기업은 어떻게 해야 하는가, 이것이 이 책이 전하는 가장 의미 있는 메시지다. 위베르는 직원들이 숭고한 목적을 달성하는 데 동참하고 있음을 일깨워줌으로써, 고객과 공익에 기여하는 직원들을 회사의 중심에 두라고 기업에 요구한다.

경제학자 밀턴 프리드먼Milton Friedman은 "기업의 사회적 책임은 이윤을 늘리는 것"이라고 말했다. 위베르는 기업의 목적을 추구하는 것이 프리드먼의 원칙에 우선한다는 걸 설득력 있게 입증한다. 그는 지속 가능한 이윤은 목적 지향적이며, 모든 이해관계자를 중시하는 성공한 조직들의 공통된 결과라고 믿는다. 나 또한 그의 믿음에 동의한다.

미래에는 모든 기업이 존재 이유나 목적에 집중해야 할 것이다. 그래야 모든 이해관계자를 위한 가치를 창출하여 사회봉사에 정당성을 세울 수 있다. 위베르의 접근방식을 따르는 기업은 직원에게 보람 있는 업무와 합리적인 보수의 일자리를 제공하고, 고객의 삶을 향상시키는 제품과 서비스를 제공할 것이다. 투자자들에게 지속 가능한 투자 수익을 제공하고, 그 결과 사회 변화에 필요한 선한 영향력도 생겨날 것이다.

위베르 졸리는 이 놀라운 책에 자신의 모든 철학을 집약하여, 이같은 비전을 실현할 길을 보여준다. 기업의 리더들이 이 책의 메시지에 귀를 기울이고 이런 접근방식을 따른다면, 세상은 훨씬 더 나아질 것이다.

빌 조지Bill George*

---

* 하버드 경영대학원 선임 연구원, 메드트로닉 회장 및 최고경영자를 역임했으며, 저서로 《당신의 진북을 발견하라(Discover Your True North)》《최고는 무엇이 다른가》가 있다.

"짐, 자네 지금 제정신이야?"

나는 내 친구 짐 시트린^{Jim Citrin}에게 이렇게 소리쳤다. 그는 세계적인 경영진 스카우트 기업인 스펜서 스튜어트^{Spencer Stuart}의 북미 최고경영자다. 짐과 나는 1980년대에 경영 컨설팅 기업 매킨지 앤드 컴퍼니에서 함께 일했고, 그때부터 서로 알고 지냈다. 내가 짐에게 이렇게 소리친 것은 2012년 5월이었는데, 당시 그는 내가 베스트 바이의 차기 최고경영자 자리에 관심이 있는지 물었다.

나는 오래전부터 베스트 바이를 알고 있었다. 짐의 전화를 받았을 때 내가 미네소타 주에 살고 있었기 때문만은 아니다. 10여 년 전 나는 로스앤젤레스 외곽에 위치한 비방디 유니버설^{Vivendi Universal}의 비디오게임 사업부 책임자로 일했다. 그때 처음으로 미니애폴리스의 겨울을 뚫고, 베스트 바이 본사에 디아블로 II와 하프라이프 등의 최신 비디오게임을 납품하러 과감하게 들어갔다. 나는 그곳의 추운 날씨에 굴하지 않고, 2008년에 미니애폴리스로 이주했고, 칼슨 컴퍼니스의 최고경영자가 되었다. 1년 후에는 회사 생활 35년 만에 베스트 바이 최고경영자에서 막 물러난 브래드 앤더슨^{Brad Anderson}에게 칼슨 이사회에 합류해 달라고 요청했다. 나는 그가 베스트 바이의 창업자인 딕 슐츠^{Dick Schulz}와 함께 그 초대형 유통업체를 어떻게 건설했는지 잘 알고 있었다. 나는 그를 깊이 존경하고 있었다. 미네소타 주 세인트폴에서 오디오 기기 할인점으로 출발한 베스트 바이는 두 사람 덕에 세계 최대 가전제품 체인점으로 발돋움했다.

그러나 아무리 봐도 짐의 제안은 정신 나간 말처럼 느껴졌다. 나는 유통업에 대해 전혀 아는 바가 없는데다, 2012년 무렵에는 베스트 바이의 시장 역동성이 그리 좋아 보이지도 않았다. 특히 아마존 같은 온라인 유통 기업이 빠른 속도로 가전제품 유통업계를 잠식하면서, 한때 강력했던 유통 브랜드들이 고전을 면치 못하고 있었다. 가전제품 유통업체 서킷 시티^{Circuit City}는 이미 파산 신청을 했고, 라디오 섁^{Radio Shack} 역시 같은 길을 가고 있었다. 게다가 베스트 바이의 가장 중요한 공급업체들 중 애플, 마이크로소프트, 소니 같은 기업들은 자사 매장을 오픈하고 있었다. 아울러 베스트 바이가 시장을 해외로 확대하면서, 미국 내수 시장에서의 경영 실적이 수년째 악화 일로를 걷고 있었다.

이것만으로도 충분치 않다는 듯, 얼마 전 최고경영자까지 해고된 참이다. 창업자 딕 슐츠는 베스트 바이를 비공개 기업으로 만들려고 했다. 대부분의 분석가들과 투자자들은 베스트 바이가 결국 파멸의 길을 걷게 될 거라고 예견했다.

"허, 동물원이 따로 없군!" 내가 짐에게 말했다.

하지만 그는 내 말에 동의하지 않았다. "자네에게 딱 맞는 자리야. 지금은 비상 상황인데, 자네야말로 그런 상황에 아주 뛰어난 사람이거든. 내 생각엔 정말 굉장할 거 같아! 적어도 생각은 한번 해보라고."

나는 3가지 이유에서, 짐의 조언에 따라 상황을 살펴보기로 마음먹었다. 첫째, 나는 칼슨에 8년을 있었고, 이제는 떠날 때가 됐다고 생각하던 참이었다. 기업을 어떻게 발전시켜야 하는지에 대해 칼슨 사람들과 내가 서로 생각이 달랐기 때문이다. 둘째, 나는 짐을 신뢰했다. 셋째, 나는 지금까지 여러 차례 기업을 재건으로 이끌었고, 그래서 베스트 바이와 비슷한 또는 그와 인접한 여러 업계와 분야에서 쌓은 내 경험이 어떻게 유의미한 도움을 줄 수 있을지 그림이 그려졌다.

누구든 이런 입장이라면 기업 실사에 나설 것이고, 나도 이 작업에 착수했다. 우선 베스트 바이에 대한 글을 있는 대로 다 찾아 읽었다. 투자자 프레젠테이션도 들었다. 베스트 바이에서 근무했던 사람들과 얘기를 나누고, 몇 군데 매장도 방문했다. 사실을 알면 알수록 흥분하지 않을 수 없었다.

아마존이 문제가 아니었다. 시장도, 디지털 혁신으로 인한 변화도 문제가 아니었다.

사실 소비자 기술 분야의 혁신이 상당한 수요를 견인했고, 덕분에 시장에선 즐거운 비명이 터져 나오고 있었다. 나는 세상이 베스트 바이를 원한다고 생각했다. 그도 그럴 것이 고객은 기술 선택에서 도움이 필요했고, 공급업체는 수십억 달러가 투입된 R&D 투자의 결실을 시연할 대형 매장들의 네트워크가 필요했다. 유통업계에 대한 내 지식은 아직 부족했지만, 이것만은 분명했다. 베스트 바이는 심각한 도전에 직면해 있지만, 그 문제들은 대개 스스로 자초한 것이어서 전적으로 회사가 통제할 수 있었다. 결국 베스트 바이의 미래는 피할 길 없는 종말이어야 할 필요가 없었다. 바꿀 수 있는 미래였다!

차기 최고경영자를 선출할 베스트 바이의 이사회를 처음 만날 무렵, 짐이 제정신이 아니란 생각은 사라졌다. 나는 그 일을 원했다.

첫 번째 면담은 2012년 7월 14일(프랑스인에겐 늘 중요한 프랑스 혁명 기념일)에 있었다. 이날 나는 이사회의 캐시 히긴스 빅터와, 후보 영입을 위한 조사위원회 참석자들에게 이렇게 말했다. "회사 생활을 해 온 제 삶 전체가 이 자리를 준비하기 위한 것이었다는 느낌이 듭니다." 그다음 달, 그것도 공교롭게도 내 생일에, 나는 캐시로부터 전화를 받았다. 그녀는 내가 베스트 바이의 차기 최고경영자로 선정됐다고 말했다.

이후 베스트 바이에서 보낸 8년은 아주 고무적이고 성취감 넘치는 모험이었다. 한때 아마존 때문에 끝장날 뻔했던 기업은 또다시 번영과 성장의 길로 들어섰고, 이제는 아예 아마존과 파트너 관계로서 헌신적이고 열정적인 직원을 자랑하는 유통 기업으로 자리매김

했다. 2019년 6월 코리 배리와 그녀의 팀이 최고경영자 직을 넘겨받았을 때, 베스트 바이는 6년 연속 성장을 기록했고 수익이 3배로 뛰었다. 2012년에 한 자리까지 곤두박질쳤던 주가는 75달러까지 올랐다. 매스컴에서는 우리가 '어떻게 예상을 빗나갔고 틀을 깼으며 회사를 구했는지' 연일 보도했다. 나는 내가 하려고 했던 일을 해냈다는 기분이 들었다. 그러다 2020년 6월, 회장에서 물러났다.

베스트 바이에 있는 동안 나는 일찍이 기업 경영에 대해 배운 것을 실천에 옮길 수 있었고, 그곳에서 엄청나게 많은 것을 배웠다. 나는 일을 배웠고, 기업의 본질과 역할이 무엇인지 배웠다. 직원들 속에 감춰진 잠재력에 불을 당기는 놀라운 리더십을 배웠다.

내가 경영대학원에서, 컨설턴트로서, 젊은 임원으로서 배운 것들 상당수가 틀렸거나 시대에 뒤떨어졌거나 불완전했다는 것도 알게 됐다. 밀턴 프리드먼은 기업의 목적이 돈을 버는 것이라는 주장을 믿어주길 바랐겠지만, 기업의 목적은 그게 아니란 것도 배웠다. 기존의 하향식 경영 방식은 머리 좋은 일부 경영진이 먼저 전략과 실행 계획을 수립한 뒤, 기업 내 다른 모든 사람에게 회사의 방침을 전달하고 인센티브로 사기를 북돋운다. 그러나 이런 방식은 이제 잘 통하지 않으며, 똑똑하고 힘센, 슈퍼 영웅 같은 리더는 이제 한물간 모델이라는 것도 배웠다.

나는 베스트 바이에서 믿을 수 없을 정도로 멋진 몇 년을 보내며 전성기를 누렸다. 그때 겪은 경험을 통해 '목적'과 '인간관계'야말로 비즈니스의 중심이라는 걸 알게 되었고, 또 믿게 되었다. 사업 기반을 조성할 때 핵심은 목적과 인간관계여야 한다고 생각한다. 우리가 지난 몇십 년간 알고 있던 자본주의는 지금 위기에 봉착했다. 점점 더 많은 사람이 오늘날의 사회적 분열과 환경 악화를 자본주의 체제 탓으로 돌리고 있다. 직원과 고객은 물론 주주도 단순한 투자 수익뿐 아니라 그보다 훨씬 더 많은 것을 기업에 기대한다. 직장인들이 일에 집중하지 못하는 건 세계적인 현상이다. 보다 최근에는 새로운 시민 평등권 운동이 일어나고 코로나 19 팬데믹 사태가 발발했다. 지금 우리 앞에 놓인 엄청난 도전들을 극복하려면 현재의 자본주의 체제를 재고해야 한다는 목소리가 커지고 있다.

이 싸움에서 기업은 선한 영향력을 발휘할 수 있다. 기업은 전 세계에서 가장 시급한 몇 가지 문제를 해결할 수 있는 특별한 위치에 있다. 점점 더 많은 기업 리더들이 이런 견해에 동의한다. 그러나 이것이 절대 쉬운 일이 아니라는 것을 그들도 나도 경험으로 알고 있다.

이런 이유에서, 나는 내 삶의 다음 장을 시작하면서 여러 해 동안 내가 배운 것을 나누고자 이 책을 썼다. 나는 최고경영자로서 의도적으로 겸손한 자세를 유지했고, TV쇼 출연 제의와 잡지의 표지 모델 요청들을 대부분 정중히 거절했다. 내 입장에서 기업 경영은 최고경영자의 명성이나 영광과 관련된 것이 아니다. 그것은 일과 관련된 것이며, 내가 이끌고 격려한 사람들과 관련된 것이다. 그러나 최고경영자 자리에서 물러난 지금은 내 에너지와 경험을 활용해 그 비전을 발전시키고, 보다 많은 곳에서 그 비전을 실현시키고 싶다. 또한 목적과 인간애 중심의 재건이 필요한 기업에 기여하고 싶다.

내 믿음들은 30년간의 심사숙고와 배움 그리고 실천의 결산이다. 이 개인적 여정에서 나는 위대한 사상가나 연구자, 전문가들의 연구나 저서들에서 아이디어와 지식과 영감을 끌어왔다. 따라서 이 믿음들은 연구나 영적 탐구, 다른 사람들의 지혜에 토대를 두고 있다. 그러나 나는 내가 이끈 기업들을 변화시키면서 현실에서 그 믿음들을 구축하고 검증하기도 했다. 위대한 리더, 동료, 멘토, 코치, 가족, 친구는 물론 프랑스 만화책과 다수의 유명한 영화 등 예상 가능하거나 불가능한 정보원들을 관찰하면서 배우기도 했다.

이 책은 내가 도달한 리더의 모습이, 수많은 곳에서 나온 수많은 아이디어의 축적과 조합의 결과물임을 보여준다. 이것이 '진짜 통하는' 리더의 모습이다. 타고난 리더니 천부적 능력을 지닌 슈퍼 영웅이니 하는 말들은 다 뜬구름 잡는 소리다. 실제로 당신의 결점을 지적해주는 사람은 경영자 코치이고, 한 번 들으면 절대 잊을 수 없을 만큼 분명하고 간단하게 진실을 가르쳐주는 사람은 당신의 동료다. 또한 당신이 자신뿐 아니라 다른 사람의 삶에 대해서도 아주 많은 것을 배워야 한다는 사실을 알려주는 건 일선에서 일하는 직원이다. 나는 이 책에서 이런 이야기를 수시로 언급했다. 이것이야말로 나를 오늘날의 리더로 만든 일등공신이고, 내가 독자와 나누어야 할 중요한 부분이기 때문이다.

이 책은 내 경험을 토대로 하고 있지만, 그렇다고 해서 회고록은 아니다. 또한 베스트 바이나 내가 이끈 다른 기업들의 회생과 변화를 스포츠 해설처럼 설명하는 것도 아니다(물론 이 책의 어느 부분을 펼쳐도 이런 이야기를 읽을 수 있기는 하다). 이 책은 다음 시대의 자본주의에 필요한 핵심적인 리더십 원칙들을 설명하고 있으며, 가장 좋은 시절과 가장 어려운 시절에 그 원칙들을 어떻게 적용할지도 이야기한다. 이 책은 그 원칙들을 일목요연하게 정리했다기보다, 나만의 여정과 독서, (베스트 바이와 다른 기업들에서 얻은) 경험 등에서 핵심만 뽑아낸 것이다.

1부에서 4부까지는 리더십의 핵심 원칙들과, 원칙의 적용 방법을 설명했다. 기업 경영에 접근하는 방식을 바꾸는 것은 일의 본질에 접근하는 방식을 바꾸는 것에서 시작된다. 1부에서는 **일의 전통적인 개념에 대한 훨씬 고무적이고 긍정적인 대안을 제시한다. 일은 저주도 아니고, 다른 무언가를 하기 위해 하는 어떤 것도 아니다. 일은 인간으로서 의미를 탐구하고 성취감을 찾는 행위에 속한다.**

기업의 주요한 목적은 주주 가치를 극대화하는 것이라는 게 전통적인 통념이다. 2부에서는 이러한 관점이 왜 잘못됐고 위험하며, 왜 오늘날에 잘 맞지 않는지를 설명한다. 기업의 목적은 공익에 기여하고, 조화로운 방식으로 모든 이해관계자에게 봉사하는 것이어야 한다. 그러려면 기업은 영감을 주는 공동의 목적(리사 얼 맥리오드가 '숭고한 목적'[1]이라고 부르는)을 이루기 위해 함께 노력하는 개인들의 조직으로 봐야 한다. 사업에 새로운 방식으로 접근하는 구조에서 숭고한 목적은 기업의 존재 이유이며, 기업이 하는 모든 일의 중심에는 사람이 있다.

다음으로 일의 목적과 기업의 역할 및 본질에 대해 알아본 뒤, **3부에서는 이 구조에 힘을 실어주는 매우 인간적인 차원을 살펴보고, 내가 말하는 휴먼 매직이 어떻게 발현되는지도 다룬다.** 휴먼 매직은 기업에서 일하는 각 개인이 사기를 진작시킬 수 있는 환경에서 발현된다. 또한 내가 '비합리적 성과irrational performance'라 즐겨 부르는 매우 뛰어난 성과로 이어진다.

마지막으로 **4부에서는 이 모든 것을 하나로 합치는 데 필요한 리더십의 특징들을 자세히 다룬다.** 즉 목적의식이 뚜렷한 리더의 5가지 요건을 말한다. 오늘날의 리더는 목적의식이 뚜렷해야 하고, 자신이 누구를 위해 일하는지 알아야 한다. 자신의 역할이 무엇인지 알아야 하고, 가치에 따라 움직여야 하며, 진정성이 있어야 한다.

지나친 이윤 추구를 사업의 주요 목표로 삼은 결과 환멸을 느끼거나 활력을 잃었다면, 이 책을 읽어 보라. 당신의 사업이 진정 선한 영향력을 퍼트릴 수 있는 다른 방법을 찾고 있다면, 이 책이 필요할 것이다. 직급을 막론하고, 목적의식과 인간애를 가지고 사람들이 놀라운 성과를 거둘 수 있게 이끌어 모든 이해관계자를 이롭게 하고 싶다면 이 책이 도움이 될 것이다. 합리적 예측들과 달리, 어떻게 목적과 인간관계가 장기적인 성공으로 이어지는지 더 잘 이해하고 싶다면 이 책을 읽어 보라.

보다 효율적인 리더로 향하는 여정을 시작한 이들에게 이 책이 도움이 되길 바란다. 기업에서 어떤 직급에 있든, 사업의 세계에서 의미 있고 즐겁게 살려고 노력하는 모든 리더들도 마찬가지다. 이 책이 사업을 하고 세상을 더 살기 좋은 곳으로 만드는 데 도움되길 바란다.

차례

1부

일의
의미

THE HEART OF BUSINESS

우리는 왜 일을 할까? 권력을 얻기 위해? 명예, 영광, 돈 때문에? 아니면 일을 하는 게 유용하니까? 세상에 변화를 주기 위해, 혹은 일을 해야 다른 것도 할 수 있으니까? 각자가 이 질문에 어떻게 답하는지에 따라 우리가 일을 대하는 태도가 달라지고, 투자를 받고 싶은 정도도 달라질 것이다. 일은 우리가 의미를 추구하고, 인간으로서 성취감을 맛보는 행위일 수 있다. 일의 본질을 부담에서 기회로 바꿔 생각한다면, 우리는 기업을 변화시키기 시작할 것이다.

아담의 저주

일은 피해야 할 필요악이다.

마크 트웨인

2012년 6월, 나는 미니애폴리스 교외 에디나에 있는 베스트 바이의 한 매장을 찾아갔다. 짐 시트린에게 "자네 제정신이 아니군!"이라고 말한 직후이자, 베스트 바이의 차기 최고경영자로 초빙되기 전이었다. 당시 나는 베스트 바이에 대한 실사의 일환으로, 미스터리 쇼퍼로서 매장을 방문했다. 병이 난 기업의 체온을 재려면 매장에 들러 뭔가를 사보는 것보다 좋은 방법은 없다.

문을 열고 매장으로 들어서자, 밋밋하고 어둠침침하고 황량한 동굴 안에 들어온 기분이었다. 손님이 거의 없었다. 나는 아무 도움도 받지 못한 채 먼지 날리는 통로들을 헤매고 있었다. 그러다 마침내 베스트 바이의 특징인 파란 셔츠를 입은 판매 직원 서너 명과 마주쳤다. 그들은 서로 얘기하느라 바빠, 내가 무얼 찾고 있는지 또 나를 어떻게 도울지 알아볼 생각은 전혀 없는 듯했다.

나는 휴대폰 액정에 붙일 보호 필름을 사면서 쇼핑 체험을 해야겠다고 생각했다. 나는 보호 필름을 잘 붙이지 못하며, 아마 앞으로도 그럴 것이다. 그래서 매대에서 보호 필름을 한 장 집어 들고 파란 셔츠를 입은 직원들에게 다가갔다. 나는 그들의 대화를 끊고 이걸 좀 붙여줄 수 있냐고 물었다. "그럼요." 그들은 별 생각 없이 이렇게 말하고, 필름을 붙여주기로 했다. 18달러에.

나는 기겁을 했다. 18달러? 정말? 그럴 바엔 차라리 온라인으로 구입하지, 뭐하러 번거롭게 돈을 쓰겠는가.

나는 판매 직원들의 태도가 회사 방침일 거라고 생각했다. 모르긴 해도, 그들은 평소 회사로부터 "수단과 방법을 가리지 말고 고객의 돈을 빼내라."라는 말을 귀에 못이 박히게 들었을 것이다.

미스터리 쇼퍼 체험은 실패작이었다. 판매 직원들은 놀라울 정도로 업무에 집중을 못 하고 있었다. 그들은 마지못해 움직였고, 문의를 해도 재촉해야 응답하는 등 그야말로 일하는 시늉만 했다. 내게 더 필요한 것이 없는지 알아보려고 대화를 시도할 생각은 추호도 없는 것 같았다. 보호 필름 한 장을 사서 휴대폰에 붙이는 단순한 일이 이빨을 뽑는 것만큼이나 힘들게 느껴졌다. 물론 그들이 나를 돕기는 했다. 그러나 장담하건대 그들에게 일은 아무 즐거움을 주지 못했고, 그들의 태도와 일 처리 방식은 고객인 내게 아무 감흥도 주지 못했다.

며칠 뒤 나는 리치필드의 베스트 바이 본사 근처에 있는 다른 매장을 방문했다. 이번에는 휴대폰을 하나 살 생각이었다. 매장에 들어서자 바로 활기가 느껴졌다. 매장은 보다 밝았다. 칙칙한 기분이 들지 않았다. 정말 좋았던 건, 돈 한 푼 들이지 않고 LG전자 폴더폰을 손에 넣었다는 것이다(당시 휴대폰 판매업체들은 고객을 유치하기 위해 통신업체로부터 보조금을 받았고, 인센티브로 공짜 폰을 활용할 수 있었다). 휴대폰 담당 직원은 친절했다. 판매 직원에게 국제전화를 비롯한 부가 서비스를 설정해 달라고 한 뒤, 행복한 마음으로 매장을 나왔다. 앞선 에디나 매장에서의 미스터리 쇼퍼 체험은 예외적으로 운이 없었던 게 아닐까?

그날 오후, 나는 새로 산 휴대폰으로 프랑스에 있는 딸에게 전화를 걸었다. 운도 없지! 그 휴대폰으론 국제전화를 걸 수 없었다. 이후 나는 프란츠 카프카의 소설에서나 나올 법한 고객 서비스를 경험했다. 먼저 매장에 전화를 걸어 휴대폰 부서로 연결해 달라고 했다. 아무도 전화를 받지 않았다. 그래서 콜센터로 전화해 직원과 얘기해 봤으나 별 도움을 받지 못했다. 결국 이 문제를 해결하기 위해 또다시 직접 매장을 방문해야 했다. 내 눈에는 이것이 진심으로 고객을 도우려 하기보다, 제품을 파는 데 혈안이 된 회사의 전형적인 사례로 보였다.

매장 직원들이 진심 어린 고객 응대도, 고객의 요구에 부응하지도 못하면서 회사는 스스로 제 발등을 찍고 있었다.

일에 전념하지 못하는 것은
세계적인 유행병이다

유감스럽게도, 2012년에 내가 미스터리 쇼퍼로 만난 베스트 바이의 블루 셔츠 직원들은 보기 드문 예가 아니었다. 전 세계 거의 모든 사람이 자신이 하는 일이나 회사에 무관심하다. 일은 그들에게 활력을 주지 못하며, 그 결과 그들은 자신의 일에 최선의 노력, 최선의 에너지, 최선의 관심, 최선의 창의력을 쏟지 못한다. 미국 ADP 연구소는 전 세계 19개 국가에서 1만 9,000명 이상의 직원들을 상대로 설문 조사해, 이 세계적인 유행병을 앓고 있는 사람들의 정확한 수를 알아보고자 했다. 연구팀은 고작 16%만이 일에 '전념하고' 있다는 걸 알아냈다. 이는 곧 노동자 10명 중 8명 이상이 그저 직장에 얼굴만 디밀고 있다는 뜻이다. 믿기 어려운 수치 아닌가! 전념하지 못하는 수준은 나라에 따라 다르지만, 어쨌든 이것이 전 세계적인 현상인 건 분명하다.[1]

우리는 우리 삶의 상당 부분을 직장에서 보내기 때문에, 이처럼 자신의 잠재력을 제대로 발휘하지 못한다는 건 비극이다. 너무 많은 재능과 욕구가 손도 대지 못한 채 방치되고 있다. 수백만 명의 사람들이 직장에서 영감을 얻고 성공하고 자신의 잠재력을 100% 발휘할 기회를 놓치고 있다.

경제적 잠재력을 제대로 발휘하지 못한다는 점에서도 이것은 비극이다. 많은 연구 결과에 따르면 일에 전념하는 것은 생산성에 긍정적인 영향을 줄 뿐 아니라, 이직률을 낮추고 고객 만족도 및 수익성을 높여주며 직장 내 사고도 줄여준다. 이처럼 일에 전념하지 못하는 유행병으로 무려 7조 달러에 달하는 생산성 손실이 발생한다고 추산된다.[2] 에디나 매장에서 만난 베스트 바이 직원들과 마찬가지로, 대부분은 때가 되면 출근해 자신의 에너지, 창의력, 지력, 감정 등의 극히 일부만 쓰면서 시간을 때운다.

나는 그 느낌을 잘 안다. 10대 시절 어느 여름에 나는 프랑스의 내 고향에 있는 BMW 대리점 자동차 정비소에서 보조 정비공으로 아르바이트를 했다. 자동차 정비 기술에 한계가 있었던 탓에, 나는 일에 별 관심도 없고 진짜 필요한 기술도 없었다. 그저 돈을 벌어야 했을 뿐이다. 하루는 길고 따분했다. 나는 정비소에 도움이 되는 일을 할 수 없었다. 솔직히 말해서 모든 일을 마지못해 했다. 하루의 하이라이트는 쓰레기 내놓는 시간이었다. 정비소에서 멀리 나가 필요 이상으로 많은 시간을 보낸 뒤 돌아갈 수 있었기 때문이다. 나는 일을 피해 숨어서 빈둥대는 게으름뱅이였다.

2주 뒤에 나는 해고당했다. 내 사회생활은 이렇게 출발부터 불길했다.

그 이듬해 여름은 더 나을 게 없었다. 그 무렵 나는 새로운 자전거가 필요했다. 새 자전거를 사려면 돈이 필요했다. 이번에도 일은 목적을 위한 수단이었다. 필요악이다! 나는 집에서 멀지 않은 한 식료품점에서 일했다. 최저임금을 받고 하루 종일 채소 통조림에 가격표를 붙였다. 통조림을 하나하나 박스에서 꺼내 가격표를 붙인 뒤, 이미 가격표를 붙인 통조림들 바로 옆에 놓았다. 다시. 그리고 다시. 또다시. 완두콩. 옥수수. 토마토. 매 시간 매 분이 죽 늘어나 정지해 있는 듯했다. 고객들이 주로 셀프서비스 코너를 이용했기 때문에, 그들과는 거의 접촉이 없었다. 나처럼 아무 생각 없이 기계적으로 일하는 동료들과의 접촉이 그나마 유일한 인간과의 접촉이었다. 그들 역시 나만큼이나 고립되어 있었고 비참한 신세였다. 게다가 어떤 종류의 코칭도 받지 못했다. 매니저와 얘기는커녕 매니저 코빼기도 보지 못했다. 인간이라곤 그림자도 볼 수 없었다. 내 목적은 단 하나, 새 자전거를 살 수 있는 몇백 프랑을 번 뒤 최대한 빨리 그곳을 뜨는 것이었다.

그다음엔 운이 좋았다. 나는 트럭에 치였다. 매장 뒤쪽에 박스를 차곡차곡 쌓고 있는데, 머리 위로 전투기 한 대가 저공비행을 했다. 그 바람에 집중력을 잃은 지게차 운전자가 후진을 하다 그대로 나를 들이받았다. 나는 꼬리뼈에 타박상을 입고 그해 여름이 끝날 때까지 병가를 낼 수 있었다. 결국 아무 일도 안 하고 집에 있으면서 자전거를 살 수 있었다. 채소 통조림들아 안녕! 나는 아주 행복했다.

지금도 기억나는데, 당시 나는 자리에 누워 지내면서 '언젠가는 사람들을 관리하는 자리에 올라가야지.'라고 생각했다. 나는 자신과 약속했다. 그날이 오면, 식료품점에서 일하면서 느꼈던 그 감정을 절대 잊지 말자고. 공허감과 단절감. 회사에 대한 무관심과 일이 제대로 돌아가는지 아닌지 신경 쓰지 않는 것. 의미도 없고 지루하기만 한 일들. 너무 한가해서 일부러 쓰레기를 비우러 가곤 했고, 지게차에 부딪히고도 즐거워했다. 일을 안 해도 된다는 의미였으니까. 나는 자신과 이런 약속도 했다. 사람들을 관리하는 자리에 오르면, 일선에서 일하는 사람들이 이런 느낌을 갖지 않게 최선을 다하자고.

20%도 안 되는 사람들이 아니라 80%가 넘는 사람들이 최선을 다한다면 무엇이 가능해질지 상상해 보라. 직원들의 참여도가 바닥에 머물 때에 비해, 참여도가 가장 높을 때 생산성은 17% 증가하고 이윤도 21% 늘어난다.[3] 많은 연구 결과에 따르면, 직원들이 일에 전념하고 행복해할수록 그것이 최종 결산과 주가에 반영된다.[4-5]

직장에서 일에 전념한다고 응답한 사람들은 생산성이 향상되고, 고객, 동료, 공급업체들에게 더 잘할 뿐 아니라 이직 가능성도 12배나 낮았다.[6] 어떤 업계에 있든 어떤 역할을 맡든 상관없다.[7] 일에 전념하는 직원들은 일하다 다칠 가능성도 25%에서 50%나 적다.[8] 전념의 장점이 이렇게 많은데, 오늘날 많은 사람이 일에 전념하지 못하는 건 대체 무엇 때문일까? 모든 것은 우리가 일 자체를 바라보는 방식에서 시작된다.

부담으로서의 일

전통적으로 일은 하기 싫은 것, 저주, 심지어 벌로 여겨지기까지 한다. 일은 잘 쳐줘봐야 목적을 위한 수단이다. 다른 무언가를 하기 위해 하는 것이다. 당신은 돈을 벌어야 공과금도 내고 휴가도 가고 퇴직도 할 수 있다.

내가 일렉트로닉 데이터 시스템스EDS의 프랑스 지사 사장으로 있을 때, 나는 이런 관점이 어떤 결과를 낳는지 현실에서 경험했다. EDS 프랑스는 1998년 프랑스 월드컵에 대비해, 입장권과 배지를 판매하거나 TV 방송과 보안 등에 필요한 기술 시스템을 구축했다. 우리는 이 프로젝트를 위해 80명 규모의 팀을 꾸렸다. 모든 팀원이 열의에 불탔고, 수십억 명이 원활한 시스템을 통해 월드컵을 제대로 즐기길 바랐다. 대형 프로젝트였기 때문에, 규모가 작은 축구 토너먼트에서 우리 시스템을 사전에 테스트해 보기로 했다. 월드컵을 1년 앞두고 프랑스에서 열린 토너먼트였다. 이 테스트는 월드컵에 대비한 예행연습이었다. 우리 시스템 엔지니어들은 일을 제대로 하기 위해 그 주에 51시간을 일했다. 프랑스에서는 51시간이면 주당 법정 노동 시간을 초과한다. 단 한 주라 해도, 축구와 관련된 일이라 해도 불법이다. 이런 법은 육체적으로 일이 훨씬 힘들었던 산업화 시대에 초과 근무를 막기 위해 만들어졌으나, 아직까지 그대로 유지되고 있다. 지금도 일은 어렵고 고통스러운 일종의 부담으로 여겨지기 때문이다. 어쨌든 이 일은 내게 개인적인 책임이 있었기 때문에 내가 벌금을 물어야 했다.

　일을 저주로 보는 개념은 고대 그리스까지 거슬러 올라가 산업혁명 시대까지 이어지며, 지금까지도 사람들이 일에 갖는 생각과 느낌에 영향을 준다. 어쩌면 제우스가 시시포스에게 영원히 무의미한 노동을 반복해야 하는 벌을 내린 데서 시작됐는지 모른다. 시시포스는 거대한 바위를 가파른 언덕 위로 밀고 올라가 굴러 떨어지면 또다시 밀고 올라가야 하는 벌을 받았다. 고대 그리스인들은 일을 굴욕으로 보았다. 그들에게 일은 사색과 지식 습득에 전념하는 이상적인 삶을 방해하는 것이었다.[9] 로마인들의 시각도 비슷했다.[10] '일'을 뜻하는 프랑스어 'travail'은 고문 기구를 가리키는 라틴어에서 왔다.

일에 대한 기독교인들의 시각 역시 장밋빛과는 거리가 멀다. 선과 악을 알려주는 나무의 열매를 먹지 말라는 하느님의 명령을 어긴 죄로 아담에게 내려진 저주는 에덴에서 추방되어 고된 노동을 하며 사는 것이었다.[11] 그럼 이브는? 그녀 역시 벌을 받았는데, 고통스런 출산의 형벌이었다('노동'을 뜻하는 'labor'에는 '출산, 해산'의 뜻이 있다).

산업혁명이 일어나면서 새로운 방식의 일과 새로운 형태의 고난이 생겨났다. 일이 길어지고 힘들어졌으며 고통스러워졌다. 석탄 가루를 들이마시며 폭발 위험을 무릅쓴 채 등골 빠지게 힘든 교대 근무를 하는 탄광의 광부들을 생각해 보라. 직조 기계에 손가락이 잘려나가는 직물 공장 노동자들도 있다. 사람들은 쥐꼬리만 한 돈을 받고 제대로 쉬지도 못하면서, 하루 14시간 내지 16시간, 주 6일씩 일했다. 경제학자 애덤 스미스Adam Smith는 노동을 국가의 경제적 부를 창출하는 궁극적인 원천으로 보았다. 그러나 노동이 노동자 자신에게 의미하는 바가 무엇인지 그가 내린 결론은, 실망스럽게도 "정신을 무기력하게 만든다"는 것이었다.[12] 간단히 말해 노동은 집단에게 좋지만 개인에게 끔찍한 것이었다.

프레더릭 테일러Frederick Taylor는 철강회사의 공장 감독이었는데, 이 젊은이는 강철판이 어떻게 만들어지는지 관찰하여 노동자들이 제품을 더 빨리 생산해 낼 수 있는 방법을 찾기 시작했다. 덕분에 공장 노동의 효율성이 높아졌지만, 노동자들은 더 지루해졌고, 마음을 빼앗긴 채 기계의 일개 부품으로 전락했다.

이것이 찰리 채플린의 1933년 영화 《모던 타임즈Modern Times》에 묘사된 산업화 시대의 모습이었다. 영화에서 찰리 채플린은 한 조립 라인에서 일하는데, 나사를 점점 더 빠른 속도로 조이다 결국 거대한 기계의 톱니 속으로 빨려 들어간다. 테일러는 단순노동을 하는 노동자들이 일할 동기와 집중력을 잃고, 어떻게든 일하지 않을 궁리만 한다는 걸 깨달았다. 물론 카를 마르크스도 개인이 무엇을 어떻게 생산할지에 대해 통제력을 빼앗길 때 기본적인 인간 본성으로부터 멀어진다고 생각했다.

객관적으로는 사람들이 왜 일을 좋게 받아들이지 못하는지 그 이유를 쉽게 알 수 있었다.[13]

이런 흔한 시각에서 보자면 일은 그것이 끝났을 때 일어나는, 자신의 진짜 삶을 뒷받침하기 위해 하는 것이다. 그러니 재미있을 리가 있나!

새로운 세상, 그리고 일을 바라보는 시각

지금의 경제 환경과 일의 본질은 세계적으로 급격한 변화를 겪고 있다. 이러한 변화를 4차 혁명이라 부르거나, 미국의 퇴역 장군 스탠리 매크리스털Stanley McChrystal이 말한 것처럼 VUCA 세계라 부르자. VUCA는 변동성volatile, 불확실성unpredictable, 복잡성complex, 애매성ambiguous이 지배하는 오늘날의 세계를 뜻한다.[14] 급변하는 기술과 진화하는 사회적 규범들 때문에, 이제 표준화된 과정과 장기적인 계획보다는 민첩성, 혁신, 협력, 속도 등이 점점 소중해진다.

그 결과 일의 본질도 변했다. 판에 박힌 작업들이 자동화된 덕분에 건강을 해치는 육체적 긴장, 몹시 지루한 찰리 채플린식 단순노동, 지게차 사고 같은 일들이 모두 줄어들고 있다. 내가 예전 여름에 했던 식료품점 아르바이트를 생각해 보라. 그런 일은 지금 컴퓨터에서 손가락 한 번 까딱하면 업데이트되는 전자 가격 표시기들이 대신하고 있다. 제조업과 농업을 비롯해 육체적 노동이 힘든 다른 분야에서도 일의 육체적 부담은 줄어들고 있다. 경제는 점점 서비스업이나 보다 창의적인 일들로 기울고 있다. 리더십, 커뮤니케이션, 분석능력이 가장 귀한 대접을 받으면서, 미국의 경우 이제 모든 일자리의 3분의 2가 고등 교육자를 원한다. 1973년에 28%였던 것에 비하면 한참 오른 수치다.[15]

일의 본질은 이처럼 빠른 속도로 진화하는 데 반해, 일을 바라보는 우리의 시각은 좀체 변하지 않는다. 당신이 직장에서 하는 일은 일정 부분 당신이 일을 어떻게 보는가에 영향을 준다. 나는 채소 통조림들에 가격표를 붙이던 때보다, 나중에 사회생활을 하면서 훨씬 더 일에 집중했던 것 같다. 예를 들어 조립 라인의 노동자들보다는, 고위직 임원들이나 지적 노동을 하는 전문직 종사자들이 일에 더 집중을 잘한다고 한다. 그러나 일 자체의 본질은 자기 일을 어떻게 생각하는가에 생각만큼 영향을 주지 않는다. 고위직 임원이라도 일에 전념하는 사람은 전체의 4분의 1 미만인데, 이 수치는 다른 직급과 크게 다르지 않다. 이런 현상은 세대 간에도 별 차이가 없다. 예를 들어 밀레니얼 세대는 일의 집중도에서 베이비붐 세대와 거의 비슷하다.[16] 따라서 직급을 막론하고 개선될 여지는 엄청나게 크며, 모든 일에서 사람들이 자기 일에 전념할 수 있다고 믿는다.

* * *

2019년에 나는 고위직 임원들을 위한 G100 네트워크 미팅에 초대받아 강연을 하게 됐다. 이 미팅에서 나는 한 참가자와 얘기를 나누었는데, 그는 베스트 바이에서 쇼핑을 하다 극도의 좌절감을 느꼈다고 했다. 그의 얘기를 들어보니, 2012년에 내가 미스터리 쇼퍼로 베스트 바이를 방문했던 일과 아주 흡사했다. 그러나 그는 최근에 한 베스트 바이 매장을 다시 방문하고 충격을 받았다고 했다. 블루 셔츠 직원들이 자신에게 좋은 서비스와 쇼핑 경험을 제공하기 위해 많은 관심과 노력을 기울였다는 것이다.

베스트 바이는 어떻게 바뀔 수 있었을까? 그는 답을 알고 싶어 했다. 베스트 바이가 매장 직원을 전부 교체했나? 서비스에 남다른 새로운 타입의 사람들을 뽑았나? 아니면 보다 나은 인센티브 제도를 도입했나?

그의 이런 질문에 대한 내 대답은 간단했다. 아뇨. 아뇨. 아뇨. 매장 직원들을 강제 이동시킨 적은 없었다. 놀라운 인센티브 제도를 발표한 적도 없었다. 평범한 이직을 제외하면, 매장 직원들은 그대로였다.

우리가 고객들의 쇼핑 경험을 바꾸기 위해 한 일은 간단했다. 직원들이 습관적으로 출근하거나 자기 일을 극도로 싫어할 때, 잠자고 있는 그들의 엄청난 잠재력을 풀어준 것뿐이다. 또한 일에 전념하지 못하는 많은 직원을 일에 전념하는 직원으로 변화시키고, 사기를 북돋워 고객에게 신경 쓰도록 한 것이다.

어떻게 했냐고?

그게 바로 이 책의 나머지 부분에서 할 이야기다. 그 이야기는 우리가 각기 일을 어떻게 보고, 인간으로서 그 일을 어떻게 하는가에서 시작한다.

| 깊이 생각해 볼 질문들 | ┈┈┈┈┈┈┈┈┈┈┈┈┈┈┈┈┈┈┈┈┈┈┈┈┈┈┈┈┈┈┈┈┈┈┈┈┈┈

- 일이 따분하다거나 재미있지 않다고 느낀 적이 있는가?
- 언제 그랬는가?
- 왜 그랬는가?

1. 아담의 저주

우리가 일을 하는 이유

일은 눈에 보이는 사랑이다.

칼릴 지브란, 《일에 대해^{On Work}》

이런 시나리오를 상상해 보자. 세 살짜리 사내아이 조던은 크리스마스 때 받은 티라노사우루스 장난감을 제일 좋아한다. 안타깝게도 티라노사우루스의 머리가 망가졌고, 이 어린아이는 몹시 슬퍼했다. 아이가 울자 엄마는 아이를 데리고 인근 대형 매장을 찾았다. '산타클로스 할아버지'가 바로 그 매장에서 조던 몰래 티라노사우루스 장난감을 구해 왔기 때문이다. 조던의 엄마는 두 판매 직원에게 상황을 설명한다.

일에 전념하지 않는 직원이라면 조던의 엄마를 장난감 매대로 안내해주고 다른 장난감을 찾아보라고 할 것이다. 조던은 거기서 기껏해야 새 티라노사우루스를 하나 집어들 것이고, 원래 갖고 있던 정든 티라노사우루스를 쓰레기통에 버릴 것이다. 이제 판매 직원은 아이가 매장을 나서는 것을 보고 안도하며 어서 하루 일과가 끝나길 기다릴 것이다.

이것이 전형적인 상황이겠지만, 이와는 다른 방법이 있다면 어떨까? 우리가 일을 저주로 보지 않고 전혀 다른 관점에서 본다면 어떨까? 우리가 둘 중 어떤 것을 택하느냐에 따라, 일을 대하는 방식에 큰 변화가 일어난다면 어떨까?

나는 일을 인간에게 없어선 안 될 요소이자, 각 개인이 의미를 찾는 데 꼭 필요한 열쇠이며, 삶에서 성취감을 찾을 수 있는 길로 생각한다. 물론 당신도 일을 나처럼 생각할 수 있다. 레바논의 시인 칼릴 지브란이 일에 바치는 이 시에서 말했듯이, 나는 일이란 눈에 보이는 사랑이라고 믿는다.

그대들은 항상 일이 저주이고 노동이 불운이라는 말을 들어 왔다.
그러나 나는 그대들에게 말한다.
그대의 일은 대지의 가장 먼 꿈, 그 꿈이 탄생했을 때부터
그대의 몫이었던 꿈 한 조각을 그대가 채우는 것이다.
노동을 멈추지 않고 살아갈 때
그대는 진심으로 삶을 사랑하게 되고,
노동을 통해 삶을 사랑하는 것은
삶의 가장 깊은 비밀에 다가가는 것이다.[1]

이런 관점은 내가 일에 접근하는 방식에 영향을 주었다. 나는 베

스트 바이의 모든 구성원에게 자신의 일에 어떻게 접근하는지 되돌아보라고 권했다. 그것이 최고경영자로서 내가 할 일이었다.

일은 의미를 찾는 과정이다

내가 늘 일을 이렇게 긍정적으로 봐 온 것은 아니다. 내 관점은 1990년대 초에 변하기 시작했다. 두 친구가 일의 철학과 신학에 대해 신문 기사를 쓰지 않겠냐고 물어본 일이 계기가 되었다. 당시 큰 관심을 갖고 있던 주제였기에 나는 좋다고 답했다.

그렇게 나는 연구에 착수했다. 성경에서는 일에 대해 뭐라고 말했을까? 인터넷이 나오기 전이어서 나는 성경 색인을 찾았다. 색인에는 편리하게도 일을 언급한 구약 및 신약의 모든 구절들이 목록으로 정리되어 있었다. 물론 그중 일부는 이미 아는 것이었다. 인간이 낙원에서 큰 잘못을 저질러 벌을 받게 됐다는 아담의 저주도 그중하나였다. 그러나 과거에는 특히 이런 관점으로 성경을 처음부터 끝까지 읽은 적이 없었기 때문에, 그런 구절이 있다는 것을 알고 많이 놀랐다.

대부분의 구절들은 일을 저주와 전혀 다른 관점에서 보고 있었다. 또한 많은 이야기가 '우리는 왜 일을 하는가?'라는 한 가지 중심 질문을 다루고 있었다. 이 질문에 대한 답은 대개 죄나 속죄와 아무 관계가 없었다. 오히려 일은 그보다 훨씬 긍정적으로 묘사되어 있었고, 그 결과 내 연구는 전혀 예상치 못한 결론에 도달했다. 그러니까 일은 우리를 인간답게 만드는 가장 기본적인 요소라는 것이다.

이런 사실을 발견했을 때 나는 정말 기뻤다. 이제까지 우리는 일이란, 입에 겨우 풀칠이나 하는 불운한 사람들에겐 참고 견뎌야 하는 것이고, 운 좋게 금수저를 물고 태어난 사람들이라면 피할 수 있는 나쁜 것이라고 생각했다. 대부분의 사람들, 적어도 유럽에서 자란 사람들과 마찬가지로 나 역시 이런 뿌리 깊은 집단적 관점에 영향을 받았다. 수 세기에 걸쳐 사회 곳곳에 스며든 오랜 관습에서 자유롭기란 쉽지 않다. 어쨌든 내 연구는 또 다른 관점을 보여줬다. 우리 인간이 인간인 이유의 핵심을 설명해주는 긍정적이고 고무적인 관점이었다. 그렇다. 아담과 이브는 원죄 때문에 벌을 받았다. 그러나 일 자체는 벌이 아니었다. 고통이 벌이었다. 벌은 유쾌하지 않지만, 기본적으로 인간의 필수 요소인 일의 본질을 바꿔 놓지는 않았다.

나는 이 주제를 계속해서 연구했다. 구약성경의 《창세기》에 따르면, 조물주도 천지 만물을 창조하기 위해 6일간 일했다. 그런 다음 인간에게 식물과 동물을 비롯해 땅을 지배하게 했고, 그 땅을 번창하게 했다. 사실 아담이 낙원에서 일을 한 것은 그곳을 가꾸고 돌보기 위함이었다.[2] 내가 읽은 바로, 일에서 얻는 성취감은 남에게 좋은 일을 해주는 데서 오며 공익에 기여하는 데서 온다. 또한 일은 기본적인 욕구를 채우기 위한 행위라기보다, 극히 영적인 의미를 찾기 위한 행위로 묘사된다.

나는 가톨릭 신자로 자랐기 때문에 자연스레 가톨릭교회의 '사회적 가르침'을 보고 배웠다. 19세기 후반부터 가톨릭교회는 '레룸 노바룸Rerum Novarum(새로운 질서)'에 대한 교회의 관점을 회칙으로 공개하기 시작했고, 이는 경제 발전과 관련된 것이었다.[3] 이 회칙은 일이 우리의 인간성을 규정한다는 관점을 분명히 했다. 교황 요한 바오로 2세는 이렇게 적었다. "인간의 일은 인간에게서 기인할 뿐 아니라, 본질적으로 인간에게 요구되는 것이며, 인간 속에 최종 목표를 갖고 있다."[4]

이후 계속된 탐구와 여행을 통해, 이 문제에 관한 한 이렇게 긍정적이고 영적이며 인간적인 관점은 가톨릭이나 기독교적 사고에 머물지 않는다는 것을 알게 됐다. 예를 들어 종교 개혁론자들은 일을 기쁨과 성취의 원천으로 받아들였고, 생산직과 육체노동에 대한 수세기 동안의 경멸 끝에 일을 바라보는 관점을 완전히 바꾸었다. 마르틴 루터와 장 칼뱅은 단순한 영적 혹은 종교적 노력뿐 아니라 생산적인 일이라면 전부 천직이나 소명으로 보아야 한다고 생각했다. 즉 일은 신과 사회를 위해 봉사하고[5] 신이 준 각자의 재능을 발휘하는 길이었다. 다른 종교들도 대개 일을 자기 자신뿐 아니라 다른 사람들에게 도움을 주는 길로 본다. 예를 들어 이슬람교에서는 일을 개인적인 욕구를 채우는 것을 넘어 다른 사람들에게 봉사하는 행위로 간주한다.[6] 마찬가지로 힌두교에서도 일을 봉사로 보는 개념을 받아들인다.[7]

예를 들어 1985년 미국으로 처음 이주했을 때 나는 개신교 전통이 일에 보이는 열정에 큰 충격을 받았다. 당시 나는 파리를 떠나 매킨지 앤드 컴퍼니에서 컨설턴트로 일하기 위해 샌프란시스코에 있는 사무실로 자리를 옮겼고, 거기에서 긍정적 사고방식과 에너지를 발견했다. 실리콘밸리의 기업가부터 의학 연구원, 스탠퍼드대학 및 버클리대학 교수들에 이르기까지, 내가 만난 각계 전문가들은 자기 일에 대해 그야말로 열정적인 이야기를 들려주었다. 그들은 갖가지 도전 앞에서 낙담하기보다, 해결해야 할 새로운 문제가 생겼다며 흥분했고 도전을 기회로 생각했다. 일은 참고 견디는 게 아니었다. 일은 좋은 것이었으며, 각자의 지적 능력과 창의력을 발휘하는 길이었다. 일은 '행복을 추구하는 데' 도움을 주는 수단이자, 아메리칸드림의 정수였다.

시간이 지나면서, 일을 긍정적으로 보는 관점은 종교에 국한되지 않는다는 사실을 알게 됐다. 사회학자들도 일을 없어서는 안 될 인간의 일부로 여긴다. 우리 대부분은 인간관계를 맺지 않고 존재할 수 없으며, 그래서 독방 감금은 일종의 고문으로 여겨진다. 일은 인간이 서로 관계를 맺게 해주는 한 방법이다. 우리는 일을 통해 인간 상호작용 네트워크의 일부가 되어, 동료, 고객, 공급업체와 교류한다. 일을 잃는 것은 이혼보다 더 고통스럽다고 한다.[8] 일을 잃으면 경제적·재정적으로 어려워질 뿐 아니라, 자존감을 잃고 사회적 연결 네트워크에서 이탈하기 때문에 몹시 힘들어진다.

일은 인간 심리에도 긍정적인 영향을 준다. 내가 읽은 책 중 가장 영향력이 큰 작품은 빅터 프랭클Viktor Frankl의 《죽음의 수용소에서 Man's Search for Meaning》이다. 오스트리아의 정신과 의사로 유대인이었던 프랭클은 제2차 세계대전 때 여러 강제 수용소를 전전하면서도 살아남았다. 그러나 임신 중이었던 아내는 살아남지 못했다. 그의 부모와 남동생도 마찬가지였다. 프랭클은 끔찍한 경험과 고통 속에서도 어떻게든 의미를 찾아내려 한 사람들이 살아남을 가능성이 더 높다는 사실을 발견했다. 자신도 어떻게든 살아남으려고 끊임없이 아내 생각을 했고, 전쟁이 끝난 뒤 강제 수용소에서 배운 심리학을 강의하는 꿈을 꾸었다.

그는 삶이 쾌락이나 권력을 추구하는 것이 아니라고 결론 내렸다. 삶은 의미를 추구하는 것이며, 여기서 의미란 성취감과 행복에 이르는 궁극의 길이다. 그는 사람이 일, 사랑, 용기 이 3가지에서 의미를 찾을 수 있다고 보았다. 이 3가지는 종종 하나로 수렴되어, 뭔가 '중요한 일'을 하는 도중 '다른 사람에 대한 사랑'과 '역경을 극복하는 용기'를 얻는 경우가 많다.

의미 탐구로서 일의 중요성은 단순히 추상적인 생각이 아니다. 나는 기업을 상대로 출장 관리 서비스를 제공하는 칼슨 왜건릿 트래블을 이끈 적이 있다. 이때 '다른 사람에게 봉사하는 행위로서의 일'이 실제로 얼마나 보편적인 개념인지 직접 경험했다. 이 회사에는 역사 속에서 서로 전쟁을 벌인 국가들(인도, 중국, 일본, 러시아, 폴란드, 프랑스, 독일 등)을 비롯해 세계 각국에서 모인 사람들이 함께 일했다. 나는 이들로 구성된 팀이 액센츄어, 알카텔, 제너럴 일렉트릭 같은 우리 고객을 위해 어떻게 하나로 뭉쳐 멋지게 일을 해내는지 보았다.

이런 현상은 세대 또한 초월한다. 퓨 리서치 센터는 10대들에게, '성인이 되었을 때 자신에게 무엇이 가장 중요할 것 같은가'라는 설문조사를 했다. 조사에 응답한 10대들의 95%가 자신이 좋아하는 일을 하거나 경력을 쌓는 것을 꼽았다. 이 항목은 어려운 사람을 돕는 것, 돈을 많이 버는 것, 아이를 낳는 것 등 그 어떤 일보다 상위에 올랐다.[9] 갤럽의 설문 조사 결과에서도, 일에서 목적을 찾는 것이 밀레

니얼 세대에게 가장 중요하다는 사실이 확인됐다.[10]

이런 현상은 젊은 세대를 뛰어넘어 나이 든 세대에도 적용된다. 작가 데이비드 브룩스는 삶이 종종 두 개의 산 같은 모양을 취한다고 주장한다. 직장생활 초기에 사람들은 개인적인 행복은 물론 직업적인 성공과 금전적인 성공도 추구하는데, 이것이 첫 번째이다. 사람들은 일단 정상에 도달하면 만족감을 느끼지 못하게 된다. 그러다가 인생 후반기에 두 번째 산에 오른다. 이때는 가족, 휴가, 철학, 믿음, 공동체에 대한 헌신에서 의미와 목적을 찾는 데 집중한다.[11]

2004년으로 돌아가 보면, 나는 '첫 번째 산'의 정상에 도달한 듯했다. 나는 그야말로 잘나가고 있었다. 매킨지 앤드 컴퍼니에서 컨설턴트로, 다시 파트너로 여러 해 동안 승승장구했다. 자문을 그만두고 기업의 리더가 되기로 마음먹은 뒤, 나는 EDS 프랑스 지사와 비방디 비디오게임 사업부에서 두 기업을 회생시키는 일을 이끌었다. 나는 비방디의 재건을 맡은 경영진이었다. 당시 40대 초반이었던 나는 어느 정도 전문가다운 성취를 일군 데 자부심을 느꼈다. 그러나 그 산의 정상은 정말 적막했다. 내가 추구한 성공이란 실은 공허한 것이었고, 나는 환멸과 허무를 느꼈다. 게다가 결혼생활도 첩첩산중이었다. 나는 잠시 한 발 물러나 내 영혼을 들여다볼 시간을 갖고, 보다 나은 삶의 방향을 찾아야겠다고 생각했다.

목적을 발견하는 방법

그 무렵, 예전의 한 고객이 다른 고위직 임원 몇 사람과 영적 수련을 하자며 초대했다. 정말 놀라운 우연의 일치였다. 예수회 창립자 이냐시오 데 로욜라가 창안한 이 영적 수련은 보통 4주 일정으로 강도 높게 진행되지만, 우리는 기간을 늘려 2년 동안 수련했다. 이 수련은 영적 리더의 지도로 명상, 자아 성찰, 매일 반복을 연습하는 것으로 심리학자나 코치들의 수련은 물론, 다른 종교에까지 영향을 주었다. 나 역시 이 수련을 통해 중요한 것을 재발견할 수 있었다. 시간이 지나면서 내 소명은 주변 사람들을 긍정적으로 변화시키고, 내가 갖고 있는 플랫폼을 활용해 이 세상을 나아지게 하는 것임을 확신했다. 이를 위해 지금도 계획을 개선해 나가며 노력하고 있다.

이처럼 당신의 목적을 발견하는 방법은 여러 가지가 있다. 특히 효과를 본 몇 가지 방법을 소개하자면 다음과 같다. 빌 조지는 자신의 책 《당신의 진북을 발견하라》에서 어떠한 일생의 목적을 가져야 하는지 규정하려면 혹독한 시련을 겪어야 한다고 강조했다.[12] 내 아내이자 경영자 코치인 오르탕스 르 장티Hortense le Gentil는 자신의 책 《조율Aligned》에서, 자신이 고객에게 활용하는 다양한 기법을 소개하기도 했다. 자신을 칭찬하는 글쓰기, 어린 시절의 꿈을 다시 떠올리기, 자신에게 에너지를 주는 것들을 생각해 보기 등이다.[13]

작가 앙드레 주주나가Andrés Zuzunaga의 방법도 꽤 유용하다. 당신이 사랑하는 것, 잘하는 것, 세상에 필요한 것, 당신이 대가를 받을 수 있는 것, 이 4가지 요소 중에서 목적을 찾아내는 접근방식이다(다음 그림 참조). 일본인들이 일상생활에서 가치를 찾는다는 개념으로 쓰는 '이키가이(존재의 이유 - 옮긴이)'가 이에 해당한다고 하나, 정확히 들어맞는 것은 아니다.

어떤 방법을 활용하든 목적은 변함없다. 당신에게 에너지를 주는 것, 당신을 움직이는 것, 간절히 원하는 것, 세월의 시험을 견디는 것을 찾아야 한다.

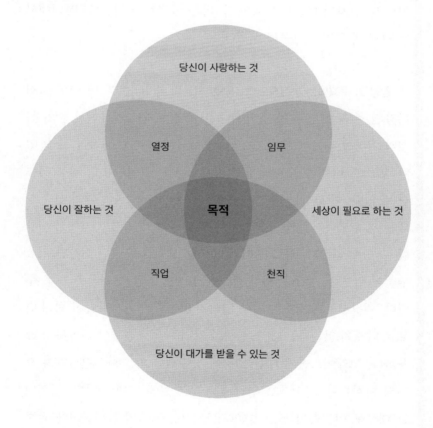

목적을 추구할 땐 다음과 같은 잠재적 함정들에 주의해야 한다.

함정 1: 갑작스런 계시로 목적이 분명해질 것이다. 의미 탐구는 현재 하고 있는 일에서 행하는 것이 가장 좋은 방법이다. 우리는 꿈 같은 일자리를 찾길 원하며, 그것만 찾으면 목적 탐구의 답을 발견해 행복한 삶을 살게 될 거라고 생각한다.[14] 대부분 백마 탄 왕자나 공주는 어느 날 갑자기 나타나지 않는다. 나는 마흔을 훌쩍 넘긴 상태에서 몇 년째 내 목적을 탐구해야 했다.

함정 2: 목적에는 본질적으로 고귀한 활동이 따라야 한다. 이 말이 사실이라면, 우리는 전부 자선 단체나 의료 시설에서 일하면서 삶의 목적과 의미를 찾아야 한다. 물론 이런 예들이 놀라운 목적이 될 순 있다. 베스트 바이는 2018년에 그레이트콜GreatCall이라는 기업을 인수한 바 있다. 이 회사는 집 안 곳곳에 설치한 센서로 노인들의 건강 상태를 원격 모니터링하여, 노인들이 요양원에 가지 않고 집에서 생활할 수 있게 해준다. 의료 서비스는 주로 고도로 숙련된 건강관리 요원들이 맡는데, 이들은 비상 상황이 발생했을 때 노인들을 도울 수 있다. 냉장고가 평소보다 자주 열리지 않는다거나 사람들이 침대 밖으로 나오지 않는다는 것을 센서가 알려주면 요원들이 신속하게 대응한다. 그레이트콜에 대한 조사에 착수했을 때, 매년 건강관리 요원의 이직률이 2%퍼센트도 안 된다는 사실에 크게 놀랐다. 콜센터는 대부분 이직률이 매년 100%가 넘는다. 고객의 불평불만에 답하는 것이 사람 진을 빼는 일인데다 별로 도움줄 수 없는 경우도 흔하기 때문이다. 그레이트콜은 입이 떡 벌어질 만큼 예외의 경우다. 이 곳 직원들이 생명을 구하는 일을 한다고 여기기에 가능한 일이다.

그러나 생명을 구하는 일에서만 의미와 목적을 찾을 수 있는 건 아니다. 그야말로 모든 종류의 일에 적용된다. 사무실에서 편안하게 돈도 많이 받는 일을 하고 있을 때나 그런 말이 쉽게 나오는 거라고 생각할지 모르겠다. 그러나 나는 이것이 모든 상황에서 통하는 선택 이라고 믿는다. 나는 중세의 두 석공 이야기를 무척 좋아한다. 두 석 공은 같은 일을 했는데, 누가 일에 대해 물으면 첫 번째 석공은 "안 보여요? 지금 돌을 자르고 있잖아요."라고 답했다. 반면 두 번째 석 공은 전혀 다른 관점에서 "지금 성당을 짓고 있어요."라고 말했다.

먹고 살기 위해 어떤 일을 하든, 우리는 목적을 선택해야 하고 내 일이 목적과 어떻게 연결되는지 생각해야 한다. 동물원 사육사라면 첫 번째 석공처럼 자기 일이 지루하기 짝이 없고 심지어 더럽다고 생각할 수 있다. 그도 그럴 것이 사육사 다섯 중 넷은 학사 학위 소 지자인데, 거의 하루 종일 동물의 똥을 치우고 바닥을 닦고 동물에 게 밥 주는 일로 시간을 보내기 때문이다. 그러나 일을 그만두는 사 육사는 몇 안 된다. 대부분이 자기 일을 동물을 돌보기 위한 개인적 인 소명으로 보기 때문이다.[15] 그들은 일을 하면서 더 행복해한다. 실제로 많은 사육사들이 급여, 자유 시간, 승진, 안락함을 기꺼이 희 생할 용의가 있다고 한다. 그렇다고 이를 핑계로 낮은 급여를 주며 이들을 혹사시키려 하면 안 될 것이다.

심지어 아주 작은 의미만으로도 전념의 강도가 달라진다. 듀크 대학교 심리학 및 행동경제학 교수 댄 애리얼리Dan Ariely는 레고를 가지고 한 가지 실험을 했다. 실험자는 참가자들을 두 그룹으로 나누고 레고를 조립할 때마다 돈을 지급했다. 처음에는 3달러, 두 번째는 2.7달러, 세 번째는 2.4달러, 이런 식으로 지급하는 돈을 30센트씩 줄였다. 그중 첫 번째 그룹에겐 레고를 만든 뒤 그것을 해체하지 않고 테이블 아래에 놓아두도록 했다. 반면 두 번째 그룹이 만든 레고는, 바쁘게 다음 레고를 만들고 있는 그들이 보는 앞에서 바로 해체됐다. 무슨 일이 있었는지 짐작이 가는가? 두 번째 그룹은 첫 번째 그룹보다 훨씬 빨리 레고 만들기를 그만두었다.[16]

함정 3: 목적은 크고 광범위해야 한다. 목적이라고 하면 힘들고 부담스럽다는 느낌이 들 수 있다. 당신의 목적은 얼마나 커야 할까? 얼마나 야심 차고 심오해야 할까? 의미와 목적을 찾으려면 자기 성찰이 있어야 하지만, 그렇다고 아슈람(힌두교도들이 수행하며 거주하는 곳 - 옮긴이)이나 수도원에 칩거해야 한다는 의미는 아니다. 암을 치유해야 하는 것도 아니다. "단순하게 하세요." 내가 여정을 시작했을 때내 영적 지도자는 이렇게 조언했다. 그러니 긍정적인 변화를 만들고 싶다면 주변 사람부터 변화시켜라. 어떤 위치에 있든, 조금만 도움을 받으면 우리 모두 목적의식을 찾아낼 수 있다. 당신에게 에너지와 기쁨을 주는 것부터 시작해라. 당신을 움직이는 원동력은 무엇인가?

당신의 원동력은 무엇인가?

'당신을 움직이는 원동력은 무엇인가?' 기업 환경에서 자주 제기되는 질문은 아니지만, 우리를 목적에 연결시켜 주기 때문에 자주 제기할수록 큰 도움이 되는 질문이다. 베스트 바이 직원들에게 이 질문을 생각해 보라고 권한 것도 바로 이 때문이다. 연휴 쇼핑 시즌이 다가오면 베스트 바이 홀리데이 리더십 미팅이 열리고 2,000여 명의 매니저들이 모인다. 이 미팅에서 '당신을 움직이는 원동력은 무엇인가?'라는 질문은 이제 핵심이 되었다. 그 질문의 답이 단순하고 인간적이라는 데 나는 늘 놀란다. 자신을 움직이는 것이 친구, 가족, 동료라고 말하는 경우가 많다. 매니저들 중 한 사람은 자신을 움직이는 원동력으로 세상에서 가장 사랑하는 '셜리 할머니와 세상 곳곳을 둘러보는 것'을 꼽았다. 한 지역 매니저의 원동력은 '직원과 고객이 자신의 희망과 꿈을 실현할 수 있게 돕는 것'이다. 한 인사 매니저는 '사람들이 평소에 가능하다고 생각했던 것 이상을 해낼 수 있게 가르치고 계발하고 영감을 주는 것'이 자신의 원동력이라고 했다. 베스트 바이의 모든 사람에게 용기와 영감을 줌으로써 자신의 원동력이 무엇인지 떠올리게 하는 것이 별것 아닌 일로 보일지도 모른다. 그러나 이것이야말로 우리가 일에 접근하는 방식을 변화시키는 데 아주 중요하다.

우선 자신의 목적을 이해하는 것이 중요하다. 특히 리더라면 주변 사람들을 움직이는 원동력이 무엇인지 이해하는 게 아주 중요하다. 이후에 살펴보겠지만, 그것이 조직의 목적과 어떻게 연결되는지 이해하는 것 또한 중요하다. 2016년, 나는 베스트 바이의 임원들을 움직이는 원동력이 무엇인지 알아보기 위해 저녁 식사 자리를 마련했다. 장소는 미니애폴리스의 아름다운 브데마카스카 호수가 내려다보이는 방으로, 분기별로 자주 찾는 수련회 장소 중 하나였다. 당시 나는 모든 임원에게 어릴 때 찍은 사진을 가져와서, 그 사진이나 성장 과정에 대한 이야기를 해달라고 부탁했다.

당일, 그 이야기를 하기에 앞서 우리는 '올인한다'는 개념을 살펴봤다. 어떤 일에 올인하려면 우리가 누구이고 어떤 사람이 되고 싶은지와 연결 지어 생각해야 한다. 나는 우리 임원들을 움직이는 원동력이 무엇이고, 그것이 그들의 삶과 경력에 어떻게 적용됐는지 알고 싶었다. 그들은 어디에서 왔는가? 그들은 왜 베스트 바이에서 일하는 데 흥미를 느꼈는가? 그들의 개인적인 목적은 그들의 일과 어떻게 연결됐는가? 내가 이 질문들에 답할 수 없다면 그들을 리드할 수 없을 거라고 생각했다.

이 질문에 돌아가며 답하는 시간은 훈훈한 게임을 하는 것처럼 느껴졌다. 내가 베스트 바이에 있으면서 가장 고무적이고 기억에 남는 시간이었다. 10명이 돌아가며 자신에게 에너지를 준 일과 자신의 삶에 목적의식을 준 일에 대해 얘기하는 동안, 우리는 그야말로 서로 연결됐다. 각자가 개인적으로 원동력이 된 일을 얘기하자, 나는 깊은 감동을 받았다. 그들은 무조건적인 사랑, 무한한 지지, 지속적으로 성장을 돕는 인간관계를 소중히 여긴다고 했다. 또한 동료들이 새로운 일을 하고 더 많은 책임을 맡도록 도움으로써 기대 이상의 성장을 지켜본 경험도 들려주었다.

유용하고 인상 깊은 이야기였다. 베스트 바이를 위한 야심 차고 의미 있는 목적을 갖는 데 엄청난 영향을 끼쳤기 때문이다. 이 목적은 이후 몇 년간 우리에게 지속적인 성공을 안겨주게 된다. 이에 대해서는 뒤에서 더 자세히 다룰 것이다.

* * *

조던과 망가진 티라노사우루스 장난감 이야기로 되돌아가 보자. 이것은 꾸며낸 이야기가 아니다. 조던과 엄마는 2019년 플로리다의 한 베스트 바이 매장을 방문한 실존 인물이다. 그러나 두 판매 직원은 조던의 엄마를 무심하게 장난감 매대로 안내하지 않았고, 새 장난감을 박스째 건네주지도 않았다. 대신 그들은 바로 의사로 변신해 카운터 뒤에서 망가진 공룡의 '수술'에 돌입했다. 망가진 공룡이 새 공룡으로 다시 태어나는 동안, 조던은 '아기 공룡'을 살리기 위해 어떤 수술을 하고 있는지 설명을 들었다. 몇 분 뒤 그들은 흥분해 있다가 얼굴이 환해진 조던에게 수술이 끝난 공룡을 넘겨주었다. 베스트 바이의 그 직원들에게 일은 단순히 월급을 받기 위한 것이 아니었다. 새 장난감을 파는 것도 아니었다. 그것은 어린 소년의 얼굴에 웃음을 돌려주는 일이었다.

인간 특유의 이런 목적의식을 적용하면 일에 접근하는 방식이 변하고, 그 결과 일에 전념하는 정도도 변한다. 그렇다면 목적의식은 늘 일을 쉽고 재미있게 만들어줄까? 아니다. 모든 사람에게 힘든 날들이 있듯, 모든 일에는 도전이 따르는 법이다. 개인의 목적의식은 일할 의욕에 불타게 만드는 유일한 이유가 아니며, 이 책 역시 더 다양한 목적의식들을 다루고 있다. 그러나 매일 어떤 일을 하면서 일을 하는 이유에 대해 더 큰 목적의식을 갖는다면, 에너지와 원동력은 물론 뚜렷한 목적도 생길 것이다. 당신이 석공이든 동물원 사육사든 블루 셔츠를 입은 직원이든 최고경영자든 관계없이, 이것은 좋은 출발이다.

| 깊이 생각해 볼 질문들 | ···

- 당신을 움직이는 원동력은 무엇인가?
- 당신은 어떤 '성당'을 건설하고 싶은가?
- 당신의 추도 연설에 어떤 내용이 들어가길 원하는가?
- 당신이 사랑하는 것, 당신이 잘하는 것, 세상에 필요한 것, 당신이 대가를 받을 수 있는 것의 겹치는 부분에 무엇이 있는가?

완벽의 문제

완벽은 존재하지 않는다.
완벽을 이해한다면 이는 인간 지성의 승리라 할 수 있다.
완벽을 소유하려는 욕망은 인간의 광기 중에서도 가장 위험하다.

알프레드 드 뮈세, 《세기아의 고백》

사무엘 신부는 "완벽을 추구하는 건 악일 수도 있어요!"라고 말했다.

우리 두 사람은 파리에 위치한 칼슨 왜건릿 트래블의 내 사무실에 있었다. 몇 달 전 나는 사무엘 신부에게 고위직 임원들과 영적인 관점으로 경제적·사회적 문제들을 들여다볼 수 있게 도와달라고 요청했다. 그날 내 사무실에서 사무엘 신부와 나는 다음 회기를 준비하고 있었다. 당시 우리가 어떤 얘기를 나누었는지 세세한 내용은 기억나지 않는다. 그러나 완벽에 대한 그의 얘기는 지금도 단어 하나하나까지 생생히 기억난다. 그것은 내게 지대한 영향을 미쳤다.

"그게 무슨 말씀인지요?" 내가 그에게 물었다.

사무엘 신부는 영적으로 매우 중요한 이야기를 했다. 그는 하느님이 총애하는 한 천사가 어느 날 자신이 완벽하고 최고라는 결론을 내렸고, 그 때문에 악마로 전락하게 되었다고 설명했다. 그는 이렇게 결론지었다. "먼저 자신이 불완전하고 약하며 도움이 필요하다는 것을 인정하지 않으면 다른 사람을 사랑할 수도 없고 그들과 인간관계를 발전시켜 나갈 수도 없습니다."

이 말을 듣고 나는 깜짝 놀랐다. 그간 내가 배운 모든 것에 반하는 말이었기 때문이다. 살면서 나는 늘 남보다 뛰어난 사람이 되라는 압력을 받았다. 내 잠재력을 최대한 살려야 한다고 결심한 어머니는 내가 늘 남보다 낫고 그들 위에 있기를 기대했다. 또한 성공이란 완벽해야 하며 영광에 기반을 두어야 한다는 비전을 심어주셨다. 학교도 완벽하고 똑똑한 사람이 되기 위해 노력하도록 훈련시켰다. 선생님들은 빨간 펜을 들고 실수와 결함을 찾는 데 혈안이 되어 있었다. 나는 늘 완벽한 점수를 목표로 잡으라고 배웠다. 고등학교 때 성적은 이후의 모든 교육 기회를 결정했다. 대학 입학시험은 성적에 따라 판가름 났고, 명문 대학에 들어가려면 다른 학생들보다 성적이 더 좋아야 했다. 명문 대학에 들어가면 취업 기회가 더 많았다. 큰 기업에서는 초반에 성공하려면 실수 없이 똑똑하게 일해야 했다. 모든 것이 완벽을 추구하게끔 설계되어 있었다.

나는 사무엘 신부의 생각이 설득력이 있다는 걸 알고 놀랐다. 우리 스터디 그룹에 참여한 다른 최고경영자들도 마찬가지였다. 사무엘 신부의 말은 공감을 불러일으켰다. 정도는 다르지만 모두가 일이란 완벽을 추구하는 과정으로 생각했기 때문일 것이다. 그때까지 우리는 성과와 완벽을 혼동해 왔다. 뛰어난 사업 성과를 목표로 삼는 건 좋은 일이지만, 인간이 완벽하기를 바라는 건 그렇지 않다. 이후 내가 사무엘 신부에게 기업 리더들을 위한 강연을 해달라고 부탁할 때마다, 리더들은 이런 생각이 가장 기억에 남는다고 했다.

전에 나에게 경영자 코칭을 해준 마셜 골드스미스Marshall Goldsmith 는, 성공한 리더가 더 나은 일을 하지 못하게 막는 20가지 습관 중에서 완벽 추구를 가장 강조했다. 당신이 어떤 곳에서 가장 똑똑한 사람임을 과시하려는 습관, 모든 상황에서 승자가 되려는 습관, 어떤 문제를 해결해야 할 때마다 의도적으로 자신을 끼워 넣으려는 습관이 있는지 생각해 보라.[1] 사실 마셜의 고객들이 한자리에 모일 때마다, 우리는 그와 함께 일하기 전에 각자 얼마나 괴로웠는지를 얘기했다. "그건 아무것도 아닙니다. 난 훨씬 더 끔찍했어요!" 우리는 지금도 여전히 최악의 완벽주의자가 되려고 무진 애쓰고 있다.

사무엘 신부의 말은 새롭고 뛰어난 관점이었지만, 그의 지혜를 실천하는 데는 몇 년이 걸렸다. 일이 인간을 규정하는 중요한 요소이며 의미를 찾으려는 노력에 대한 답이라면, 일에서 완벽을 추구하는 것이 어떻게 잘못이 될 수 있을까? 악의 종교적 개념은 생각하지 않더라도, 시간이 흐르면서 나는 일을 완벽 추구로 보는 것이 왜 비생산적인지 알게 되었다. 목적을 추구하는 것도 마찬가지였다.

피드백과의 싸움

사회생활을 하는 동안 나는 피드백을 묵살했다. 공을 들이는 일일 경우에는 특히 더 그랬다. 그보다는 누가 어떤 말을 했는지 알아내고, 그 말이 뭐가 잘못됐는지 집어내는 데 많은 에너지를 쏟았다.

내가 처음 팀에게 피드백을 받은 것은 매킨지 앤드 컴퍼니에 있을 때였다. 어떤 면에서 보더라도 나는 성공한 컨설턴트였다. 대부분의 사람들에 비해 아주 젊은 나이인 30세에 파트너 컨설턴트가 된 것이다. 모든 일이 술술 풀렸고, 나는 내가 정말 뛰어나다고 생각했다. 그러던 중 우리 팀이 나를 평가했는데, 그때 내가 평균보다 뛰어난 성과를 올리는 분야도 있고 그렇지 못한 분야도 있다는 걸 알게 됐다. 물론 나는 평균에 못 미치는 분야가 있으리라고는 예상도 못했다. 하지만 그런 분야가 있었다. 나는 엄청난 충격에 무력감마저 들었다. 어떻게 나한테 개발할 필요가 있는 문제가 있을 수 있단 말인가? 나는 그런 피드백을 받고 어찌해야 할지 몰랐고, 이 문제를 옆으로 제쳐두고 아무것도 하지 않았다.

분명 그런 행동은 내가 더 나은 리더가 되는 데 도움되지 못했다. 비방디 재건을 도우면서 내 일을 성공적으로 끝낸 뒤 2004년 칼슨 왜건릿 트래블의 최고경영자가 됐을 때도, 나는 여전히 피드백 문제로 골머리를 앓고 있었다. 어쨌든 내 관점에서 봤을 때는, 또다시 모든 게 완벽하게 돌아가고 있었다. 어쨌든 회사 규모는 3배로 커졌고 수익성은 5배나 좋아지고 있었다. 새로운 고객들도 생겨났다. 기업 출장 전문 여행사는 항공사 에이전트의 가내 사업에서, 기업을 고객으로 삼는 훨씬 더 복잡한 기술 중심의 사업으로 급격히 변화하고 있었다. 나는 처음에 경영 컨설턴트로, 그다음에는 EDS 프랑스에서 몇 년을 보냈기 때문에 칼슨 왜건릿 트래블에 필요한 모든 것을 알고 있다고 생각했다. 나는 기업 간 서비스B2B를 꿰고 있었다. IT 서비스도 잘 알았다. 인적 자원은 물론 성과 관리법도 내 손안에 있었다. 그러니까 당연히 나는 모든 것을 더 좋게 만들 수 있었다!

그게 문제였다. 나는 내가 모든 답을 갖고 있다고 생각했고, 그래서 다른 사람들을 소중한 파트너보다는 장애물로 보는 경향이 있었다. 다른 사람들의 결함에 초점을 맞추었기 때문이다. 나는 뭐든지 그들보다 더 잘할 수 있을 거라고 믿었다. 어떤 제안이나 사업 계획을 어떤 팀과 공유하든, 나는 그들에게 그 제안이나 사업 계획을 어떻게 개선할지 알려줄 수 있다고 생각했다. 나중에 알게 되었는데, 마셜 골드스미스는 이런 경향을 '너무 많은 가치를 더하는 것'이라 부른다. 나도 모르는 사이, 팀원들에게 그들이 해야 할 일을 지시하고 있었다. 몇 년 동안 계속 그들의 문제를 해결해주려 애썼다. 지금 와서 얘기지만, 팀원들의 입장에선 정말 사기가 떨어지는 일이었을 것이다.

그러나 당시에는 그렇게 보지 않았다. 물론 이런저런 조짐은 있었다. 칼슨 왜건릿 트래블에서 주최한 한 파티에서 유머 감각이 뛰어난 인사 팀장이 조직도를 만들었는데, 모든 칸에 내 이름이 들어가 있었다. 모두들 한바탕 소리 내며 웃었지만, 나는 마음이 편치 않았다. 얼마 뒤 직원 설문조사에서 훨씬 직접적인 메시지가 나왔다. 설문조사 결과를 보니, 내게 직접 보고하는 직원들은 자기 일에 전혀 전념하지 않는 것으로 나타났다. 특히 당시 회사는 전반적으로 직원의 참여도가 꽤 높은 편이었기 때문에, 그 결과는 정말 충격적이었다.

나는 심리학자들이 말하는 이른바 '인지 부조화' 상태에 빠졌다. 나는 내가 아주 잘하고 있다고 믿었는데, 데이터는 내가 더 잘할 수 있다는 걸 보여주고 있었다. 이런 인지 부조화는 워낙 불편하기 때문에 어떻게든 부조화 상태를 다른 것으로 메우려 하는 게 일반적인 반응이다. 그 당시 나는 자신에게 '내겐 잘못이 전혀 없다.'라고 말함으로써 부조화 상태를 메우려 했다. '나'에게 잘못이 없다면, 결국 잘못은 '그들'에게 있는 것이었다. 그들은 왜 내가 얼마나 뛰어난 사람인지 알아보지 못하는 걸까? 그간 내가 얼마나 많이 도와줬는데? 이런 생각들이 나를 괴롭혔다.

사무엘 신부와 완벽에 대해 얘기를 나눈 때는 내가 칼슨 왜건릿 트래블에 있던 그 무렵이었다. 나는 그의 주장을 이해했고, 전적으로 동의했다. 그러나 뿌리 깊게 박힌 습관들은 쉽게 바뀌지 않는다.

내 이름은 위베르였고, 나는 완벽주의자였다. 나는 도움이 필요했다.

모든 답을 갖고 있는 사람은 없다

몇 년 후 나는 칼슨 왜건릿 트래블, 래디슨 호텔, TGI 프라이데이스 등의 브랜드를 소유한 칼슨 컴퍼니스의 최고경영자가 되었다. 그때 인사팀 책임자인 엘리자베스 배스토니는 경영자 코치와 일해 볼 생각이 없느냐고 물었다. 당시 내가 그 제안을 못마땅하게 여겼다는 걸 알았다 해도 놀랍지 않을 것이다. 테니스나 스키라면 코치를 받아도 아무 문제가 없었다. 그러나 일은 전혀 다른 문제였다. 당시 내가 코칭을 받는 동료 임원이 있다는 얘기를 들었다면 나는 '그 사람 무슨 일 있나?', '그 사람 대체 무슨 문제가 있는 거야?'라고 생각했을 것이다.

변명을 하자면, 그때는 경영자 코치를 받는 것이 일종의 해결책 같은 걸로 여겨졌다. 그러니 해결할 문제가 없는 내가 왜 코치를 두어야 했겠는가? 엘리자베스는 "마셜 골드스미스 코치는 성공한 리더들이 훨씬 더 나은 리더가 되게 도와준다."라고 설명했다. 그의 고객 명단을 보니 매우 인상적이었다. 갑자기 이런 제안을 받은 기분이 들었다. "당신이 테니스를 아주 좋아하고 테니스 실력도 좋다는 걸 알아요. 그 실력을 계속 키우지 않을래요?"

물론 나는 더 나아지고 싶었다! 그래서 마셜과 함께 일하기 시작했다. 나는 피드백feedback을 '피드포워드feedforward(앞으로의 징후를 예측하고 그 정보를 토대로 제어하는 행동-옮긴이)'로 보고, 내가 노력하고 싶은 분야를 선택하는 법을 배웠다. 이것은 아주 미묘하면서도 중요한 차이였다. 나는 문제를 해결하는 데 집중한 것이 아니라, 어떤 면이 더 나아지길 원하는지 결정하는 데 집중한 것이다. 피드백을 해준 사람들에게 고마움을 표하고, 내가 노력 중인 것에 대해 이야기하고, 조언을 부탁하는 법을 배웠다. 또한 사람들과 접촉하는 법을 배웠고, 내가 그들을 어떻게 대하는지 듣는 법을 배웠으며, 더 많이 조언해

달라고 요청하는 법도 배웠다. 한때 등한시했던 피드백을 제대로 받아들이는 법도 배웠다.

사무엘 신부가 완벽, 약함, 사랑, 인간관계 등에 대해 했던 말을 심리학자들도 그대로 하고 있었다. 나는 우울증을 극복한 내 친구의 경험을 통해 나중에야 이 사실을 알게 됐다. 완벽주의는 좋지 않다. 많은 연구들에 따르면, 완벽주의는 우울증, 불안, 섭식장애는 물론 자살과도 관련이 있다.[2]

당시 나는 나 자신의 약함을 무시하면서 동시에 다른 사람들이 절대 완벽할 수 없다고 생각했다. 그러자 인간관계에 크게 제약을 받았고, 다른 사람들과의 협력, 효과적인 팀워크, 리더십 등에서도 한계를 느꼈다. 직원들은 불합리한 힘과 완벽을 자랑하는 리더보다, 약한 면을 보여주는 리더에게 더 큰 영향을 받는다. 우리는 완벽하지 못한 면들을 통해 서로 연결되고 유대감을 갖기 때문이다. 자칭 '텍사스의 연구원이자 이야기꾼'으로 통하는 브레네 브라운Brené Brown 은 지난 20여 년간 약함, 용기, 수치심, 공감 등을 연구해 왔다. 그녀는 불완전의 특징 중 하나로 용기, 연민과 더불어 연결connection을 꼽는다.[3] 그녀는 연결을 방해하는 것이 수치심이나 두려움이라는 것을 알아냈다. 다른 사람이 자신에 대해 알게 되면, 연결될 가치가 없는 사람으로 볼지도 모른다는 두려움 말이다. 반면 사랑과 연결을 강하게 느끼고 소속감이 있는 사람들은, 완벽하지 않을 용기가 있고 약함을 인정한 사람들이었다.[4] 이 모든 것을 통해, 나는 약함이 없으면 진정한 인간관계도 있을 수 없고, 완벽하지 않은 면이 없으면 약함도 있을 수 없다는 것을 배웠다.

다른 기업 리더들에게는 완벽을 추구하는 것이 위대한 일에 도움을 주기는커녕 방해만 된다는 것도 배웠다. 포드 최고경영자였던 앨런 멀러리Alan Mulally는 기업 회생 절차에 들어간 초기에, 자신이 동료들을 격려해 마음을 열고, 언제 어디에서 문제가 생겼는지 인정하게 만든 이야기를 들려줬다.

2006년 앨런이 최고경영자에 올랐을 때, 그해 포드의 실적은 적자만 170억 달러에 달할 것으로 예측됐다. 그리고 실제로 그랬다. 그의 표현대로라면, 예측에 문제가 있었던 게 아니라 실적에 문제가 있었다. 문제를 인정하는 것을 나약함의 증거로 보는 조직 문화도 한몫했다. 앨런은 매주 목요일에 열리는 사업계획 검토 미팅에서 핵심 분야 실적을 보고할 때 '신호등' 체계를 적용하라고 지시했다. 리더십팀의 모든 리더가 팀 목표의 주간 현황 보고서를 작성할 때 3가지 색깔로 표시해야 했다. 모든 게 정상궤도에 있을 때는 초록색으로, 정상궤도를 벗어났지만 제 궤도로 복귀할 계획이 있을 때는 노란색으로, 정상 궤도를 벗어났지만 아직 계획이 없을 때는 빨간색으로 표시하는 식이었다.

처음 몇 주 동안 앨런은 사람들에게 어떻게 모든 것이 초록색이냐고 물었다. 회사는 막대한 적자를 기록 중인데, 보고서 차트를 보면 모든 게 계획대로 잘 돌아가고 있었던 것이다. "잘 알겠지만, 우린 지금 수십억 달러의 적자를 보고 있습니다." 앨런이 지적했다. "제대로 돌아가지 않는 건 '하나도' 없습니까?" 훗날 앨런에 이어 최고경영자에 오른 마크 필즈Mark Fields가 처음으로 모든 것이 완벽하지 않다는 사실을 과감하게 인정했다. 당시 그는 포드의 남북아메리카 사업을 맡고 있었는데, 기대를 한 몸에 받고 있던 포드 에지Ford Edge 모델의 캐나다 출시를 앞두고 문제가 있었다. 테스트 결과 서스펜션에서 거슬리는 소음이 난다는 사실이 밝혀졌는데 문제가 아직 해결되지 않았고, 이 때문에 자동차 출시를 연기하기로 결정한 상태였다. 다음 주 미팅에서 그는 포드 에지 모델 출시 계획을 빨간색으로 표시했고, 아직 해결책을 찾아내지 못했다는 설명을 덧붙였다.

앨런에 따르면, 마크의 보고가 끝나자 회의실에 모여 있던 사람들의 표정은 어안이 벙벙했다. 그러나 앨런은 박수를 치면서 이렇게 물었다. "마크의 문제를 도와주실 분 없나요?" 그러자 누군가가 손을 들고 품질 전문가를 바로 보내겠다고 했다. 다른 누군가는 공급업체에 포드 에지의 부품 점검을 의뢰하겠다고 했다. 그 자신도 엔지니어였던 앨런은 끼어들지 않았다. 자신이 직접 개입하기보다는 팀이 서로 협력하길 바랐던 것이다. 이렇게 포드 에지의 문제는 바로 해결됐다.

주간 미팅이 몇 차례 더 진행된 뒤에야, 보고서 차트에는 빨간색과 노란색이 더 많아졌다. 그 무렵 팀의 모든 사람은 솔직히 문제를 인정할 수 있고, 서로 도와서 빨간색을 노란색으로, 나아가 초록색으로 바꿀 수 있다고 믿었다.

앨런 멀리리의 일화는 완벽을 추구할 때 맞닥뜨릴 수 있는 또 다른 문제를 보여준다. 모든 답을 갖고 있는 사람은 아무도 없다는 것이다. 건강한 작업 환경이라면 누구도 자신이 모른다고 말하기를 두려워하지 않는다. 당연한 말처럼 들리겠지만, 아직도 많은 사람들이 "모릅니다."라고 말하면 나약해 보인다고 믿는다. 지금도 기억난다.

내가 10대였을 때 우리 부모님의 친구 중 사업을 하는 분이 계셨다. 그분이 나에게 뭔가를 물었는데, 질문의 내용은 기억나지 않지만, 내가 이렇게 답했던 건 기억한다. "모르겠는데요."

그러자 그분이 나를 쳐다보며 이렇게 말했다. "젊은이, 비즈니스의 세계에서는 절대 모른다는 말을 하지 않길 바라네. 그건 나약함을 인정하는 말이라서 절대 입 밖에 내선 안 돼. 그 말이 자네의 잠재력에 방해가 될 거야."

나는 완벽주의와 씨름해 왔지만, 그 당시에는 전혀 이해되지 않는 말이었다. 내가 모른다면, 그냥 모르는 것이다! 그게 무슨 잘못이란 말인가? 나는 언제든 배우고 알아낼 수 있었다. 수학을 잘 못한다거나 시각적 사고를 잘 못한다고 말한다고 해서 현실 도피를 하려는 건 아니었다. 모른다는 것이지 '알 수 없다'고 말하는 게 아니지 않은가. 난 그저 알지 못하는 것이다. 누군가가 당신에게 지난달의 시장 점유율에 대해 묻는다거나, 도드-프랭크법Dodd-Frank Act.(글로벌 금융 위기의 재발을 막기 위해 오바마 행정부가 발표한 금융개혁법-옮긴이) 1502 조항이 무엇인지 묻는다면, "모르겠는데요. 알아보겠습니다!"라고 답한다고 해서 잘못은 아닌 것이다.

앨런 멀러리는 완벽주의에 반대했고, 그래서 문제가 있을 때 사실대로 인정하고 해결할 수 있었다. 아마존의 최고경영자 제프 베이조스Jeff Bezos 역시 완벽주의가 실패를 두려워하게 만들어 혁신을 가로막는다고 주장한다. "나는 우리가 세상에서 실패하기 가장 좋은 위치에 있다고 믿습니다." 그가 주주들에게 보낸 한 서신에서 한 말이다. "실패와 혁신의 관계는 쌍둥이처럼 불가분의 관계입니다. 혁신하기 위해서는 실험을 해야 하는데, 사전에 그게 통한다는 걸 안다면 사실 그건 실험이 아닙니다. 큰 조직들은 대개 이 같은 혁신의 개념을 받아들이지만, 거기에 도달하기 위해 필요한 실험의 실패는 겪으려 하지 않습니다."[5]

나는 불완전의 이점을 깨닫고 베스트 바이에서 내 역할에 접근하는 방식을 바꿨다. 그게 아니었다면 모든 변화는 일어나지 못했을지도 모른다. 베스트 바이가 일단 회생에 성공해 새로운 성장 전략에 착수하자, 우리는 완벽하게 표적을 맞춰야 한다는 집단적 사고방식에서 벗어나 '성장형 사고방식growth mindset'을 가지려고 무척 애썼다. 스탠퍼드대학교 심리학과의 캐럴 드웩Carol Dweck 교수가 말한 성장형 사고방식이란 재능과 능력이 노력과 배움을 통해 성장할 수 있다는 것이다. 이에 대해서는 뒤에서 좀 더 자세히 다루겠다. 배움에는 실수와 실패가 반드시 뒤따르게 마련이지만, 완벽주의와는 영 어울리지 않는다. 완벽주의는 성장형 사고방식보다 '고정형 사고방식fixed mindset'과 더 깊은 관련이 있다. 고정형 사고방식이란 재능과 능력이 타고나는 것으로 고정되어 있다는 생각이다. 많은 최고경영자들이 완벽하게 보이려 하는 경향이 있으며, 캐럴 드웩은 그런 경향을 '최고경영자 병CEO disease'이라고 부르기도 한다.[6] 유감스럽게도, 별 노력 없이 완벽을 과시하여 자신의 우월을 드러내려 하면 실패에 대한 두려움 때문에 도전적인 일을 하거나 배워야 할 필요성 또한 느끼지 못하게 된다.

사업가의 삶은 상당 부분 캐럴 드웩이 말한 '고정형 사고방식'의 한 증상인 '최고' 또는 '1등'을 추구하는 것에 이끌린다. 베스트 바이를 비롯한 많은 기업에는 성과를 측정하고 보상하는 등급 심사 시스템이 있다. 등급 심사를 하지 않는 곳이 없을 정도다. 심지어 '베스트 바이Best Buy'라는 사명社名에는 '최고best'라는 단어가 들어가기까지 한다. 이것은 병이다. 심리학자들은 이것을 완벽을 추구하다 결국 자멸하게 되는 병이라고 말한다.[7] 문제는, 최고가 되어야 한다는 생각에는 세상을 제로섬 게임의 원리로 보는 시각이 담겨 있다는 점이다. 이런 세상에는 오로지 10명의 사람 또는 상위 10위권에 드는 기업들이 들어갈 공간밖에 없다. 당신은 다른 누군가를 밟고 올라가야 비로소 1등이 될 수 있다. 그렇다면 1등이 된 다음에는 무엇을 할 것인가? 이제는 내려가는 것 외에 다른 길이 없다. 물론 늘 경쟁은 있는 법이며, 중요하다. 그러나 자기 자신과의 경쟁이거나 어제보다 더 나은 내일을 위한 경쟁일 때라야 다른 사람과 비교할 때보다 훨씬 더 멀리까지 나아갈 수 있다.

약함을 받아들일 때, 실패로부터 배울 때, 최고가 되기보다는 최선을 다하려고 애쓸 때, 우리는 일을 가장 잘할 수 있고 사람들을 가장 잘 이끌 수 있다. 우리가 다른 사람들과 진실로 깊이 연결될 수 있는 것은 이러한 불완전한 상태에 있을 때다.

전략상의 돌파구

베스트 바이에서 일을 시작한 직후, 나는 마셜 골드스미스 코치를 우리 임원진에 합류시켰다. 그리고 완벽주의에서 벗어나기 위해 계속 노력했다. 나는 내가 더 나아지고 싶은 분야를 솔직히 털어놨고, 팀의 도움을 받아 계속 진전 상황을 체크했다.

나는 한 분야에 여전히 약한 면이 있었다. 내가 필요하지 않은 일에 뛰어드는 경향이 있었던 것이다. 이런 경향은 2016년에 분명히 드러났다. 당시 우리 임원진은 리더십 코치 에릭 플리너와 함께 한 팀으로 보다 효율적으로 일하는 법을 배우는 중이었다. 우리가 한 팀으로 일하는 것을 가로막는 것에 대해 갑론을박을 벌이고 있을 때, 누군가가 우리의 전략이 충분히 명확하지 않다고 말했다. 그 얘기는 되풀이해서 계속 나왔다.

나는 우리에게 '빌딩 더 뉴 블루Building the New Blue'라는 명확한 성장 전략이 있다고 생각했다. 이사회도 승인했고, 모든 사람이 그 전략에 따라 일해 왔다. 그래서 나는 놀랐다. 조금 짜증도 났다. 나는 이 문제를 개인적인 것으로 받아들였다. 모두가 명확한 전략을 갖고 함께 노력하도록 만드는 것은 최고경영자인 내가 할 일이었다.

그런데 여러 동료들은 '빌딩 더 뉴 블루'보다 앞서 시행된 2012년의 기업 회생 계획 '리뉴 블루Renew Blue'가 훨씬 더 명확한 전략이라고 말했다. 내가 보기에 사실 리뉴 블루는 전략이 아니었다. 그저 살아남고 회생하기 위한 일련의 조치들에 불과했다.

그러나 동료들은 리뉴 블루를 '변하지 않으면 죽는다.'라는 너무도 명확한 메시지가 담긴 최고의 전략으로 봤다. 그러면서 우리의 최근 전략에 명확성이 부족하다고 했다.

"내가 어떻게 해볼게요." 내가 말했다.

그러나 팀의 반응은 아주 신속했다. "아뇨!"

그들은 최근 전략이 명확하지 않아 문제라는 것을 알고 있었다. 따라서 내가 뛰어들어 전략을 더 명확하게 만들려는 것은 해결책이 아니었다. 해결책은 팀은 물론 회사의 모든 사람이 참여해 그 전략을 갖고 이해할 수 있는 환경을 조성하는 것이어야 했다. 전략을 현실적이고 명확하게 짜서, 모든 사람이 매일매일 자신의 일에 적용할 수 있게 해주어야 했다. 사실 나는 모든 문제에 개입해 필요 이상으로 많은 결정을 내릴 필요가 없었다. 그러나 나는 늘 충동적으로 그렇게 하려고 했다.

우리가 에릭 플리너와 함께 한 일에는 누가 어떤 결정을 내려야 하는지가 명확히 담겨 있었다. 우리가 채택한 것은 잘 알려진 'RASCI 모델'이다. 상황에 따라 누가 담당하고Responsible, 책임지고Accountable, 지원하고Supporting, 자문을 받거나Consulted 결과를 통보 받는지Informed를 분류한다. 이 모델에 대해서는 3부에서 좀 더 자세히 다루겠다.

나에게는 그야말로 전구에 불이 번쩍 들어오는 순간, 돌파구 같은 순간이었다. 내가 처음 최고경영자가 되었을 때 회사가 침몰 중이었기 때문에, 나는 아주 신속하게 많은 결정을 내렸다. 그러나 이제는 모든 게 잘 돌아가고 있다. 게다가 우리에겐 서로 존중하고 신뢰하며 재능 있는 사람들로 구성된 뛰어난 팀이 있다. 내가 모든 결정을 내릴 필요가 없었던 것이다. 거기까지 도달하는 데 여러 해가 걸렸지만, 매사에 완벽하려는 내 성향에서 해방될 때도 된 것이다. 내 입장에서도 조직의 입장에서도 그건 해방이었다. 코치를 둘이나 영입하고 많은 책을 읽고 이런저런 조언에 귀 기울이며 여러 해 동안 수련을 쌓은 결과이긴 했지만, 어쨌든 나는 마침내 사무엘 신부가 한 말을 실천에 옮길 수 있었다.

* * *

일을 보는 관점을 바꾸고 일에 전념하는 방식을 바꾸는 것은 개인적 변화를 도모하는 여정이다. 일을 저주나 하기 싫은 것, 완벽 추구로 받아들이지 않고 자신의 목적을 실현하려는 길로 받아들이려는 여정이다. 그 여정은 일선 직원부터 최고경영자에 이르는 회사의 각 개인으로부터 시작된다.

그때 비로소 기업을 변화시키고 집단적인 휴먼 매직을 발산할 수 있게 된다.

| 깊이 생각해 볼 질문들 | ··

- 당신의 별난 점들은 무엇인가? 당신은 그것을 어떻게 알아내는가?
- 당신은 피드백을 어떻게 받아들이는가?
- 당신은 더 잘하고 싶은 무언가를 위해 어떤 노력을 하는가?
- 당신은 팀에 무엇을 위해 노력하고 싶다고 얘기했는가?
- 그래서 지금 어떤 도움을 받고 있는가?

2부

목적의식이
뚜렷한
인간 조직

THE HEART OF BUSINESS

1부에서 설명했듯이, 기업 재건이란 일을 의미나 성취를 추구하는 것에 대한 답으로 보는 것에서 시작된다. 2부에서는 기업의 주목적이 주주 가치를 극대화하는 데 있다는 전통적인 관점이 왜 잘못됐고 위험하며, 왜 오늘날의 환경에 맞지 않는지 살펴볼 것이다. 밀턴 프리드먼은 기업의 목적이 돈을 버는 데 있는 것이라고 믿어주길 바랐겠지만, 그의 주장과 반대로 기업의 목적은 돈을 버는 데 있는 것이 아니라 공익에 기여하고 모든 이해관계자에게 봉사하는 데 있다. 기업은 영혼이 없는 집단이 아니라 그 중심에 사람이 있는 인간 조직으로, 공익에 기여하고 봉사하는 목적에 이바지하기 위해 함께 노력한다. 비즈니스에 새롭게 접근하는 방식은 모든 일이 잘 돌아갈 때만 적용되는 것이 아니라, 무언가에 도전해야 하는 시기에 특히 더 필요하다. 사실 베스트 바이가 기업 회생 및 재건에 성공한 것도 바로 이런 접근방식 덕분이었다.

기업의 목적은
수익 창출이 아니다

———

부는 분명 우리가 추구하는 선이 아니다.
부는 그저 유용할 뿐이며,
다른 무언가에 도움이 되는 것이기 때문이다.

아리스토텔레스, 《니코마코스 윤리학》

2019년 12월에 나는 매년 그렇듯 자녀들과 함께 휴가를 보내고 있었다. 2010년대가 끝나갈 무렵이다. 우리 아들딸은 모두 30대에 접어들었고 가정을 꾸리기 시작했다. 몇 개월 전 나는 막 60세가 되었고 베스트 바이의 최고경영자에서 물러났다. 우리 모두 조용히 자신을 돌아보고 있었다.

뉴스는 우리의 마음을 무겁게 짓눌렀다. 재앙에 가까운 산불이 브라질의 아마존 일대를 삼킨 지 몇 달도 안 되어 호주의 뉴사우스웨일스 주와 빅토리아 주를 덮쳤고, 다시 캘리포니아 주를 할퀴었다. 사회적인 불길도 타오르고 있었다. 프랑스에서는 연일 파업이 벌어졌다. 연료비 인상에서 촉발된 시위가 몇 개월간 이어지더니,

정부의 연금 개혁안을 둘러싼 파업으로 번졌다. 대규모 시위는 레바논, 칠레, 에콰도르, 볼리비아 등지에서도 발생했다. 경제 악화, 특히 불평등 심화를 둘러싼 사회적 불안으로, 전 세계적으로 포퓰리즘이 강세를 보였다. 기후 변화에 더 적극적으로 대처하라는 요구들이 거세지면서 전 세계에서 시위가 늘었다. 시위는 스웨덴의 10대 환경 운동가 그레타 툰베리Greta Thunberg를 지지하는 젊은 세대가 주도했다.

우리 아이들은 저녁 식사 자리에 둘러앉아, 과도한 소비와 낭비가 지구 온난화에 어떤 악영향을 미치는지 이야기했다. 아이들은 전통적인 거대 기업에 환멸을 느낀 또래의 전문직 젊은이들이 일에서 영감과 성취감을 얻기 위해 신생 기업을 만들고 있다고 했다. 두 아이 모두 정부와 기업이 기후 위기를 극복하려는 적절한 조치를 취하지 않고 있으며, 자신들이 느끼는 절박감을 느끼지 않는다고 여겼다. 앞으로 몇십 년 뒤, 우리 아이들과 손자들은 어떤 세상에서 살게 될까?

한 가지는 분명했다. 지금의 자본주의 체제와 기업 운영 방식은 지속되기 힘들어 보였다.

경제 시스템이 교착 상태에 빠졌다고 믿는 것은 비단 우리 아이들뿐이 아니었다. 여러 설문조사 결과들에 따르면, 사회적 불평등과 환경 위기로, 특히 지금 젊은 세대는 자본주의에 환멸을 느낀다고 한다.[1] 물론 자본주의는 유례없는 경제 발전 시기로 이어져 놀라운 혁신을 이루었고 수십억 명을 가난에서 벗어나게 했다. 그러나 지금 우리는 분명 위기를 맞고 있다.[2] 실제로 2020년 1월에 세일즈포스Salesforce(클라우드 컴퓨터 솔루션 공급업체)의 최고경영자 마크 베니오프

Marc Benioff는 다보스 세계경제포럼의 연례회의(주로 기후 변화와 불평등 문제를 해결할 방법을 논의했다)에서 이렇게 선언했다. "우리가 알고 있는 자본주의는 죽었다."

우리는 경제 시스템이 어떻게 작동하는지 재고해야 한다.

내가 1978년에 경영대학원에서 처음 배운 것들 중 하나는, 기업의 목적은 주주 가치를 극대화한다는 것이었다. 나는 그것을 그대로 믿었다. 그래서 이윤을 극대화하는 기법을 습득하는 데 전념했다. 사회에서 기업이 하는 역할에 대해서는 따로 생각해 보지 않았다. 고등학교와 대학 생활 초반에 공부했던 역사, 철학, 윤리학은 교과과정에서 사라졌고, 나는 바로 복식부기와 재무분석에 대해 배우기 시작했다. 전략게임을 했던 건 지금도 기억에 생생하다. 이 게임의 승자는 전적으로 가장 많은 이윤을 올린 사람이었다. 나는 뉴욕에 있는 매킨지 앤드 컴퍼니로 자리를 옮긴 1990년대 초까지도 이런 관점을 유지했다. 10여 년에 걸친 초과 수입과 금융 스캔들에도 불구하고 말이다. 전략 컨설턴트인 우리의 목표는 대개 고객을 위해 주주 가치를 극대화하는 것이었다.

이런 관점은 대체로 20세기의 가장 영향력 있는 경제학자 중 한 사람인 밀턴 프리드먼의 신조로 알려져 있다. 1970년 9월에 발행된 《뉴욕 타임스》의 한 기사에서, 그는 기업이 단 한 가지 '사회적' 책임, 즉 주주를 위해 이윤을 극대화할 책임이 있다고 주장했다. 프리드먼에 따르면, 기업이 수익에만 관심을 가질 게 아니라 일자리를 제공하거나 환경오염을 방지하는 등 사회적 목표도 장려해야 한다고 믿는 사람들은 순수 사회주의를 설파하는 것이다.[3] 밀턴 프리드

면의 관점에는 분명한 이점이 한 가지 있다. 간단명료하다는 것이다. 기쁘게 해줘야 할 상대는 단 하나, 주주뿐이며 중요한 성과 기준도 수익뿐이다.

프리드먼의 이론은 수십 년간 사업에서 복음 같은 역할을 했다. '비즈니스 라운드테이블Business Roundtable'은 미국에서 가장 규모가 크고 영향력 있는 기업들의 최고경영자들이 참여하는 경제 단체로, 1997년에 이렇게 선언했다. "비즈니스 라운드테이블은 기업의 주목표가 그 소유주들에게 경제적 이윤을 제공하는 것이란 사실을 강조하고자 한다."[4]

내 관점은 컨설턴트로 일하고 있을 때 변하기 시작했다. 이후 여러 기업을 이끌면서 겪은 경험은 바뀐 생각이 옳다는 것을 확인시켜 주었을 뿐이다. 이제 나는 우리 아이들과 저녁 식사를 하면서 얘기한 문제들의 근본 원인이 주주 우선주의라고 본다. 물론 돈을 버는 것은 기업에 꼭 필요한 일이고 훌륭한 경영의 자연스런 결과물이다(5장에서 논의할 것이다). 그러나 수익을 기업의 유일한 목적으로 보는 것은 다음 4가지 근본적인 이유에서 잘못됐다. 첫째, 수익은 경제적 성과를 측정하는 적절한 기준이 아니다. 둘째, 수익에만 집중하는 것은 위험하다. 셋째, 이처럼 한 가지에만 집중하면 고객과 직원들의 반감을 사게 된다. 넷째, 이것은 정신적으로도 좋지 않다.

수익은 경제적 성과를 측정하는
적절한 기준이 아니다

수익을 측정할 때 기업이 사회의 나머지 영역에 미치는 영향은 고려하지 않는다. 또한 폐기물이나 탄소 발자국은 환경에 아주 현실적이고 고통스러운 영향을 미치지만, 재무제표에 반영되지 않는다. 예를 들어 1회용 플라스틱 병을 사용하는 식음료 기업들은 플라스틱 폐기물로 신음하는 바다를 위해 들여야 하는 비용을 부담하지 않는다. 석탄을 주 연료로 사용하는 기업들의 이윤에는 그들이 인류의 건강과 환경에 야기하는 비용이 반영되지 않는다.

한 기업에 국한해 살펴본다 해도, 한 기업의 수익은 경제적 성과에 대한 호도된 평가일 수 있다. 2003년 4월 비방디의 부 최고재무책임자가 되었을 때, 나는 회사의 재무 보고 및 사업계획 등을 검토하면서 회계 규범이 얼마나 임의적이고 독단적일 수 있는지 알게 됐다.

모든 것이 혼돈 그 자체였다. 일련의 기업 인수 이후 비방디 그룹은 유동성 위기를 맞았고, 그 결과 최고경영자 장 마리 메시에르는 임기 만료를 9개월여 앞두고 물러났다. 그 무렵 엔론 스캔들(미국의 에너지 기업 엔론이 투자 손실, 회계 부정 등으로 2001년 파산 신청을 한 사건-옮긴이)의 여파로 비방디의 회계감사 기업인 아서 앤더슨Arthur Andersen도 해체됐다. 비방디 그룹은 기존 부채의 만기 연장을 위해 미국과 유럽에서 고위험·고수익 채권high-yield bond(신용 등급이 낮은 기업이 발행하는 채권-옮긴이)을 발행하기로 했다. 덕분에 기업의 일부 자산을 매각하여 자금난에 빠지지 않았다. 당시 우리는 고위험·고수익 채권의 마케팅을 위해 회계 장부를 마감해야 했다.

비방디의 재무 보고를 분석하기 위해 회사의 새로운 감사들과 함께 일하면서, 나는 보고된 수익과 경제적 현실 사이에 큰 괴리가 있다는 사실에 충격을 받았다. 예를 들어 회계 원칙에 따르면, 모기업은 지배 중인 기업들의 영업 이익을 100% 자사 영업 이익에 포함시킬 수 있다. 설사 지배 중인 기업들의 일부 지분만 소유하고 있다 해도 가능하다. 반면 모기업이 상당 부분의 지분을 소유하고도 지배하지 않는 기업들의 영업 이익은 모기업의 영업 이익에 포함되지 않는다. 운 좋게도 비방디는 이동통신 사업체 SFR(44%)과 마록 텔레콤(35%)처럼 소수 지분을 소유한 수익성 좋은 기업들을 통합한 상태였다. 폴란드 텔레콤 기업 PTC와 인터넷 플랫폼 기업 비자비Vizzavi처럼 수익성 낮은 기업들은 각기 약 50%의 지분을 소유했음에도 통합하지 않은 상태였다. 이것은 완전히 합법적이고 회계 원칙에도 위배되지 않는다. 그러나 그 바람에 비방디의 영업 이익이 부풀려졌고 실제 수익과 기업의 건전성 사이에 간극이 생겼다.

게다가 이렇게 되면 가장 중요한 자산인 의욕 넘치고 숙련된 직원과 같은, 기업의 건전성을 상징하는 다른 특성을 고려하기가 힘들어진다. 베스트 바이의 성공적인 기업 회생에 원동력이 된 것은 자기 일에 전념하는 직원들이었고, 그들은 지금도 베스트 바이의 지속적인 성공을 뒷받침하는 가장 중요한 자산이다. 그러나 대차대조표에서는 그 직원들을 볼 수 없다. 그 결과 2016년에 월마트의 최고경영자 더그 맥밀런이 결단한 것처럼, 그리고 내가 베스트 바이에서 그랬던 것처럼, 사람에게 투자하는 것이 단기적으로는 수익성을 떨어뜨릴 수 있다. 반면 부동산이나 공장 같은 유형 자산에 투자하는 것은 여러 해에 걸쳐 보상이 돌아온다.

수익에만 집중하는 것은 위험하다

환자의 체온과 마찬가지로, 수익은 건강 상태 자체가 아니라 그 이면에 숨겨진 다른 건강 상태를 보여주는 증상이다. 그래서 증상에만 집중하는 건 위험할 수 있다. 순전히 환자들의 체온을 정상 범위 내에 유지하는 것으로 돈을 받는 의사가 있다고 가정해 보라. 아마 환자가 열이 날 때마다 체온계는 냉장고에 들어가 있게 될지도 모른다.

결국 이것은 꼭 회계를 통하지 않더라도 조작하기 쉬운 게임이다. 나는 고객에게 직접 혜택을 주는 자산이나 사람에 투자를 줄임으로써 수익을 극대화할 수 있다. 이 방법은 효과가 있지만, 잠깐에 불과하다. 한동안 비용도 줄고 수치들도 좋아 보이지만, 장기적으로는 기업의 건강이 나빠진다. 2009년부터 2012년 사이에 베스트 바이는 이런 일을 겪었다. 당시 베스트 바이는 매장에 들어가는 지출을 줄였고 전자상거래에 투자도 거의 하지 않았다. 그러면서 상품 가격을 올렸다. 잠시 순이익이 올라갔지만, 머지않아 고객들은 형편없는 회사 웹사이트와 싸우는 데 지쳤다. 나 역시 휴대폰을 사러 베스트 바이 매장에 들렀다가 칙칙한 매장과 불편한 고객 서비스를 경험했다. 마찬가지로 고객들은 발길을 돌리기 시작했다. 파산에 이르는 길에는 보다 나은 고객 서비스를 위한 투자보다 단기 수익에 집중했던 시어스Sears 같은 유통업체들이 즐비하다. 다음 장들에서 살펴보겠지만 베스트 바이의 사례는, '지속 가능한' 성공을 추구하려면 재능과 고객에게 집중해야 한다고 보여준다.

단순히 '수치를 맞추는 일'에만 집중하면 혁신도 어려워진다. 스탠퍼드대학의 연구 결과에 따르면 첨단기술 기업들의 혁신은 기업공개IPO 이후 40%나 둔화됐다. 시장 압력을 받으면서 회사 경영이 보다 신중해지기 때문이다.[5]

특정 수치를 염두에 두고 경영하면, 침체기 때 공격적인 경영을 할 기회를 잃게 될 가능성이 높다. 내가 칼슨 컴퍼니스에 있던 2008년 대침체기 때 관광업계가 큰 타격을 입었다. 당시 메리어트Marriott나 스타우드Starwood처럼 호텔업계의 리더들은 단기적으로 수익이 떨어져도 투자를 중단하지 않았다.

물론 재무 성과는 그리 중요하지 않다. 그러나 수익은 공간과 시간을 만든다. 시장의 기대에 부응하지 못하는 상장 기업들은 바로 가치를 상실한다. 예를 들어 2014년 1월, 연말연시 연휴 매출이 기대에 미치지 않자 베스트 바이의 주가는 39달러에서 25달러로 떨어졌다. 나는 작년 주가가 11달러에서 42달러로 급등했다는 사실을 되뇌어야 했다. 시장 반응은 아주 빠르다. 단기적으로 과잉 반응하는 경우도 많다. 장기적으로 계속 재무 성과를 내지 못하는 최고경영자는 축출되고, 수익을 내지 못하는 기업은 퇴출된다. 그런 압력을 무시할 순 없지만, 그렇다고 근시안적 조치가 정당화될 수도 없다.

그리고 이 모든 것이 불법 행위까지 정당화하지는 못한다. 엔론의 분식 회계 허위 보고 스캔들, 폭스바겐의 배기가스 저감장치 조작 스캔들, 웰스 파고Wells Fargo의 허위 계좌 개설 스캔들 등, 지난 20년간 꾸준히 발생한 일련의 기업 스캔들은 수치에 지나치게 집중한 데서 비롯된 결과였다. 또한 2008년의 대침체기는 대규모의 잘못된 행동의 결과로, 이런 식의 기업 운영 방식이 얼마나 위험한지를 잘 보여준다.

한 가지에만 집중하면 고객과 직원들의 반감을 사게 된다

고객은 똑똑하고 요구하는 게 많다. 또한 기업에 기대하는 것도 많다. 고객은 자신이 존경하는 기업, 능력 있고 도덕적이며 적극적으로 사회를 개선한다고 믿는 기업과 거래하고 싶어 한다.[6] 소비자들은 이런 기준을 충족하지 못하는 기업들에 점점 더 등을 돌릴 것이다. 우리 아이들이 저녁 식사 때 중요하다고 얘기한 것 중 하나는, 기업이 계획적으로 제품을 노후화시키는 것이다. 첨단기술 기업들이 예전에 출시된 제품 지원을 얼마나 빨리 중단하는가, 의류업체들이 얼마나 자주 신상품을 선보이는가(패스트 패션fast fashion 현상이라고도 한다)가 중요하다는 것이다. 우리 아이들은 이런 전략을 고객이나 지구에 도움을 주는 것이 아닌, 순전히 수익을 내기 위한 전략으로 본다.

식품에서 패션에 이르기까지 많은 분야의 기업들은 소비자들의 이런 압력 때문에 기업의 기후 관련법을 개정하지 않을 수 없다고 느낀다. 기후 온난화에 대한 우려가 기업의 행동은 물론 소비에도 영향을 주고 있는 것이다. 코로나 19로 비행기 여행이 거의 중단되기도 전에 다섯 명 중 한 명은 환경 우려 때문에 비행기로 이동하는 여행을 덜 한다고 말했다.[7] '플라이트 셰임flight shame' 운동(기후 변화의 심각성이 날로 커지면서 온실가스의 주범인 비행기를 타는 데 부끄러움을 느끼자는 운동-옮긴이)은 스웨덴에서 가장 먼저 확산됐다. 이런 추세를 무시할 순 없다.

또한 지금 기업체 직원들은 고용주에게 사회적·환경적 변화를 요구하고 있다. 예를 들어 2019년 9월에 아마존 직원들은 거리로 나서서 고용주에게 압력을 가했다. 이들은 탄소 발자국을 줄이는 데 더 많은 노력을 기울이고, 오일 및 가스 업계에 대한 서비스를 중단하며, 기후 변화 자체를 부인하는 정치인들을 더이상 지원하지 말라고 요구했다.

심지어 기업의 유일한 목적이 돈을 버는 것이라는 믿음의 가장 큰 수혜자가 될 주주들도 변하고 있다. 단기적인 수익을 올리는 것보다는 더 좋은 시민이 되는 게 결국 기업에도 더 좋다는 관점을 갖기 시작한 것이다. 세계 최대의 자산관리 기업인 블랙록BlackRock이 '지속 가능성sustainability'을 새로운 투자 기준으로 받아들인 것이 좋은 예다. 블랙록의 회장 래리 핑크Larry Fink는 최고경영자들에게 보낸 2020년 연례 서한에, 특히 기후 변화로 투자 위험이 생겨난다면서 이렇게 적었다. "기후 변화는 이제 기업들의 장기 전망을 결정짓는 요인이 되었습니다…. 지속 가능성 및 기후 통합형 포트폴리오로 투자자들에게 더 나은 투자 수익을 돌려드릴 수 있다는 게 우리의 투자 신념입니다."[8] 세계경제포럼의 2020년도 세계 위험 보고서 설문 조사에 응한 기업 리더, 비정부 기구, 학자들은 기후 변화와 적응 실패를 향후 10년간 세계가 직면할 가장 큰 위협으로 꼽았다.[9]

주주들의 기대치도 변하고 있다. 투자자들도 다음 분기별 실적 너머를 보지 못할 만큼 무감각한 사람들이 아니기 때문이다. 기관 투자자든 뮤추얼 펀드 투자자든, 주주들 역시 사람이거나 사람으로 이루어진 조직이다. 이들은 재정적 안정과 다른 사람들의 연금 등에 신경을 쏜다. 어떤 경우든 그들 역시 개인이다. 대체로 서로 다른 목표와 투자 지평을 갖고 있다. 다른 모든 사람과 마찬가지로 그들 역시 미래를 우려하며, 또 같은 행성과 같은 열망을 공유하는 인간들이다. 그들 역시 소비자이자 직원이기도 하다.[10]

주주 가치를 최우선으로 삼지 말라는 주주들의 압력은 말로 그치지 않는다. 환경, 사회, 지배 구조 기준을 고려해 투자되고 관리되는 자산 규모는 2016년 22조 8,000억 달러에서 2018년 초 30조 7,000억 달러로 늘어났다.[11] 게다가 기후 변화 문제는 점점 더 재무 보고에 반영되는 추세여서 투자 결정에도 영향을 준다.[12] 이런 추세는 앞으로도 계속될 것이다. 고객과 직원은 물론 심지어 주주까지도 기대치를 재조정하고 있다.

수익에만 집중하는 것은
정신적으로도 좋지 않다

텍사스에 본사를 둔 글로벌 그룹 EDS 프랑스의 사장으로 재임 중이던 1999년 초, 나는 새로 부임한 최고경영자와 함께 한 리더십 미팅에 참석했다. 그는 회사의 전략을 프레젠테이션 하고 있었다. 그 프레젠테이션은 수익 창출이 기업의 주목적이라는 프리드먼의 이론이 잘못됐다는 내 확신을 강화시켰다. 우리 최고경영자의 접근방식은 철저히 수익에 초점을 맞추고 있었다. 그가 내 의견을 물었을 때, 나는 재무 실적이 우리의 유일한 목적이 되어서는 안 된다고 지적했다. 이후 몇 개월간 새로운 최고경영자의 접근방식 때문에 나는 점점 소외감을 느끼게 되었고, 결국 EDS 프랑스를 떠났다.

2012년 베스트 바이에 합류했을 때, 내가 만일 직원들에게 "우리의 목적은 주당 순이익을 2배로 늘리는 것"이라고 말했다면, 어떤 일이 일어났을까? 아마 별일 없었을 것이다. 그럴 만한 이유가 있다. 베스트 바이 직원들에게 "당신을 움직이는 원동력은 무엇인가?"라고 물었을 때, "주주 가치."라고 답한 직원은 아무도 없었다. 주주 가치가 사람들로 하여금 아침에 침대를 박차고 나오게 만드는 원동력은 아닌 것이다. 직원들이 보다 일에 전념하길 바란다면, 우리는 그들의 마음이 주가에 빠져 있지 않다는 걸 인정해야 한다. 잊지 마라. 일은 하기 싫은 것이 되어서는 안 된다. 일은 저주가 아니다. 일은 의미를 탐구하는 과정이다. 이윤을 극대화하는 것이 그 탐구에 대한 답이 아니며, (1부에서 언급한 것처럼) 그런 접근방식으로는 일에 전념하지 못하는 전 세계적인 현상을 타파할 수 없다. 그런 접근방식으로는 베스트 바이 같은 기업들을 구하기 위해 사람들이 최선을 다하게 만들 수 없다.

나는 결코 수익을 무시해야 한다는 얘기를 하는 것이 아니다. 물론 기업은 돈을 벌어야 하고, 안 그러면 살아남을 수 없다. 게다가 수익성을 높이는 데 집중해야 좋은 상황도 있다. 예를 들어 어떤 기업에서 돈이 피처럼 줄줄 새나가서 죽을 위험에 처할 경우, 그 출혈을 막는 것이 최우선이다. 또한 기업이 어떻게, 왜 돈을 벌어야 하는지 알아야 기업의 건전성에 도움이 된다.

그러나 더 건강해지려면 수익을 높이는 데만 '집착'해서는 안 된다. 이것이 핵심이다. 수익이 꼭 필요하지만, 그것은 결과다. 그 자체가 목적은 아니다.

그럼 당신은 이렇게 물을지도 모르겠다. "수익이 아니라면, 대체 무엇이 기업의 목적인가?" 이 질문에 대한 적절한 답을 찾으려면, 자본주의를 재창조하고, 기업 내부에서 혁신하며, 집단의 미래를 바꾸는 데 일조하는 방법부터 고민해야 한다. 그래야 우리 아이들이(그리고 당신의 아이들은 물론 다른 수많은 사람들이) 저녁 식사 때 얘기한 포부를 펼치고 우려를 없앨 수 있을 것이다.

나에게 이 여정은 1993년의 또 다른 저녁 식사 자리에서 시작됐다. 그러니까 그때 사업을 논의한 덕분에 비로소 사업의 본질에 눈 뜨게 된 것이다.

- 당신은 기업의 유일한 목적이 이윤 극대화이며, 기업이 주주에게 가장 신경을 써야 한다고 믿는가? 그렇다면 그 이유는 무엇이며, 그렇지 않다면 그 이유는 또 무엇인가?
- 당신은 기업의 고객, 직원, 주주의 기대치가 변한다고 생각하는가? 그렇다면 당신의 기업도 그들과 함께 변하고 있는가?

성당을 짓는 사업

———

아뇨, 폐하. 이건 반란이 아닙니다. 이건 혁명입니다.

프랑수아 드 라 로슈푸코, 프랑스의 사회 개혁가
1789년 바스티유 감옥이 습격당한 날 아침에
루이 16세에게

1993년, 허니웰 불Honeywell Bull의 새 최고경영자로 지명된 장 마리 데카르팡트리Jean-Marie Descarpentries는 이렇게 말했다. "기업의 목적은 돈을 버는 데 있는 게 아닙니다." 당시 나는 파리의 매킨지 앤드 컴퍼니에 몸담고 있었다. 나와 동료들은 어떻게 그를 도울 수 있을지 알아보려고 저녁 식사에 초대했다. 나는 그날 저녁에 그의 우선순위를 알아보고 그를 설득하는 데 몽땅 투자할 각오로 임했다.

그러나 장 마리는 최근에 참석한 프랑스의 한 최고경영자 모임에서 논의된 사항을 브리핑해주기로 했다. 그는 특유의 생생하고 열정적인 방식으로 사업에 대한 자신의 생각을 나누었다.

기업의 목적은 돈을 버는 데 있는 게 아니라고?

나는 깜짝 놀라 식사를 멈췄다. 그것은 내가 경영대학원에서, 그리고 초기에 경영 컨설턴트로 활동하며 배운 모든 것에 반하는 얘기였다. 그가 한 말은 주류 업계의 기본 가설들과 완전히 상충했다. 주주들 문제는 어떤가? 밀턴 프리드먼의 이론은 또 어떻고?

스테이크를 먹고 와인 잔을 기울이면서, 장 마리는 믿지 못하겠다는 표정으로 자리에 앉아 있는 컨설턴트들을 향해, 하고 싶은 말을 분명히 했다. 그렇다고 그가 현금 입출금 기록표를 태워 없애라고 권한 건 아니었다. 그는 "돈을 버는 것은 절대 필요한 일이지만, 그것은 사업의 결과이지 궁극적인 목표가 아니다."라고 했다.

충격적인 얘기였다. 나는 사회생활을 하면서 주주 가치를 극대화한다는 것이 특별히 고무적이라 생각하지 않았는데, 세상 이치는 그러했다. 이는 더 고무적인 또 다른 방식이 있을 수 있다는 걸 의미하기도 했다. 나는 장 마리의 얘기를 주의깊게 들었다. 그는 기업이 '사람', '사업', '재정'이라는 3가지 책무를 갖고 있다고 설명했다.

이 3가지 책무들은 서로 연결된다. 첫 번째 책무, 즉 기업이 직원의 발전과 성취에 뛰어난 성과를 보이면 두 번째 책무, 즉 기업의 제품과 서비스를 계속 구입하는 충성스런 고객 확보에도 뛰어난 성과를 보이게 된다. 이때 세 번째 책무, 즉 돈을 버는 일에 뛰어난 성과를 낼 수 있다. 인과관계는 다음과 같다.

사람 → 사업 → 재정

그러면 수익은 처음 2가지 책무의 결과가 된다. 장 마리는 이 책무들 사이에 상충되는 면이 없다고 했다. 즉 가장 뛰어난 기업은 3가지 책무 모두에서 동시에 뛰어난 성과를 보인다는 것이다.

그는 이렇게 말을 이었다. "그러나 책무와 결과를 '목적'과 혼동해서는 안 됩니다. 기업의 목적은 직원의 발전과 성취이며, 그래서 그들 주변의 사람들에게 관심을 가져야 합니다."

장 마리의 에너지는 전염성이 있었고, 그의 아이디어는 가슴속 깊이 와닿았다. 경영 컨설턴트였던 나는 '어떤 제품과 서비스를 제공할 것인가?', '어떻게 경쟁력을 확보할 것인가?'와 같은 전술들을 짜는 데 얼마나 많은 노력을 쏟는지 잘 알고 있었다. 그러나 가슴이 뛸 만한 '목적'을 가져야겠다는 생각은 별로 하지 않았다. 그럴 만도 했다. 바로 이 대목에서 나는 가슴이 뛰는 무언가를 느낄 수 있었다.

이후 나는 장 마리와 함께 일하면서 그가 자신의 원칙들을 현실에 적용하는 것을 보았다. 결국 그와 나눈 대화를 계기로 사업을 전혀 새로운 관점에서 보게 됐다. 내가 컨설턴트를 그만두고 EDS 프랑스에서 베스트 바이에 이르는 여러 기업을 이끄는 동안 그와 나눈 대화는, 최고경영자라는 위치에 접근하는 방식에도 큰 영향을 주었다. 이 장에서는 이 같은 관점의 변화를 살펴보고, 6장과 7장에서는 그런 변화가 현실적으로 어떤 의미가 있는지 좀 더 자세히 살펴볼 것이다.

목적과 사람에 집중하기

4장에서 강조했듯이, 우리는 자본주의를 철저하고 시급하게 재창조해야 한다. 좋은 소식은, 우리가 그렇게 할 수 있다는 것이다.

여러 해에 걸쳐 나는 사업과 자본주의의 토대를 재구축하는 데 필요한 방법을 개발하고, 되풀이하여 테스트했다. 이 방법은 장 마리 데카르팡트리와 다른 많은 사람의 지혜를 토대로 만들어진 것이다.

이 방법은 '수익에서 목적으로의 전환'이라는 대전환에 기반을 두고 있다. 나는 사업이 근본적으로 목적, 사람, 인간관계에 대한 것이라 믿는다. 적어도 수익이 가장 중요한 것은 아니란 의미다. 기업은 영혼 없는 독립체가 아니다. 공동의 목적을 위해 함께 노력하는 개인으로 이루어진 인간 조직이다. 그 공동의 목적이 구성원들의 개인적 의미 추구와 맞아떨어질 때, 조직은 놀라운 성과를 이루어내는 휴먼 매직을 발산할 수 있다.

오른쪽 도표가 그것을 그대로 보여준다.

가장 꼭대기에는 숭고한 목적이 있다. 목적은 기업이 존재하는 이유다. '숭고한 목적noble purpose'[1]은 리사 얼 맥리오드가 만든 말로, 기업이 사람들의 삶에 불러일으키고자 하는 긍정적인 영향이며, 한 발 더 나아가 공익에 대한 기업의 기여다. 공익은 기업이 집중해야 할 핵심적인 사항으로, 기업이 하는 모든 일에 해당된다. 사업은 선을 행할 때 더 잘 풀린다.

중심에 있는 직원은 숭고한 목적을 둘러싸고 모이며, 고객은 숭고한 목적과 서로 관계가 있다. 숭고한 목적은 전략을 짜고 모든 결

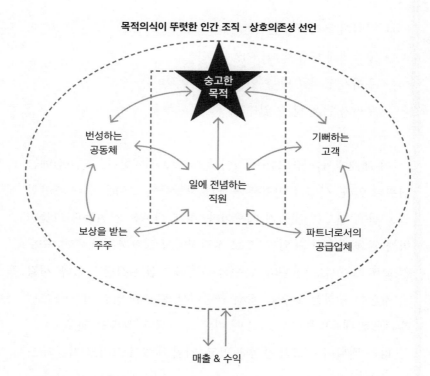

목적의식이 뚜렷한 인간 조직 - 상호의존성 선언

숭고한
목적

번성하는
공동체

기뻐하는
고객

일에 전념하는
직원

보상을 받는
주주

파트너로서의
공급업체

매출 & 수익

정을 내리고 결과를 측정할 때, 길을 밝히는 북극성 역할을 한다.

기업의 목적이 박애정신이나 사회적 책임이라는 보다 협소한 개념들과 어떻게 다른지 생각할 때, 개인의 목적이란 개념을 2장에서 살펴본 4가지 요소와의 교차점으로 보면 유용하다(4가지 요소는 당신이 사랑하는 것, 잘하는 것, 세상에 필요한 것, 대가를 받을 수 있는 것이다). 기업이 존재하는 이유도 같은 방식으로 찾아볼 수 있다. 세상에 필요한 것, 한 팀으로서 열정을 보이는 것, 기업이 잘하는 것, 기업이 대가로 받을 수 있는 것 등이다. 이런 개념은 베스트 바이에서 새로운 사업 아이디어를 생각할 때 활용하는 4가지 질문의 바탕이 된다.

5. 성당을 짓는 사업

- 기업의 목적에 맞는가?
- 고객에게 도움이 되는가?
- 우리가 결과를 낼 수 있는가?
- 우리가 돈을 벌 수 있는가?

이 체제에서는 숭고한 목적이 꼭대기에 위치한다. 그 중심에는 직원이 있다. 사업의 비결은 훌륭한 사람들이 고객을 위해 훌륭한 일을 하게 만드는 것이기 때문이다. 경제 이론은 직원들과 그들이 하는 일을 단순한 '투입input'으로 생각하라고 강요하지만, 그럴 수도 없고 또 그래서도 안 된다. 단순히 투입되고 싶은 사람은 없다. 사람은 자신이 발전할 수 있는 작업 환경에서, 단순한 인적 자본이 아닌 개인으로 대우받는다고 느낄 때 비로소 '더 좋은 성과'를 낸다.

나는 직원이 사업의 중심에 있고, 기업 내에서 그리고 기업의 모든 이해관계자(고객, 공급업체, 지역사회, 주주)와 서로 배려하며 진심 어린 관계를 갖는 구조를 지지한다. 그럴 때 직원들이 기업의 목적에 기여할 뿐 아니라, 이해관계자를 위해 좋은 결과를 낼 수 있다. 직원들은 고객을 걸어 다니는 지갑이 아니라 같은 인간으로 대할 때, 비로소 고객을 위해 더 훌륭한 일을 해낼 수 있다. 최고경영자에서 일선 직원에 이르는 모두가 고객이 무엇을 원하고, 어떻게 해야 그 요구에 제대로 부응할지 알고 신경 쓸 때 이런 일도 가능할 것이다. 이런 식으로 고객의 만족도가 높아지면 브랜드 충성도와 신뢰도도 높아지고, 고객과 강한 정서적 유대를 형성하는 브랜드가 생겨난다. 고객을 위해 훌륭한 일을 하고 훌륭한 결과를 내려면, 직원들은 공급업체를 파트너로 삼아 원만한 협력 관계를 구축해야 한다. 마진을 높인답시고 공급업체를 쥐어짤 게 아니라, 양측 모두 이익을 보면서 고객에게 봉사하는 방식으로 협력해야 한다. 또한 기업이 번창하려면 지역사회도 번창해야 하며, 그 지역사회 출신으로 지역사회에 기여하는 직원들이 이 관계의 중심이 되어야 한다. 숭고한 목적도 기업과 지역사회를 연결하는 데 도움이 된다. 마지막으로, 기업과 주주들 간의 연결은 본질적으로 인간적인 연결이다. 주주들은 개인일 수도 있고, 인간의 목적에 이바지하는 인간의 조직인 기업일 수도 있다. 자산관리 기업은 사람들의 금전적 행복과 그들의 은퇴 생활에 이바지한다.

따라서 숭고한 목적을 추구하는 직원은 모든 것의 중심이며, 여러 관계들은 시스템 전체를 관통하며 시스템을 번성하게 만드는 피와 같다. 이렇게 접근하면 모든 요소들이 상호의존적이고 상호보완적인 시스템 안에서 서로 연결된다.

수익은 성공적인 전략의 결과이며, 그 원동력은 인간관계의 질이다. 그러나 수익이 없으면 직원과 혁신에 투자하고 성장을 이끌어내며, 지역사회를 지원하고 투자자들에게 성과를 배분할 수 없다. 따라서 수익은 임무 수행에서 필수 요소다.

간단히 말해, 이 접근방식은 상호의존성을 선언하는 것이다.

나는 여러 가지 이유로 이 접근방식과 그 바탕에 있는 철학에 흥미를 느낀다.

첫째, 이 접근방식은 철학적으로 또 종교적으로 설득력이 있다. 나는 이 접근방식이 아리스토텔레스에서 유대-기독교와 힌두교에 이르는, 세계에서 가장 중요한 철학자들과 종교에서 나온 지혜와 같은 것이라고 생각한다.

둘째, 이 접근방식은 현실성이 있다. 단순한 이론이나 희망 사항이 아니다. 지난 25년간 나는 목적의식을 가진 인간 조직이 어떻게 위대한 결과를 내는지 면밀히 살펴보았다. 이 접근방식이 베스트 바이를 비롯한 여러 기업에서 통한다는 것도 목격했다.

현실에서 통하는 접근법

본질적으로, 베스트 바이가 회생에 성공한 것은 이런 원칙들을 받아들이고 그대로 실행에 옮긴 덕이다. 그 결과 베스트 바이는 2012년에 그 누구도 상상하지 못한 수준까지 성장했다. 기업 회생 작업에 착수할 때부터 우리의 접근방식은 모든 이해관계자에게 신경을 쓰는 것이었으며(보다 자세한 내용은 7장 참조), 우리가 성장하고 진화한 방식의 중심에는 늘 우리의 숭고한 목적이 자리 잡고 있었다.

이미 짐작했겠지만, 오늘날 베스트 바이의 목적은 TV나 노트북을 판매하는 것이 아니다. 월마트나 아마존을 능가하는 것도 아니다.

그렇다면 베스트 바이의 목적은 무엇일까? 그리고 우리는 어떻게 그 목적을 달성했을까?

2015년 일단 기업 회생 작업이 마무리되자, 우리는 앞으로의 진로에 대해 생각하는 시간을 가졌다. 우리는 더이상 익사 직전의 상태가 아니라 머리를 물 위로 내놓은 상태였고, 이제 어디로 헤엄쳐

갈 것인지 생각할 여유도 있었다.

분기별로 열리는 고위 임원 미팅에서, 우리는 숭고한 목적을 어떻게 정할 것인지를 놓고 많은 생각을 했다. 목적을 정하는 방법은 많았다. 베스트 바이에 맞는 방법은 무엇일까? 베스트 바이를 규정 짓는 것은 무엇이고, 베스트 바이는 어떤 회사가 될 수 있을까? 우리는 좌뇌 분석 연구도 했다. 그 결과 기술 혁신이 아주 흥미롭긴 하지만, 많은 고객들은 기술 혁신이 자신들에게 무엇을 해줄지, 또 자신들은 그 기술 혁신을 어떻게 활용할 수 있을지 알고 싶어 했다. 우리는 우뇌의 창의적·정서적 차원도 활용해야 했다. 이틀 일정의 한 사외 미팅에서 우리는 저녁 식사 시간을 활용해 각자의 인생 이야기와 개인적 목적을 공유하며 시간을 보냈다. 그 결과 우리가 다 함께 무엇을 하고 싶어 하는지 알게 되었다. 이것은 우리가 2장에서 살펴본 목적의 4가지 특징 중 하나다. 약 2년 뒤에 우리는 마침내 회사의 목적을 문구로 만들었고 이제는 됐다고 느꼈다. 문구에는 인간으로서의 직원에 대한 의미가 담겼다.

베스트 바이의 목적은 '기술을 통해 고객의 삶을 풍요롭게 해주는 것'이었다. 우리는 엔터테인먼트, 생산성, 커뮤니케이션, 식품, 보안, 건강, 복지 등의 분야에서 인간에게 핵심적으로 필요한 부분을 해결함으로써 그 목적을 실현할 계획이었다.

베스트 바이는 이 숭고한 목적을 세우고 사람을 가장 우선시하는 정책을 추구함으로써, 이 방식이 통한다는 걸 보여주었다. 새로운 지평이 열린 것이다. 그것은 사람들의 의욕을 고취하고 지속적인 경제 활동을 가능하게 하여 뛰어난 수익성을 올릴 수 있는 새로운 지평이었다.

지평을 확장하다

숭고한 목적을 정립하면, 이처럼 광범위하고 지속적인 비전이 생기며 새로운 시장과 기회들이 열린다. 예를 들어 기술로 사람들에게 가장 필요한 것을 제공해 삶을 풍요롭게 해줌으로써, 단순히 가전제품을 판매하는 것보다 훨씬 더 많은 활동을 할 수 있다. 기업이 할 수 있는 일이 훨씬 더 많아진다.

이 방식으로 기업은 변화에 적응해 나갈 수 있다. 20년 뒤에도 기술은 여전히 고객들의 삶을 풍요롭게 해줄 것이다. 설사 TV와 개인용 컴퓨터가 더이상 존재하지 않아도 마찬가지다. 기술과 상관없이, 기술로 고객의 삶을 풍요롭게 하는 일은 절대 중단되지 않을 것이다. 숭고한 목적을 갖고, 다른 기업보다 나아지는 대신, 가장 나은 자신이 되려고 애쓰면서 계속 번창할 수 있다. 베스트 바이는 이 목적을 받아들여 지속 가능한, 야심 찬 목표를 갖게 되었다. 이제 베스트 바이는 가장 나은 자신이 되려는 노력을 중단하지 않을 것이다. 베스트 바이의 이 목적은 결코 완수되지 않을 것이며, 모든 이해관계자에게 이 목적을 전달하는 동안에는 베스트 바이의 여정도 결코 끝나지 않을 것이다.

사람들의 의욕을 고취하다

2장에서 말한 두 석공 이야기를 기억하는가? 한 석공은 그저 돌을 자른다고 했고, 다른 석공은 성당을 짓는다고 말했다. 왜 이런 생각의 차이가 생길까? 두 석공과 평범한 개인에게 적용할 수 있는 방법이라면 기업에도 적용할 수 있다. 명확한 목적은 단순한 전략적 틀이 아니다. 그 목적이 효과가 있으려면 사람들을 고취하고 이끌어줄 수도 있어야 한다. 돌을 자르는 건 지루한 일이다. 그러나 성당을 짓는 것은 사람의 의욕을 고취하는 숭고한 목적이다. 의미를 추구하려는 인간 욕구에 답이 될 수 있기 때문이다. 기술로 삶을 풍요롭게 하겠다는 꿈과, TV와 컴퓨터를 판매하겠다는 생각을 비교해 보라. 아니면 주주 가치를 극대화한다는 생각과 비교해 보라. 어느 쪽이 더 당신을 끌어당겨, 아침에 침대를 박차고 일어나게 만들겠는가? 채소 통조림에 가격표를 붙이던 10대 시절의 그 비참한 여름을 떠올릴 때마다, 나는 미국 식품 체인점인 웨그먼스Wegmans가 생각난다. 이 회사의 임무는 식품을 통해 각 가정이 더 건강하고 더 나은 삶을 살 수 있게 해주는 것이다. 웨그먼스는 값싸고 질 좋은 제품을 판매한다는 것 외에 직원이 행복한 회사로도 유명하다. 바로 이런 이유 때문에, 숭고한 목적을 분명히 하고 통합하는 것이야말로 사람들이 일에 전념하지 못하는 전 세계적인 현상을 해결하는 데 필요한 일이다.

캘리포니아 주 마운틴뷰의 베스트 바이 매장에 근무하는 직원 앤터니 우는 돌을 자르는 것과 성당을 짓는 것의 차이를 극명하게 보여준다. 어떤 고객이 앤터니에게 다가와, 헤드폰을 찾고 있는데 어떤 것을 골라야 좋을지 모르겠다고 말한다. 앤터니에게 선택권이 주어졌다. 그는 바로 기능이 많고 비싼 헤드폰을 추천할 수 있다. 아니면 잠시 시간을 내서 고객에게 어떤 헤드폰이 필요한지 알아볼 수도 있다. 그는 대화를 시작한다. 앤터니가 관심을 보이자 그 고객은 힘을 얻어 열심히 설명하기 시작한다. 자신은 사방이 탁 트인 시끄러운 사무실에서 일하고 있어서 집중이 잘 안 된다고 말한다. 그녀는 소음을 차단하고 싶지만, 동료들이 말을 걸 때 알아챌 수 있어야 한다고 말한다. 헤드폰에 대해 꿰고 있는 앤터니는 그녀의 문제를 이해하고, 가장 적합한 헤드폰을 추천한다. 그 헤드폰은 그렇게 비싸지도 않다. 고객은 아주 행복해한다. 그녀는 자기 말에 귀 기울여주고 도움을 줄 사람을 찾아낸 것이다. 앤터니 역시 기분이 좋다. 그는 헤드폰을 억지로 사게 한 게 아니라, 누군가의 일상에 긍정적인 변화를 준 것이다. 이것이 일을 통한 인간과 인간의 진정한 연결이다.

이 방식은 직원들의 사기를 높이는 것 이상의 효과가 있다. 커뮤니케이션 전문가 사이먼 사이넥Simon Sinek은 많은 사람들이 본 2009년 TED 강연에서 이렇게 주장했다. "가장 영향력 있는 리더나 조직이 다른 리더나 조직과 구분되는 것은 목적입니다.(그는 이 목적을 '왜why'로 표현했다)" 고객의 높은 충성도를 이끌어 내는 조직은 숭고한 목적을 중심으로 생각하고 행동하고 소통하는 조직이다. 사이먼 사이넥은 "사람들은 당신이 하는 행동을 믿는 게 아닙니다. 당신이 왜 그 일을 하는지 목적을 믿는 것입니다."[2]라고 말했다.

경제 활동이 지속 가능해진다

이쯤에서 분명히 하고 넘어가야겠다. 나는 '기업은 사회적 문제를 해결하는 데 관여하지 않는다.'라는 밀턴 프리드먼의 견해에 전혀 동의하지 않는다. 지역사회가 건강하고 번성하지 않으면 기업도 번성할 수 없고, 지구가 불타 버리면 번성하는 기업도 있을 수 없다. 지금 세계 경제에 큰 타격을 주고 있는 코로나 19 팬데믹을 보면, 건강하고 번성한 지역사회가 기업의 건강에 얼마나 중요한지 잘 알 수 있다. 6장에서 자세히 소개하겠지만, 기업은 이런 문제들을 해결하는 데 어떤 역할을 할지 결정할 수 있다. 나는 기업이 자신의 역할을 해야 한다고 믿는다. 그렇게 하는 것이 옳은 일일 뿐 아니라, 궁극적으로는 기업에도 이익이 되기 때문이다.

수익성이 높아진다

나는 미국과 프랑스의 두 엔지니어가 나오는 유머를 좋아한다. 프랑스 엔지니어가 미국 엔지니어에게 자신의 발명품을 보여주며 그 작동 원리를 이론적으로 설명한다. "와, 대단한데요!" 미국 엔지니어가 말한다. "그런데 이게 실제로도 작동합니까?" 그러면서 미국 엔지니어가 자기 발명품을 작동시킨다. "놀랍군요!" 프랑스 엔지니어가 말한다. "그런데 이게 이론적으로도 작동되나요?"

목적의식을 가지고 인간 조직을 이끄는 접근방식은 미국과 프랑스의 엔지니어 모두를 만족시켜줄 것이다. 이론적으로도 실제로도 작동되기 때문이다. 내 경험상 세계에서 가장 큰 성공을 거둔 어떤 기업들은 이런 원칙을 채택했다. 그중 내가 이사회에 있었던 경험 덕분에 잘 아는 두 기업을 소개하겠다.

첫 번째 기업은 랄프 로렌 코퍼레이션Ralph Lauren Corporation이다. 이 기업은 '세월이 흘러도 변치 않는 스타일과 진정성을 통해 보다 나은 삶에 대한 꿈을 고취하는 것'을 목적으로 규정하고 있다. 창업주 랄프 로렌은 이렇게 말한다. "내가 하는 일은 가능한 한 최선의 삶을 살고 주변 삶의 충만함을 즐기는 것입니다. 무엇을 입는가부터 어떤 식으로 살고, 어떤 식으로 사랑하는가에 이르는 모든 일에서 충만함을 즐기는 것이죠."[3] 말하자면 이 회사는 의류 회사가 아니라 라이프스타일 사업을 하는 회사라는 의미다. 이는 보다 포괄적이고 지속적인 일이어서, 랄프 로렌 코퍼레이션에서 일하는 사람들의 입장에서는 단순히 의류만 파는 것보다 훨씬 고무적인 일이다. 그러니까 이것이 바로 그들이 짓고 있는 성당인 셈이다.

두 번째 사례는 존슨앤드존슨이다. 뉴저지 주 뉴브런즈윅의 본사 로비에는 높이 약 2.5m에 무게 6t에 달하는 석영과 석회암으로 만든 판이 하나 서 있다. 그 판에는 존슨앤드존슨의 신조가 새겨져 있다. 그 신조는 회사가 상장되기 직전인 1943년에 창업주의 아들이 처음 작성한 것으로, 네 단락으로 되어 있다. 신조의 기본 원칙은 사람들의 요구 사항과 행복을 회사의 최우선 과제로 삼는다는 것이다. 고객, 직원, 주주는 물론 지역 및 전 세계 지역사회에 대한 존슨앤드존슨의 책임을 규정하고 있다.[4] 이 신조는 그간 여러 차례 수정됐으나, 그 기본 원칙은 변하지 않았다. 회사는 이 신조를 도덕적인 잣대로 여기며, 결정을 내릴 때 참고할 등불로, 또 지속적인 사업 성공을 위한 비결로도 본다.

베스트 바이, 랄프 로렌 코퍼레이션, 존슨앤드존슨처럼 기업이 이 방식을 사업에 적용할 때, 이른바 '사랑받는 기업firms of endearment'이 될 수 있다. 이 말은 라즈 시소디어Raj Sisodia, 자그 세스Jag Sheth, 데이비드 울프David Wolfe가 만든 것이다.[5] 이 세 기업과 홀푸즈Whole Foods, 3M, 팀버랜드Timberland 등은 목적, 자기실현, 그리고 이해관계자에게 봉사하는 진심 어린 파트너십을 토대로 눈에 띄는 재무 실적을 올리는 등 높은 사업 성과를 냈다. 이들은 자본주의를 변화시키는 데 앞장서고 있다. 지난 15년간 이 기업들이 S&P 500 지수(국제 신용평가 기관인 미국의 스탠더드 앤드 푸어즈Standard and Poors에서 작성한 주가 지수 - 옮긴이)에서 올린 실적은 무려 14배나 늘었다.[6] 이런 성과를 보면 기업이 사람들의 삶에 긍정적인 변화를 줌으로써 뛰어난 실적을 올리고 주주에게 기여한다는 사실을 확인할 수 있다. 이러한 성과는 기업이 책임감 있는 사업을 하고 있다는 사실에 기반한다.

다른 여러 연구 결과들에서도 목적을 세우면 실제로 수익이 높아진다는 사실을 확인할 수 있다.[7] 경제지 《배런스》가 선정한 미국에서 가장 지속 가능성이 높은 기업들(베스트 바이 포함)은, 2019년 자사 주주들을 위해 S&P 500 지수 기준 31.5%보다 높은, 평균 34% 이상의 투자 수익을 올렸다. 이 기업들은 뚜렷한 목적의식과 인간적인 접근방식으로 좋은 전략을 펼 수 있고, 그 결과 일에 전념하는 재능 있는 직원들을 영입하고 유지할 수 있다. 또한 엄격한 환경 관련 정책들 덕에 비용을 절감할 수도 있다. 이런 기업에 돈을 쓰고 싶어 하는 고객들은 점점 늘어난다. 자기들이 원하는 것을 충족하고 지속 가능한 좋은 관행을 채택하기 때문이다.[8]

제조 분야의 혁명

기업의 목적은 공익에 기여하는 데 있으며, 모든 이해관계자를 신경 써야 한다(이 때문에 '이해관계자 자본주의'라는 캐치프레이즈도 생겨났다). 이런 사고방식은 지난 10년간 상당한 진전을 이룩했다.

점점 더 많은 기업 리더들이 이 방식을 받아들이고 있다. 2018년에 나는, 블랙록이 지분을 보유한 기업의 최고경영자들에게 래리 핑크가 보낸 연례 서한을 받았다. 그는 서한에서 이렇게 말했다. "오랜 기간 번성하기 위해서는 모든 기업이 재무 성과를 올려야 할 뿐 아니라, 사회에 어떻게 긍정적으로 기여하고 있는지도 보여줘야 합니다. 그러나 목적의식이 없이는, 공개 기업이든 비공개 기업이든 완전한 잠재력을 발휘할 수 없습니다."[9] 블랙록은 지분을 보유한 기업들에게 보다 광범위한 목적(사회에 긍정적으로 기여하는 목적)을 정하고 발표할 것과, 기업의 사업 모델 및 전략 목적을 분명히 밝히라고 적극 권장한다.

나는 래리 핑크가 보낸 서한의 내용에 흥분했다. 내 생각과 너무나도 잘 맞아떨어졌기 때문이다. 나는 그가 자신의 목소리와 상당한 영향력을 이용해 변화를 요구하고 있다는 사실에도 흥분했다. 서신 내용은 주주들이 주가와 분기별 실적에만 관심이 있다는 개념에 반하는 것이었다. 세계 최대의 자산관리 기업에서 온 서한은 단기 수익보다 더 광범위한 목적에, 주주보다 모든 이해관계자들에, 근시안적 시장보다 장기적 시야에 집중하라고 요구했다. 그만큼 그 요구에는 상당한 무게가 실려 있었다.

그해에 내가 베스트 바이의 주주들에게 보낸 서한에서, 나는 래리 핑크의 요구 사항에 답했다. 베스트 바이의 숭고한 목적을 내놓은 것이다. 사실 이것은 몇 달 전 투자자 미팅에서 공식적으로 소개됐다. 나는 '기술로 삶을 풍요롭게 한다'는 개념이 우리의 '빌딩 더 뉴 블루' 성장 전략뿐 아니라 직원, 고객, 공급업체, 환경, 지역사회와의 관계에도 어떻게 영향을 주는지 설명했다. 블랙록은 베스트 바이의 주요 주주였기 때문에, 나는 래리 핑크에게 내 서한을 직접 건네주기로 마음먹었다. 그해 7월, 미드타운 맨해튼에 있는 블랙록 본사를 방문해 계획을 실행에 옮겼다. 덕분에 그의 뛰어난 리더십에 고마움을 표할 기회도 가졌다.

2019년 8월, 미국 주요 기업들의 최고경영자들이 회원으로 활동하는 대기업 협의체인 비즈니스 라운드테이블[10]에서 기업의 목적에 대한 새로운 성명서를 발표했다. "우리 이해관계자들은 하나같이 다 중요하다. 우리는 미래의 기업, 지역사회, 국가의 성공을 위해 이해관계자 모두에게 가치를 전달하는 데 전념한다."[11] 비즈니스 라운드테이블은 1997년에 '기업은 주로 주주를 위해 존재한다.'라는 입장을 표명한 바 있는데, 이 선언은 그것과 판이했다. 2019년 8월에 이 성명서에 서명한 181명의 최고경영자들은 곧 다음과 같은 작업에 착수했다. 고객에게 가치를 전달하고 직원에게 투자하며, 공정하고 윤리적으로 공급업체를 상대하고 회사가 속한 지역사회를 지원하는 일이다. 그리고 당연히 주주를 위해 장기적인 가치를 만드는 것이다. 성명서에는 "각 기업들은 기업 목적에 따라 움직이지만, 동시에 모든 이해관계자를 위해 헌신한다."[12]라는 내용도 담겨 있었다.

나는 지금 이런 비전이 다른 곳에서도 활용되는 것을 보며 용기를 얻는다. 예를 들어 2019년 5월, 프랑스는 기업의 목적을 주주의 공동 이익으로 규정한 민법 조항을 1804년 이래 처음 개정하여 새로운 법을 제정했다. 기업 최고경영자들의 건의에 따른 변화였다. 이제 기업은 자신의 활동이 사회 및 환경에 미치는 영향을 생각하지 않을 수 없다. 또한 기업 회칙에 기업의 존재 이유, 즉 수익보다 중요한 목적을 분명히 밝힐 수 있게 되었다.

이것은 혁명이다. 기업은 이제 전례없이 강력한 힘과 자원은 물론 그 힘을 발휘할 수 있는 권한도 갖고 있다. 2017년도 수입 현황에 따르면, 세계에서 가장 부유한 독립체 100개 중 69개는 정부가 아니라 기업이다.[13] 기업이 누리고 있는 힘과 전 세계적인 권한을 감안한다면, 기업은 크리스마스 저녁 식사에서 우리 아이들과 얘기한 도전 과제들을 해결하는 데 도움을 줄 수 있고, 또 그래야 한다. 예들 들어 미국이 파리 기후 변화 협약에서 탈퇴하자, 그에 대응해 많은 기업이 오히려 기후협약의 배기가스 배출 목표 달성을 앞당기기로 약속했다. 이는 지구를 위해서나 기업을 위해서도 합리적인 행동이었다. 이러한 행동주의는 계속 더 확대되어야 한다. 그렇게 된다면, 기업과 자본주의는 안쪽부터 바깥쪽까지 철저히 변하게 될 것이다.

그러나 회의적인 시각도 여전히 존재한다. 많은 사람들은 기업의 리더와 주주가 숭고한 목적과 이해관계자 자본주의로 변화하는 데 진심으로 관심이 있다고 믿지 않는다. 그러니까 이 모든 것을 고객과 직원을 회유하기 위한 입에 발린 소리로 여기는 것이다.

그러나 오늘날의 현실과 내 비전 사이에 놓인 간극은 말과 실제 의도 간의 간극이 아니다. 실제 의도와 실행 간의 간극이다. 내가 알고 있는 기업 리더들은 진심으로 시스템이 바뀌어야 한다고 확신하고 있다.[14] 입에 발린 말이나 하며 가식적으로 행동하는 기업 리더라면 직원, 고객, 투자자들이 내친다는 걸 잘 알고 있다.

그러나 좋은 의도만 가지고는, 또는 지름길로 간다고 해서 필요한 변화를 이끌어 내지는 못한다. 리더가 만드는 모든 것은 허망한 환상이며, 회사의 웹사이트에나 존재하는 조직의 강령이다. 휴먼 매직을 발산하고 세상을 긍정적으로 변화시키려는 목적의식 있는 인간 조직을 만드는 것은 복잡할 뿐 아니라 힘든 일이다. 그것은 좋을 때나 힘들 때나 기업의 모든 측면에 영향을 미치며, 경영과 리더십에 대한 근본적인 재고가 필요하다.

그것은 쉬운 일이 아니다. 그렇다면 기업은 어떻게 그런 변화를 일으킬 수 있을까? 그것이 바로 우리가 다음 몇 장에서 살펴볼 내용이다.

| 깊이 생각해 볼 질문들 | ···

- 당신이 몸담고 있는 회사는 사람들의 의욕을 고취하는 숭고한 목적을 분명히 밝히는가?
- 당신의 회사는 그 목적을 통해 고객, 직원, 공급업체, 주주, 관련 지역사회들과 의미 있는 관계를 만들고 있는가?
- 모든 것이 효과를 발휘하는가?
- 그렇지 않다면, 그러기 위해 어떻게 해야 하는가?

숭고한 목적

———

악마는 디테일에 있다. 그러나 구원 역시 그렇다.

하이먼 G. 릭오버 미 해군 장군

스탠리는 양쪽 폐 이식 수술을 받은 뒤 집에서 회복 중인 노인이다. 그에게 베스트 바이의 건강관리 요원이 전화를 한다. 그는 스탠리에게 잘 지내느냐고 묻는다. 스탠리는 아주 잘 지낸다고 대답한다.

사실 스탠리는 잘 지내지 못했고, 건강관리 요원도 잘 알고 있었다. 스탠리의 집에 설치된 많은 센서와 그 센서가 보내오는 데이터를 분석하는 인공지능 덕분에, 건강관리 요원은 스탠리가 식사와 수면을 잘 하고 있는지, 또 충분히 움직이거나 대소변을 잘 보고 있는지 등을 판단할 수 있었다. 건강관리 요원은 스탠리가 규칙적인 식사를 하는 사람치곤 그리 자주 냉장고를 열지 않는다는 사실을 잘 알고 있었다. 건강관리 요원은 스탠리 같은 노인을 돌보는 훈련을 받은 터라, 스탠리가 잘 지내고 있다고는 했지만 식사를 거의 제대로 못 한다고 확신할 수 있었다. 사실 스탠리는 음식을 토하지 않으려고 계속 안간힘을 쓰고 있었다. 그때 건강관리 요원이 도움의 손길을 내밀었다.

숭고한 목적을 논하는 것과 사람을 조직의 중심에 놓는 것은 별개의 문제이지만, 그것이 실제로는 어떻게 보일까? 이런 질문을 받을 때면 나는 이런 식으로 이야기한다. 늙어 가는 고객들이 집에서 안전하게 지낼 수 있게 돕는 것은 기술로 삶을 풍요롭게 만드는 것이다. 그러나 어떻게 해야 목적이 기업 내에 깊이 뿌리를 내려, 모든 측면에서 사람들을 이끌어줄 수 있고, 어떻게 하면 스탠리 같은 사람들의 현실 생활에 도움을 줄 수 있겠는가?

그건 쉬운 일이 아니다. 그러자면 숭고한 목적을 기업 전략의 초석으로 만들어야 하고, 모든 이해관계자를 받아들이고 동원해야 하며, 경영 관행을 적절히 손봐야 하기 때문이다. 이런 노력을 하기 위해서는 사업 방식을 근본적으로 재고해야 하고, 나를 비롯한 많은 리더들이 불변의 진리로 여겼던 이전의 관행에서 벗어나야 한다.

숭고한 목적을 기업 전략의 초석으로 만들기

'기술로 삶을 풍요롭게 만들자.'라는 베스트 바이의 숭고한 목적은 단순히 프레젠테이션 슬라이드에 담겨 있는 게 아니었다. 그 목적은 우리의 전략과 사업 방식을 근본적으로 변화시켰다. 또한 상당한 혁신과 성장을 가능하게 했다. 몇 개월 동안 강도 높은 데이터 분석을 거친 끝에, 엔터테인먼트, 생산성, 커뮤니케이션, 식품, 보안, 건강, 복지 등의 분야가 우리가 해결하고자 하는 핵심 사항인 것을 확인했다. 바로 이것이 우리가 기술로 삶을 풍요롭게 만들 수 있는 분야였다. 우리는 목적을 실현하기 위해, 거래와 제품 판매에 집중하는 기업에서, 해결책과 지속적인 고객 관계를 개발하는 기업으로 변화할 것이다.

스탠리가 이용한 건강관리 서비스는 이런 변화를 잘 보여주는 한 가지 예다.

건강관리 서비스를 통해 노인을 돌보는 일은 우리의 4가지 질문 테스트를 통과했다. 즉 '회사의 목적에 맞는가?' '고객에게 도움이 되는가?' '우리가 제공할 수 있는가?' '베스트 바이가 돈을 벌 수 있는가?'라는 4가지 질문에 적합하다고 결론이 난 것이다. 현재 미국에서는 매일 1만 명이 65세를 넘기고 있으며, 수명이 점점 더 길어지고 있다. 비록 노인의 3분의 2는 적어도 한 가지 만성 질환을 앓고 있지만, 그들은 나이가 들수록 집에 오래 머물고 싶어 한다. 가정 건강 서비스는 노인의 삶뿐 아니라 자식이나 간병인의 삶까지 풍요롭게 만든다. 가정 건강 서비스는 갈수록 비용이 많이 드는 생활 지원 서비스의 대안으로 떠오르고 있다. 게다가 비용 절감 효과까지 있어, 건강관리 업계와 보험업계에도 도움이 된다.

베스트 바이가 숭고한 목적을 전략으로 연결하지 않았다면, 아마 '총체적 기술 지원' 제공이나 가정방문 상담팀 운용 같은 결실을 맺지 못했을 것이다. 중요한 것은 기술로 삶을 풍요롭게 해주는 것이다. 그래서 베스트 바이의 '긱 스쿼드Geek Squad(전문 수리 인력)'는 당신이 어떤 기술을 어디에서 구입했든 그 기술로 당신을 돕는다. 가정방문 상담사들은 직접 고객의 집을 찾아가 매장이 아닌 현장에 최적화된 기술 문제를 해결해준다. 시간이 지나면 베스트 바이의 상담사들은 마치 개인의 '최고기술경영자' 같은 존재가 된다. 그 결과 고객은 기술을 최대한 잘 활용할 수 있게 해줄 전문가와 지속적인 관계를 맺기 때문에, 큰 도움을 받는다. 이것은 베스트 바이에도 도움이 된다. 고객을 도울 수 있는 새로운 방법을 찾아냄으로써 새로운 매출과 수익을 올릴 수 있기 때문이다.

가전제품 시장은 크게 성장하지 않았고, 가전제품은 갈수록 상품화되었다. 그래서 사람들은 2012년에 베스트 바이가 사망 선고를 받을 것이라고 예측했다. 만일 우리의 전략이 '베스트 바이는 가전제품을 판매하는 곳'이라는 생각에서 벗어나지 못했다면, 아마 베스트 바이는 정말 사망 선고를 받았을 것이다. 그러나 숭고한 목적이라는 보다 폭넓은 관점으로 세상을 보고 전략을 짜면서 게임의 판도가 뒤바뀌었다. 우리 주변에는 사실 많은 기회가 널려 있었다. 일단 기업 회생 작업이 마무리되자, 베스트 바이는 2017년에 '베스트 바이 2020: 빌딩 더 뉴 블루' 성장 전략에 착수했다. 이 전략은 '기술로 고객의 삶을 풍요롭게 만드는 꿈'이라는 목적과 연결되어 있었다.

그러나 이런 접근방식은 이미 확고히 자리 잡은 일부 관행에 반하는 것이었다. 제너럴 일렉트릭이 늘 업계 1, 2위가 되려고 애썼듯이, 전통적으로 기업 전략은 업계 '최고' 또는 '처음'이 되는 것과 연결된다. 나 역시 그렇게 해왔다. 칼슨 왜건릿 트래블의 최고경영자로 있을 때, 나는 업계 1위에 오르기 위해 아메리칸 익스프레스 American Express의 기업 여행 사업부를 인수하려고 했다. 그러나 다른 기업을 상대로 경주에서 이기는 것이 전략의 전부가 될 수는 없고, 또 그래서도 안 된다. 그런 야심은 제로섬 게임을 만들고, 그 결과 전략과 실행의 폭이 좁아진다. 게다가 그런 접근방식은 특별히 고무적이지도 않고 의미도 없으며 성취감을 주지도 못한다.

당신이 건강 및 생명 보험회사의 전략 수립을 책임지고 있다고 상상해 보라. 당신의 목적이 수익에 한정되어 있다면, 설사 최선의 전략을 짜낸다 해도 고객은 회사의 서비스를 최소한의 범위 내에서만 활용할 수 있다. 또한 고객과의 관계도 보험료를 받고 고충을 처리하는 데 그칠 것이다. 그러나 당신의 목적이, 고객이 더 건강한 삶을 살도록 돕는 것이라면 전략도 완전히 변할 것이다.

남아프리카공화국의 세계적인 금융 서비스 회사 디스커버리Discovery도 이런 방식으로 숭고한 목적을 수립해 왔다. 그 덕에 이 회사는 전통적인 보험 전략의 개념을 완전히 뒤엎는 '바이탈리티Vitality(활력도 또는 생명력이라는 뜻 - 옮긴이)'라는 새로운 사업 모델을 만들었다. 행동경제학과 임상 과학을 활용해 첨단기술 기업, 식료품점 및 소매점, 헬스클럽 등과 손잡고 다양한 인센티브, 게임, 이벤트 등을 제공함으로써, 바이탈리티 회원들이 운동을 하고 바람직한 식습관을 유지하며 규칙적으로 건강을 점검할 수 있게 해준다. 이 사업 모델을 통해 위험에 대한 가격 책정도 가능해졌다. 빈번하면서도 유익한 교류 덕분에 고객 충성도가 높은 수준으로 유지될 수 있었다. 건강관리에 대한 고객 부담과 비용도 절감되었고, 보다 건강한 행동을 통해 고객은 물론 지역사회 전체에서 삶의 질도 향상되었다. 사업 수익성도 좋아져, 회사는 물론 공급업체와 주주에게도 그 혜택이 돌아갔다. 결국 이처럼 '가치를 공유하는 사업 모델'을 통해 모든 이해관계자가 혜택을 받을 수 있다.

모든 이해관계자를 받아들이고 동원하기

오래전 내가 매킨지 앤드 컴퍼니에 있을 때, 우리는 저녁 식사에 허니웰 불의 최고경영자 장 마리 데카르팡트리를 초대했다. 그는 당시 내게 이런 말을 했다. "제가 보기에 '또는/아니면or'으로 묻는 질문의 98%는 '그리고and'로 답하는 게 더 낫습니다."

그가 한 말은 내가 당시 익숙해 있던 '이진 결정binary decision'의 세계에서 벗어나는 또 다른 계기가 되었다. 예를 들어 비용 '또는' 매출 중 어떤 것에 집중해야 할까? 비용 '또는' 품질? 고객 '또는' 직원 '또는' 주주 중에 누구에게 신경 써야 할까? 공급업체와 협력해야 할까 '아니면' 경쟁해야 할까? 환경과 지역사회를 걱정해야 할까 '아니면' 수익에 집중해야 할까? 장기적인 것 '또는' 단기적인 것 중 무엇에 집중해야 할까?

장 마리 데카르팡트리가 그랬듯이, 이제 나도 '또는/아니면' 질문을 인위적인 거래나 절충이라고 믿는다. 우리는 이해관계자 중에 하나를 택하는 것이 아니라 그들 모두를 받아들이고 동원함으로써 성과를 극대화한다. 그러니까 직원 '그리고' 고객 '그리고' 주주 '그리고' 지역사회를 모두 선택하는 것이다.

당신이 나처럼 수익을 가장 중시하는 교육을 받았다면, 이런 방식이 지나치게 낙관적이라며 묵살해 버릴지도 모른다. 이것이 쉽다고 얘기하지 않겠다. 그러나 제로섬 게임 형식을 재고하는 것은 가능하다. 이제 베스트 바이가 어떻게 했는지 살펴보자.

고객을 기쁘게 하기

베스트 바이의 숭고한 목적을 세우자마자, 해야 할 일이 아주 많았다. 우리는 뭔가를 놓치고 있었다. 대부분의 직원은 숭고한 목적이 자신과 일에 구체적으로 어떤 의미가 있는지 이해하지 못했다. 직원들이 그것을 이해하지 못하면 회사의 숭고한 목적은 실현될 수 없다.

"우리는 안에서부터 시작해야 합니다." 마이크 모한Mike Mohan이 내게 말했다. 때는 2017년이었고, 훗날 베스트 바이의 사장 겸 최고운영책임자COO가 된 마이크 모한은 당시 최고마케팅책임자CMO였던 위트 알렉산더Whit Alexander와 함께 기업 재건 작업을 벌이고 있었다. 두 사람은 베스트 바이에서 기술로 삶을 풍요롭게 만드는 일을 사람, 즉 직원들과 함께 시작해야 한다고 말했다.

최선을 다할 때 우리는 어떻게 보일까? 만일 베스트 바이가 사람이라면, 어떻게 행동할까? 이 질문에 답하기 위해, 우리는 회사를 가장 잘 아는 리더들이 참여하는 일련의 워크숍을 열었다.

이 워크숍을 통해 우리는 회사란 '영감을 주는 친구'라는 개념을 정립했다. 즉 판매 직원을 통해 고객들이 하고 싶은 것을 알려주고, 기술이 어떻게 도와줄지 상상하게 해주는 친구인 것이다.

이 개념을 바탕으로 '영감을 주는 친구(회사의 모든 구성원이 이 역할을 해낼 것이다)'가 그 약속을 지키기 위해 어떻게 행동할 것인지 분명히 밝혔다. 예상할 수 있는 한 가지 행동은 '참된 인간이 되는 것Be human'이다. 이것이 실제 무슨 의미인지 정확히 알기 위해 우리는 미국 내 전 매장에서 워크숍을 열기 시작했다. 어느 일요일 아침, 각 매장의 직원들은 오전 7시 30분부터 2시간 동안 워크숍을 열었다. 그들이 최고마케팅책임자나 최고경영자가 나오는 비디오를 시청했을까? 아니다. 먼저 매장 총괄 매니저가 직원들에게, 예상할 수 있는 행동 뒤에 숨겨진 기본 아이디어를 설명했다. 그런 다음 토론을 시작했다. 토론에서 판매 직원들은 서로 자신의 이야기를 공유했고, 한 친구가 어떻게 자신에게 특별한 영감을 주었는지를 설명했다.

당시 나는 뉴욕 시의 한 매장에서 이 워크숍에 참석했다. 한 여직원은 폭력적인 남자친구를 피하느라 결국 노숙자 신세가 됐는데, 그때 베스트 바이가 자신의 가족이 되어준 사연을 들려줬다. 나는 무한한 에너지와 따뜻하고 너그러운 마음을 가진 형 필립을 늘 존경했던 이야기를 나누었다.

일단 참된 인간이 되는 법에 대해 자신의 경험을 서로 공유하자, 스탠리 같은 노인이나 적절한 헤드폰을 찾는 고객을 도와줄 때, 어떻게 모든 사람이 이런 방식으로 접근할 수 있을지 분명하게 이해할 수 있었다. 이사회 임원을 비롯한 회사의 모든 구성원이 이 워크숍에 참석했다.

단기 수익에 병적으로 집착하는 것보다 사람과 고객을 중시하는 것이 수익성 측면에서도 더 좋다는 것은 이번에 처음 경험한 것이 아니었다. 1999년 비방디의 비디오게임 사업부 최고경영자가 된 직후, 나는 게임 개발업체 블리자드 엔터테인먼트Blizzard Entertainment 운영팀과 미팅을 하기 위해 캘리포니아 주 어바인 시를 찾았다. 비디오게임광이라면, 블리자드 엔터테인먼트에 대해서는 굳이 설명하지 않아도 잘 알 것이다. 디아블로Diablo, 월드 오브 워크래프트World of Warcraft 같은 블록버스터 컴퓨터 게임을 출시하면서, 블리자드는 비디오게임 업계의 픽사 애니메이션 스튜디오가 되었다. 사무실에 들어서자마자, 나는 전 직원이 장엄한 컴퓨터 게임을 만드는 일에 몰두하고 있는 데 충격을 받았다. 접수계 직원에서 사장에 이르기까지 모두가 게임광이었다. 그들은 고객과 직접 연결되어 있었고 스스로가 고객이기도 했다. 그들은 고객의 피드백을 수합해 게임광을 개발 단계에 끌어들였다. 또한 게임의 질을 높이는 데 엄청난 열정을 기울였으며, 자신들의 게임이 가능한 한 많은 사람에게 재미를 안겨주길 바랐다.

나는 블리자드 엔터테인먼트의 공동 창업자 겸 사장인 마이크 모하임Mike Morhaime과 마주보는 자리에 앉았다. "자, 이제 게임이 언제 출시되는지에 대해서는 어떤 결론도 내리지 않기로 하는 겁니다." 그가 내게 말했다. 새로운 게임들이 완벽하게 준비되기도 전에 출시 압력을 가하는 일은 없기로 했다. 게임만 잘 만들어지면 출시가 늦는 건 문제도 아니었다. 블리자드 엔터테인먼트의 게임 개발팀은 재무 실적이 결국 결과라는 걸 이해하고 있었다. 기업의 성공은 고객과의 관계에, 또 전 세계 팬들의 관심에 달려 있다는 것을 그들은 이해하고 있었다(참고로 2010년에 월드 오브 워크래프트 게임 하나의 월간 회원수는 무려 1,200만 명이었다). 최고의 상태가 되기도 전에 게임을 출시함으로써 품질 및 타이밍과 타협하면 장기적인 관점에서 재무 실적만 나빠질 뿐이다. 출시 시한을 압박하지 않는 이런 방식은 블리자드 엔터테인먼트의 고객뿐 아니라 우리 회사 주주들에게도 바람직하다는 걸 알 수 있었다.

공급업체 및 경쟁업체와 손잡고 일하기

비용을 최소화하고 마진을 높이기 위해 공급업체와 힘겨루기를 하는 것은 기업 회생 과정에 보탬이 되는 일일까? 그렇다. 공급업체를 다루는 것은 일종의 힘겨루기다. 그러나 양쪽 모두에게 도움이 되는 방식으로 서로 손잡고 일하는 방법도 배제하지 않는다. 경쟁자가 될 수도 있는 공급업체를 비롯해 많은 공급업체와 손잡고 일해 온 방식은 베스트 바이의 기업 회생 과정에서 더없이 중요한 요소였다. 이런 동반자 관계는 비즈니스의 세계를 제로섬 게임으로 보는 관점을 초월한다.

내가 베스트 바이에 합류했을 때, 애플, 마이크로소프트, 소니 등 많은 공급업체와 베스트 바이는 묘한 관계였다. 이 기업들은 각자 자사 매장이 있었고, 이 매장들은 베스트 바이의 경쟁자가 될 수도 있었다. 게다가 베스트 바이는 수천 개의 매장을 운영하면서, 이 기업들이 기술을 상업화하기 위해 제공하는 것과 유사한 것을 서비스했다. 그러나 나는 여행업계에서의 경험을 통해, 공급업체가 우리의 수입원이 될 수도 있다는 것을 알고 있었다. 게다가 우리는 비용을 감당할 수 있는 방법이 필요했다. 내가 베스트 바이에 합류한 직후 우리는 '쇼루밍showrooming'을 막기 위해 온라인 가격을 조정하기로 했다. 잠재 고객들은 매장에 찾아와 조언을 구하고 제품을 자세히 살펴본 뒤 온라인에서 제품을 구입하는 쇼루밍을 하고 있었기 때문이다. 베스트 바이는 공급업체가 필요했고, 공급업체는 베스트 바이가 필요했다. 가능하다면 전략적 제휴 관계를 맺어 서로 도움을 줄 수 있는 방법이 있어야 했다.

베스트 바이에서 일을 시작한 뒤 첫 한 주 동안, 나는 미니애폴리스의 일간지《스타 트리뷴Star Tribune》과의 인터뷰에서 이런 생각을 자세히 털어놓았다. 당시 신종균 삼성전자 공동 최고책임자가 인터뷰 내용에 흥미를 느꼈고, 좀 더 깊이 논의해 보자며 비행기를 타고 미니애폴리스로 나를 찾아왔다. 우리는 함께 저녁 식사를 하면서, 베스트 바이 매장에 삼성전자 전용 미니 매장을 만드는 아이디어를 놓고 많은 얘기를 나눴다. 이 '매장 내 매장' 아이디어를 실행에 옮기면 삼성전자 입장에서는 많은 시간과 돈을 아낄 수 있고, '갤럭시' 신제품을 직접 체험하고 싶은 고객은 자연스레 베스트 바이 매장을 방문하게 될 것이다. 이처럼 베스트 바이가 소매 판매를 책임지면, 삼성전자는 제품과 혁신에 집중할 수 있지 않겠는가. 이 아이디어는 두 회사 모두에게 그리고 우리 고객에게 큰 도움이 될 아이디어였다. 저녁 식사를 마칠 때 우리는 이 아이디어를 실행에 옮기자는 데 합의했다.

몇 개월 후 우리는 뉴욕 시 유니언스퀘어에 있는 베스트 바이 매장에서 삼성전자의 제품을 선보이는 체험관을 공개했다. 이 아이디어는 아주 효과가 있었다. 곧 미국 전역의 모든 베스트 바이 매장에 삼성전자 미니 매장이 들어섰다. 삼성전자는 미국 내 매출을 올렸고, 우리는 비용을 상쇄하는 데 도움을 받을 수 있었다.

우리는 마이크로소프트, 소니, LG전자, AT&T, 버라이즌Verizon, 스프린트Sprint, 캐논, 니콘, 구글 등의 다른 공급업체에도 이 같은 사업 모델을 적용했다. 이 전략은 침체된 소니의 TV 사업에 활기를 불어넣는 데 한몫했다. 2007년에 우리와 함께 처음 매장 내 매장 아이디어를 개발한 애플은 자사 매장이 있었음에도 이 사업 모델을 높이 평가해 우리에게 더 많이 투자하기로 했다. 2019년 애플은 베스트 바이가 애플 제품 서비스를 맡게 되어, 애플 매장에서 먼 곳에 사는 많은 고객에게 도움이 될 거라고 발표했다. 고객에게도 좋은 일이고 애플에게도 좋은 일이었다. 고객 입장에서 베스트 바이 매장을 방문할 또 다른 이유가 생겨, 우리에게도 좋은 일이었다.

전자 제품 판매를 주 임무로 삼는 기업으로만 남았다면, 베스트 바이는 아마 쇼루밍 때문에 망했을 것이다. 점점 더 많은 고객이 베스트 바이를 제품 구경하는 장소로 이용하고 정작 제품을 구입할 땐 아마존에서 했을 것이기 때문이다. 그러나 우리는 새로 정립한 목적을 중심으로 세계 최고의 첨단기술 기업들과 효율적인 동반자 관계를 유지하는 방법들을 찾아냈다. 그 결과 지금 그 기업들은 우리 매장에 있는 자사 브랜드의 코너 유지비(마케팅비와 직원 훈련비 포함)를 부담하고 있다. 이처럼 우리는 쇼루밍을 우리가 '쇼케이싱showcasing'이라고 부르는 것으로 바꿔 놓았다.

지금 당신이 베스트 바이 매장에 들어가면, 애플, 마이크로소프트, 삼성전자 매장은 물론 소니, LG전자, 구글 매장도 보게 될 것이다.

심지어 아마존 매장도.

그렇다. 현재 베스트 바이 매장에는 어쩌면 우리를 죽일 수도 있었던 골리앗이자 파괴적인 경쟁자인 아마존 매장도 있다.

우리는 킨들Kindle 태블릿을 비롯한 많은 아마존 제품을 판매해왔다. 아마존이 자사 제품군을 확대해 알렉사Alexa(아마존이 개발한 인공지능 서비스-옮긴이) 지원 제품까지 판매했을 때, 우리는 아마존에 우리 매장을 제공했을 뿐 아니라 구글의 경쟁 제품이 있는 공간 바로 옆에서 아마존 제품의 시연회를 열기도 했다. 세상은 아마존을 베스트 바이의 생존을 위협하는 경쟁자로 보았지만, 우리는 쇼케이싱을 성공 스토리로 만들어줄 또 다른 상호 보완적 성격의 동반자로 보았다.

2018년 아마존은 파이어TVFireTV 플랫폼을 새로 선보였고, 그로 인해 훨씬 더 큰 기회가 생겨났다. 아마존의 시애틀 본사 건너편에 위치한 우리의 벨뷰 매장에서 제프 베이조스와 나는 동반자 관계를 확대한다는 공동 성명을 발표했다. 아마존은 스마트 TV 안에 내장되는 아마존 파이어TV의 독점 판매권을 베스트 바이에게 넘겼다. 즉 10여 개에 달하는 파이어TV 제품 모델을 오프라인에서 구입할 수 있는 곳은 베스트 바이 매장뿐이었고, 온라인에서도 아마존닷컴의 베스트 바이 온라인 매장뿐이었다.

기자 회견에서 제프는 이렇게 설명했다. "TV는 신중하게 생각하고 구입하는 제품으로, 사람들은 직접 와서 TV를 보고 싶어 합니다.

TV를 이렇게 저렇게 직접 작동해 보고 싶은 거죠.”

《스타 트리뷴》은 이를 비현실적인 순간으로 보았고, 기사에 이렇게 적었다. “한때 많은 사람은 제프 베이조스의 회사 때문에 베스트 바이가 문을 닫게 될 거라고 생각했다. 그런데 지금 제프 베이조스는 경쟁업체인 베스트 바이와 거래하고 있으며, 심지어 제품 판매에 베스트 바이의 도움을 활용할 수도 있다는 것을 인정한다.”[1]

제프는 또 이런 말도 했다. “오프라인 매장은 없어지지 않을 것입니다. 전자상거래는 모든 것의 일부가 되겠지만, 전부가 되진 못할 것입니다.”[2]

이 같은 ‘쿠데타’는 사실 목적과 사람을 사업의 중심에 두는 일이 자연스레 확대된 것이다. 제프는 내게 이렇게 말했다. “사실 우리 두 회사는 지난 몇 년간 함께 일해 왔고, 그러면서 쌓은 신뢰 덕에 저는 우리의 동반자 관계를 더 강화하기로 결심했습니다.”

지역사회의 번성 돕기

앞서 5장에서 살펴보았듯, 나는 기업이 사업을 통해 사회적 문제에 개입하게 된다고 굳게 믿는다.

그런데 기업은 어떻게 일의 우선순위를 매기고 그것을 추구할지 결정할 수 있을까? 언제 입장을 정하고 행동하는 것이 옳고, 또 언제 그러지 않는 것이 옳을까? ‘기업의 사회적 책임CSR’을 중시하는 많은 프로그램이 서로 무관하고 무계획한 프로그램으로 바뀌는 함정에 빠지지 않으려면 어찌해야 할까? 협조가 잘 이뤄지지 않고 최고경영자가 적극적으로 참여하지 않기 때문에 이런 일이 자주 발생한다.[3]

그러자면 기업의 어젠다를 숭고한 목적에 맞춰야 하고, 그 목적을 나중에 아무렇게나 덧붙인 생각이 아니라 기업 전략의 일부로 만들어야 한다. 환경을 예로 들면, 기업의 미래는 전적으로 지구의 미래에 달려 있다. 놀랄 일도 아니지만, 점점 더 많은 기업이 기후 변화 및 환경 악화에 맞서 싸우는 것을 사업의 목적으로 받아들이고 있다.

예를 들어 베스트 바이는 전 매장에 LED 조명을 설치했고, '긱 스쿼드(베스트 바이의 전문 수리 인력)'에게는 하이브리드 자동차를 제공했다. 이런 방법으로 지난 10년간 탄소 발자국을 55%나 줄인 것에 자부심을 느낀다. 이런 일들은 환경에 도움이 되며, 에너지 소비를 줄여 돈을 절약하는 데도 도움된다. 다시 말하지만, 사업은 제로섬 게임이 아니다.

다른 분야의 기업들끼리도 협력 관계에서 점점 더 큰 변화가 일 것이다. 집단행동은 더 빠르고 큰 변화를 야기하기 때문이다. 만일 한 업계에서 충분히 많은 기업이 집단 서약 운동에 동참한다면, 행동에 나서지 않는 것을 동종 업계끼리 경쟁을 고려해야 한다는 말로 얼버무리지는 못할 것이다. 한 가지 예를 들면, 2019년 8월 프랑스 남부 도시 비아리츠에서 열린 G7 정상회담에서 발표된 운동이 있다. 당시 프랑스의 럭셔리 패션 그룹 케링Kering, 아디다스, 샤넬, 나이키, 랄프 로렌 코퍼레이션 등 패션계에서 가장 규모가 크고 영향력도 큰 굴지의 패션 기업들은 패션업계가 기후 변화, 생물 다양성, 해양 오염 등에 미치는 영향을 줄여 나가기로 서약했다. 이 서약에 참여한 브랜드들의 생산량은 패션업계 전체 생산량의 30%가 넘었다. 이것은 기업뿐 아니라 기업과 비정부 기구, 정부, 원조 단체 사이에서 생겨난 집단행동이다. 유니레버의 전 최고경영자였던 폴 폴먼이 이매진Imagine 재단을 공동 설립하고 회장이 된 뒤 이 집단행동을 주도한다. 이매진은 최고경영자들의 마음을 한데 모아 '패션 서약Fashion Pact'을 발표하는 데 큰 역할을 했으며, 지금은 그 규모를 빠른 속도로 키울 방법을 모색 중이다. 이 서약이 완벽하지 않다고 지적하는 비판론자들도 있지만, 이 집단행동은 서로 합심해서 나온 것으로 어쨌든 올바른 방향으로 나아가는 발걸음이다.4

기업은 자신이 속한 지역사회 내에 존재하는 심각한 불평등 문제를 해결하는 것도 최우선 과제로 삼아야 한다. 베스트 바이는 지역사회 내 극빈층 출신 아이들에게 직접 기술을 훈련하는 '베스트 바이 10대 기술 센터'를 만들어 운용하고 있다. 아이들이 잠재적으로 사회 경력을 준비할 수 있게 돕는 것이다. 2020년 말을 기준으로 40개에 가까운 기술 센터가 운용되고 있다. 베스트 바이의 공급업체들도 센터 건립에 일조하여, 기업이 집단적인 힘을 이용해 선한 일을 할 수 있다는 걸 보여준다. 기업은 다양한 방법으로 지역사회를 지원할 수 있다. 지역사회 지원 운동이 기업의 목적과 맞아떨어지면 그 운동은 훨씬 더 강력하고 광범위한 영향을 미치며, 성공할 가능성도 훨씬 더 높아진다. 이때 그 운동들은 단순히 임의로 뭔가를 추가하는 게 아니라 공식적인 사업의 확장이 되기 때문이다.

또한 지금 많은 기업이 교육, 이민, 소수자 권리처럼 현재 또는 미래의 노동자들이 관심 있어 하는 사회문제에도 눈을 돌리고 있다. 세일즈포스의 창업자 겸 공동 최고경영자인 마크 베니오프가 회사의 수익에 악영향을 미칠 위험이 있음에도 성소수자들LGBTQ+을 돕기 위해 단호한 조치를 취한 것은 아주 중요한 순간이었다. 마크는 그 조치가 회사는 물론 회사의 최고경영자로서 자신의 역할에도 중요한 분기점이었다고 말했다. 그의 공식적인 의견은 세일즈포스에 훨씬 더 큰 가시성을 주자는 것이었고, 그 결과 세일즈포스는 계속 기록적인 수익을 올렸다. 그는 직원들에게도 회사의 가치와 관련해 명확한 신호를 보냈다. 그는 이렇게 결론을 내렸다. "기업이 다양한 가치에 헌신할 것을 약속하지 않고도 최고의 인재를 끌어모으고 유지할 수 있던 시절은 갔습니다. 가치가 가치를 창출한다는 개념을 받아들이지 않는 한, 미래에는 그 어떤 기업도 성공할 수 없을 것입니다."[5]

베스트 바이의 한 가지 공개적인 입장은 2017년 8월 말의 어느 이른 아침에 생겨났다. 당시 나는 사무실에서 뉴스를 보다가, 미국 웨스트 코스트의 많은 기업 리더들이 서명한 편지를 하나 받았다. 트럼프 대통령과 의회의 모든 지도자에게 보내는 편지였다. 당시 트럼프 행정부는 '미국 불법체류 청소년 추방 유예DACA' 프로그램을 철폐한다고 발표했다. 이 프로그램 덕분에 어린 시절 불법으로 미국에 온 이민자인 '드리머Dreamer'들이 미국에서 합법적으로 공부하고 일하는 것이 가능했다. 그런데 이런 프로그램을 철폐하겠다는 것이었다. 내가 받은 공개서한은 '드리머'에게 허용된 추방 유예 정책을 유지하고 영구적인 해결책을 마련하는 법률을 제정하라고 정치 지도자들에게 촉구하고 있었다.

미국의 많은 주요 기업들처럼 우리 회사의 일부 직원들은 '드리머'였다. 따라서 워싱턴 정가에서 벌어지는 정치적 힘겨루기는 그들을 엄청 불안하게 만들었다. 우리는 그들을 보호해야 했다. 나 역시 이민자였기 때문에, 그것은 내게도 남의 일이 아니었다. 그러나 더 넓은 시각에서, DACA 프로그램을 굳게 믿고 있던 거의 80만 명에 달하는 젊은이들(그중 97%는 일을 하고 있거나 학교에 다니고 있다)이 하루아침에 즉각적인 추방 위기에 직면했다. 이 문제는 단순히 이민을 둘러싼 문제를 넘어선 것이었다. 이것은 공정과 인간성에 대한 문제였다. 베스트 바이라고 해서 이 집단행동에 동참하지 않을 이유가 어디 있겠는가?

우리는 무언가를 해야 했다. 그것도 아주 시급히 해야 했다. 나는 커뮤니케이션 및 홍보 부문 담당자인 맷 퍼먼에게 전화했다. 그날이 끝나갈 무렵 나는 공개서한에 서명했고, 이미 입장 표명을 한 기업 리더들의 합창에 나와 회사의 목소리를 보탰다. 나는 우리 직원들에게 "베스트 바이는 끝까지 그들 곁을 지킬 것이며, 필요하다면 법적 지원도 아끼지 않겠다."라고 약속했다.

한 달 뒤 베스트 바이는 '아메리칸드림 연합Coalition for the American Dream'을 공동 설립했고, 드리머를 위한 영구적인 해결책 마련에 전념하고 있다. 불행히도 아직 해결책이 나오지 않아 법정 분쟁이 계속되고 있다. 2019년 10월, 우리는 DACA 프로그램을 지원하기 위해 미국 대법원에 법정 조언자 의견서를 제출하는 데 동참했다. 2020년 6월 18일, 미국 대법원은 DACA 프로그램을 철폐하려는 트럼프 행정부의 시도를 기각했다. 그 결과 드리머를 위해 영구적인 해결책을 찾을 시간을 벌 수 있었다. 해결책을 찾을 때까지 우리는 옳다고 느끼는 것을 위해 확고한 입장을 견지할 것이다.

주주에게 보상하기

모든 이해관계자에게 신경을 쓴다는 것은 결코 주주를 소홀히 여긴다는 의미가 아니다. 좀 더 쉽게 설명하자면 이렇다. 사실 문제는 주주 자체에 있는 것이 아니라, 주주를 다른 모든 이해관계자를 희생시켜서라도 자신만 혜택을 누리려 하는 비인간적이고 비정한 조직으로 생각하는 데 있다. 주주는 때로 단기 이익만 추구하는 괴물로 묘사되지만, 주주를 인간으로 보면 절대 그렇지 않다는 것을 나는 경험으로 알 수 있었다. 베스트 바이는 주주에게 기업의 목적이 돈을 버는 게 아니라는 사실을 분명히 전해 왔다. 2012년 11월, '리뉴 블루' 기업 회생 계획을 공개할 때도 그랬다. 그 당시만 해도 아직 폐업을 눈앞에 두고 있었지만, 그럼에도 우리는 그 계획에서 모든 이해관계자에게 관심을 가졌다. 2019년 4월, 한 투자자 컨퍼런스에서도 마찬가지였다. 그때 나는 그들이 우리의 이런 방식을 완전히 이해하고 있다고 느꼈다.

주주를 참여시키는 것은 생각보다 쉽다. 숭고한 목적을 정립하고 모든 이해관계자를 살피는 것이 결국 주주에게도 이익이기 때문이다. 일례로 베스트 바이의 주가는 2012년 11월에 11달러에 그쳤으나, 약 8년 뒤인 2020년에는 110달러를 상회하고 있다.

인간관계를 사업의 중심에 둔다는 것은 모든 사람을 제대로 대우한다는 의미다. 즉 우리 회사 주식을 못마땅해하는 투자자와 분석가들까지 아우른다는 말이다. 여러 해 동안 베스트 바이 주가를 분석해 온 한 금융분석가는 우리가 회생 및 재건 작업을 벌이고 있을 당시에 내내 '매도'를 권고했다. 우리는 이렇게 불만이나 좌절감을 느낄 수도 있었다. '그는 왜 우리가 발전하고 있다는 것을 보지 못할까?' 그러나 그는 최선을 다해 고객에게 조언함으로써 본분을 다하고 있었다. 우리 투자자 관계팀은 다른 금융분석가들에게 하듯 그도 깍듯이 대했다. 결국 그것이 그의 마음을 움직였고, 매도 권고도 매수 권고로 바뀌었다. 그러니 모든 사람을 고객을 대하듯, 인간적으로 대하라. 이것이야말로 놀라운 혁명 아닌가!

* * *

일단 사업의 세계를 제로섬 게임으로 보기를 거부하면, '그리고' 의 힘에는 한계가 사라진다. 선한 일을 하면 사업은 더 잘 풀리게 되어 있다. 베스트 바이는 스탠리처럼 미국의 노년층이 원하는 것을 제공하며 '그리고' 완전히 새로운 기업으로 성장하고 있다. 우리의 전자 제품 재활용 프로그램 덕분에 귀한 금속들을 절약할 수 있으며 진심 어린 서비스 덕분에 많은 고객이 우리 매장으로 몰려온다. 에너지 효율이 뛰어난 LED 조명에 투자한 덕에 탄소 배출 저감에 일조하며 에너지 절약을 통해 운영비도 줄이고 있다. 베스트 바이 10대 기술 센터에 투자하여 빈곤층 10대들이 기술을 습득함으로써 가난한 지역사회에 도움을 주며 인력의 다양화에도 보탬이 된다.

나는 숭고한 목적을 정하고 추구하는 과정에서 고객과 공급업체, 지역사회, 주주 모두 참여하는 것이야말로 사업에 성공하며, 세계의 가장 시급한 도전(우리 아이들과 그들 세대의 많은 이들을 괴롭히는)을 극복하는 열쇠라고 믿는다. 한 기업의 직원들이 가슴으로 서로 연결될 때 비로소 그런 일이 일어난다.

경영 관행 바꾸기

목적과 사람을 가장 중시하는 사업 모델로 전환하려면 핵심적인 경영 관행을 바꿔야 한다. 베스트 바이는 장 마리 데카르팡트리의 '사람 → 사업 → 재정' 접근법을 활용했다.

실질적으로 이 방식은 시간을 쓰고 다른 사람과 교류하는 방식을 리셋한다는 의미다. 예를 들어 베스트 바이의 최고경영자였을 때 나는 매달 경영 검토 회의를 하면서, 재정 문제를 다루기 전에 먼저 직원 문제, 그다음에 고객 문제를 다루기로 관행을 정했다. 흔치 않은 접근방식이었지만, 그런 순서를 적용할 수 있는 구체적인 방법이다. 나는 매달 경영 검토 회의에서 늘 이런 순서로 업데이트된 정보를 베스트 바이 이사회에 제시했다. 회사의 생존 자체가 위태로웠던 기업 회생 시기에도, 우리는 재정 문제보다 사람 문제 그리고 기업을 어떻게 변화시킬 것인지에 더 집중했고 더 많은 시간을 보냈다.

내가 이런 접근법을 배우기까지는 시간이 좀 걸렸다. EDS 프랑스 사장으로 재직할 때 나는 몇 시간씩 재정 보고서를 분석하고, 수치에 대해 끝없이 따져 묻고, 지나치게 세세한 부분에 신경을 썼다. 나는 원래 수치와 분석을 좋아했기 때문에 그렇게 하는 게 만족스러웠다. '사람 → 사업 → 재정' 접근법을 택했으면서도 결과들이 실망스러우면 나도 모르게 옛날 습관으로 되돌아가곤 했다. 그러나 이제는 잘 안다. 그래 봐야 팀원들만 미치게 만들 뿐 아무 성과도 거두지 못한다는 것을. 결국 그런 일은 회사의 최고재무책임자CFO에게 맡기는 것이 상책이자, 내가 습득해야 할 기술이었다.

연휴 시즌이 다가오면 전국의 베스트 바이 매장 매니저들이 한자리에 모이는 홀리데이 리더십 미팅이 열린다. 여기서 매니지먼트 관행들이 어떻게 진화할 수 있는지 여러 예시가 제공된다. 베스트 바이의 입장에서 연휴 시즌은 분명 기업 성공에 더없이 중요하다. 베스트 바이의 4분기 수익은 연간 전체 수익의 절반에 달한다. 그러므로 홀리데이 리더십 미팅에서는 모든 관심이 연휴 시즌 수익을 어떻게 극대화할 것인지에 집중될 거라고 생각하기 쉽다. 사실은 그렇지 않다. 2019년 봄에 나는 마지막 미팅에 참석했다. 그 미팅은 일선 직원들과 매니저들이 영감을 받은 개인적인 소회를 나누는 것으로 시작됐다. 연단은 방 앞쪽이 아닌 가운데에 있었다. 이틀째가 되도록 최고경영자는 연단에 서지 않았다. 마찬가지 맥락에서, 이 연례회의는 늘 빈곤층 아이들을 위해 컴퓨터를 조립해주는 등의 자선 활동으로 시작된다. 모든 이에게 사업의 중심에 있는 것은 재정 실적이 아니라 사람임을 일깨워주기 위해서다.

우리는 또 평가 기준을 바꿈으로써 경영 관행을 바꿨다. 핵심성과지표KPI는 단순히 재정 상태나 순위 등을 매기는 것 이상이어야 한다. 고객 경험을 평가하기 위한 '순수 추천 고객 지수net promoter score', 직원 설문조사, 탄소 발자국, 다양성 성취 등, 모든 이해관계자와 관련된 진전 상황을 평가하기 위한 수단은 지난 몇 년간 대거 늘어났다. 환경에 미치는 영향을 고려하는 사항들을 포함하기 위한 회계 기준도 개발 중이다. 이제는 목적이 기업의 관행에 얼마나 잘 뿌리내리고 있는지 평가하는 수단도 생겨나고 있다.[6]

이런 평가 기준들이 완벽하진 못하다. 그러나 완벽한 평가 기준이란 없으며, 완벽하지 않다고 해서 아무것도 안 해도 된다는 핑계가 될 수는 없다. 평가 기준이 완벽하지 않아서 평가할 수 없다는 핑계를 대는 사람들을 보면, 밤거리에서 열쇠를 잃어버린 한 남자의 이야기가 생각난다. 그는 가로등 불빛 아래에서 열쇠를 찾느라 정신이 없었다. "열쇠를 여기서 잃어버린 게 확실해?" 친구가 묻는다. 그러자 남자가 대답한다. "아니. 하지만 불빛이 비추는 데는 여기뿐이잖아."

우리는 내부 변화를 촉진시킬 외부 평가 기준들을 통해 한 걸음 더 나아갈 수 있고, 또 그래야 한다. 요즘 신용 평가 기관, 금융 분석가, 의결권 행사 자문사(주주에게 주주총회의 의결권 행사에 대해 조언해주는 회사)는 기업 성과 및 전망을 분석할 때 보다 광범위한 평가 기준을 참고하지만, 아직도 지지부진한 면이 있다. 예를 들어 의결권 행사 자문사는 임원 보상금을 평가할 때 여전히 주주 배당금만 참고하는 경향이 있다.

보다 균형 있고 우수하며 널리 인정받는 평가 기준을 개발하고 채택하려는 노력은 앞으로도 계속되어야 한다.

* * *

어려운 시기가 오기 전까지는, 숭고한 목적과 그 목적을 사업의 중심에 놓는 것이 아주 좋은 일이라고 생각할 수도 있다. 그러나 정작 현실에 맞닥뜨리면, 과거의 괜찮은 수단에 의지하게 된다. 안 그런가?

베스트 바이의 기업 회생 스토리는 이 접근법이 성공적인 기업에만 국한되지 않는다는 것을 보여준다. 7장에서 살펴보겠지만, 사실 이런 접근법은 베스트 바이의 기업 회생을 뒷받침해준 중요한 요소였다.

| 깊이 생각해 볼 질문들 | ···

- 당신 회사의 숭고한 목적은 회사의 전략에 어떻게 반영되고 있는가?
- 당신의 회사가 직원, 고객, 공급업체, 지역사회, 주주를 대하는 방식은 회사의 목적과 일치하는가?
- 당신은 주로 '또는/아니면' 접근방식을 택하는가, 아니면 '그리고' 접근방식을 통해 도전을 극복하는가? 당신은 현재의 문제에 새로운 방식으로 접근해 '윈-윈' 해결책을 찾아낼 수 있는가?
- 당신의 회사는 미팅에서 사람, 사업, 재정 중에 무엇을 먼저 논의하는가?
- 당신의 회사는 직원, 고객, 공급업체, 지역사회, 주주를 얼마나 잘 대우하는지 어떻게 평가하는가?

6. 숭고한 목적

The Heart of Business

사람으로 시작해
사람으로 끝내기

——

최고의 시절이면서 최악의 시절이었다.

찰스 디킨스, 《두 도시 이야기》

여기 전형적인 시나리오가 있다. 회사가 생사의 기로에 섰다. 일자리 감축, 정리 해고, 구조조정 등을 발표한다. 월 스트리트가 박수를 보내고, 수천 명의 직원이 회사를 떠나면서 주가는 오른다. 우리는 이런 장면을 영화에서 본 적이 있고, 두려움과 분노와 불신이 담긴 사운드트랙을 들은 적도 있다. 이런 영화는 속편이 나오는 경우가 많고, 거기서 여러 차례 구조조정이 실시된다. 기업 회생 과정은 대개 유혈이 낭자한 스포츠, 바닥까지 내려가는 경주, 직원 수와 지출 그리고 고객 서비스에 대한 가혹한 삭감으로 여겨진다.

　이런 상황을 대체 어떻게 이해해야 할까?

　내가 보기에 목적과 사람을 사업의 중심에 놓는 것은, 그리고 이

전 장들에서 살펴본 접근법은 번성하는 기업만 누릴 수 있는 사치가 아니다. 사실 이런 접근법은 내가 지난 몇 년간 베스트 바이 등의 기업에서 경험하며 배운 것과, 다른 기업의 회생을 연구하며 배운 것을 토대로 개발한 '기업 회생 매뉴얼'의 핵심이다. 내 친구 짐 시트린의 조언에 따라 베스트 바이의 최고경영자가 되기로 마음먹었을 때, 나는 이미 5~6차례나 기업 회생 작업을 이끌거나 참여한 바 있었다. 그런 경험 덕에 미니애폴리스에 있는 많은 친구들이 내가 제정신이 아니라고 생각하는 상황에서도, 나는 침몰 직전인 베스트 바이의 최고경영자가 된다는 것이 멋진 모험이 될 거라고 확신했다.

내 매뉴얼의 기업 회생 원칙은 앞서 말한 '유혈이 낭자한 스포츠'의 원칙과 반대된다. 그러니까 '줄이고 줄이고 또 줄이는' 원칙에 반대되는 것이다. 기업이 생사의 기로를 헤맬 때는 기업에 소속된 사람들이 성공적인 기업 회생의 열쇠다. 기업 회생은 그들에게 달렸으며, 그들이 얼마나 기운을 내는지, 그들이 고객을 포함한 다른 모든 이해관계자에게 얼마나 많이 신경을 쓰는지에 달려 있다. 나는 지금 캠프파이어 주변에 둘러앉아 고기를 구워 먹을 때처럼 여유롭게 사람에게 집중하라고 얘기하는 게 아니다. 사람들을 기업 회생 작업에 참여시키고, 그들에게 활력을 주고, 모든 것을 빨리 진행시킬 수 있는 방향으로 집중하라는 얘기다.

2012년 봄에 시작된 베스트 바이의 기업 회생 계획 '리뉴 블루' 이야기를 들어보면, 특히 절망적이고 힘든 시기에 어떻게 적절하면서도 의미 있고 효과적인 인간관계와 인간 에너지를 만들어 내는지 알 수 있다. 그러나 나는 그 '리뉴 블루' 이야기를 하되, 일이 일어난 순서대로 이야기하지 않을 것이다. 대신 우리의 기업 회생 작업을 이끈 주요 원칙을 따를 생각이다. 그 원칙은 '항상 사람으로 시작해 사람으로 끝나고 인간 에너지를 만든다.'라는 것이다.

항상 사람에서 시작하기

2012년 9월 4일은 내가 베스트 바이의 최고경영자로 부임한 첫날이었다. 나는 미네소타 주 리치필드에 있는 본사로 가는 대신, 미니애폴리스 주에서 약 97km 북쪽으로 차를 몰아, 미네소타 주 농지의 한복판에서 미시시피 강을 끌어안고 있는 도시 세인트클라우드를 찾아갔다.

일선 직원들에게 배우기

나는 베스트 바이만 낯선 게 아니라 유통업 전체도 낯설었고, 그래서 배울 게 많았다. 배우려면 일선 직원들의 말을 들어보는 것이 최고라는 사실도 잘 알고 있었다. 나는 카키색 바지에 베스트 바이의 상징인 블루 셔츠를 입고, 셔츠에 '최고경영자 수습'이 적힌 명찰을 붙인 채 베스트 바이에서 첫날을 보냈다. 그날 나는 직원들을 만나 얘기를 듣고 이런저런 질문을 했다. 매장 여기저기를 다니며 모든 부서를 방문하고, 판매 직원들이 고객을 응대하는 모습을 지켜보고 질문을 하기도 했다. 교대 근무 후에 나는 매장 관리팀 직원들과 저녁 식사를 했다. 우리는 잡담하고 서로 알아가면서 저녁을 보냈고, 그들에게 무엇이 효과가 있고 없는지를 논의했다. 이들은 매일 고객과 얼굴을 맞대는 사람들로, 어떤 도구를 갖고 자신의 일을 해야 했다.

그들은 베스트 바이에서 실제 무슨 일이 일어나는지 많은 것을 알고 있었다. 많은 것을! 예를 들어 저녁 식사 시간에 한 판매 직원은 베스트바이닷컴^{bestbuy.com}의 검색 엔진이 문제라고 지적했다. 그녀가 웹사이트 검색 바에 '신데렐라^{Cinderella}'라고 입력하자 검색 엔진에는 니콘 카메라 목록이 죽 떴다. 나는 내 눈을 믿을 수가 없었다.

디저트를 먹으면서 몇 개월 전에 직원 할인율이 줄어 직원들 불만이 많다는 사실도 알게 됐다. 많은 직원이 블루 셔츠를 입고 베스트 바이에서 일하는 이유 중 하나는 전자 제품을 좋아하기 때문인데, 직원 할인 혜택을 줄인 결정이 나쁜 영향을 미쳤다. 이런 상황에서 이사회가 회사에 남는 고위직 임원들에게 특별 보너스를 지급하기로 하면서 직원들은 더 분노했다. 어수선한 회사를 떠나지 말고 자리를 지켜달라고 고위직 임원들에게 보너스까지 지급하기로 한 것이다.

다음 날, 나는 매장 총괄 매니저 맷 노스카와 점심을 함께했다. 그날 오전 나는 CD, DVD, 비디오게임 매장이 전체 면적의 상당 부분을 차지한다는 사실을 알게 됐다. 나는 냅킨을 내밀며 맷에게 대략적인 매장 평면도를 그려달라고 부탁했다. 그의 스케치를 보니, 매장 면적의 약 5분의 1이 온라인 스트리밍 서비스에 빠른 속도로 잠식 중인 매체에 할애되고 있었다. 반면 수요가 폭발적으로 늘고 있는 휴대전화의 매장은 전체 면적의 극히 일부(4%)를 차지할 뿐이었다. 착즙기, 블렌더, 커피머신 같은 소형가전 역시 인기 있고 수익성도 좋았으며(미국 내에서 약 160억 달러 가치를 가진 시장이다) 성장 추세에 있었다.[1] 그러나 불행히도 세인트클라우드 매장에서는 이 제품들이 사실상 눈에 띄지 않았다. 둘러보니 블렌더 딱 한 대가 마치 숨겨 놓은 것처럼 매장 뒤쪽 선반에 외로이 서 있었다. 그야말로 이 모든 게 아주 좋은 기회였다.

다시 매장 이야기로 돌아가, 나는 고객도 유심히 관찰했다. 그들은 판매 직원들과 잠시 얘기를 나눈 뒤 아무것도 사지 않고 그냥 나가는 경우가 많았다. 이른바 쇼루밍을 하고 있었던 것이다. 그러니까 이런저런 조언을 듣고 제품도 직접 써 보지만, 정작 제품 구입은 더 싸게 살 수 있다고 생각되는 온라인에서 하는 것이다. 그래서 판매 직원들은 늘 맥이 풀리곤 했다.

그런데 판매 직원들의 말마따나, 고객들이 왜 꼭 베스트 바이를 선택해야 하는지 나는 그 이유가 궁금했다. 베스트 바이는 대체 다른 유통업체가 주지 않는 무엇을 제공한 걸까? 직원들은 각기 최선을 다해 나름의 관점을 개발했지만, 그것은 일관성이 없고 특별히 설득력도 없었다. 이를 계기로 나는 회사가 판매 직원들에게 앞서한 중요한 질문에 분명한 답을 주지 않았다는 것을 깨달았다. 다시 말해 고객들이 왜 꼭 베스트 바이를 선택해야 하는지 그 이유를 알 수 없었던 것이다.

세인트클라우드 매장에 있는 맷 노스카의 사무실에서 마지막 미팅에 참석했을 때, 그는 매장 실적 평가에 쓰는 기준이 30~40가지나 있다고 말했다. 예를 들면 매장 신용카드 앱, 보증 연장 제도, 제품

카테고리별 액세서리 판매량 등이다. 본사의 각 부서는 자기네 평가 기준이 가장 중요하다면서 밀어붙이기 때문에, 일선 직원들과 매니저들은 어떤 평가 기준을 중시해야 좋을지 알 수 없었다. 본사에서는 이런 평가 기준들이 유용하지도 않고 고객 중심의 평가 기준도 아니라는 사실에 신경도 쓰지 않았다. 매장 직원들은 당혹스럽고 혼란스러워 했으며 갈피를 잡지 못했다. 고객들이 보는 앞에서 브랜드 이미지가 망가지는 게 눈에 아른거리는 것 같았다.

이렇게 베스트 바이의 최고경영자가 되고 나서 처음 며칠간 매장 직원들의 말을 듣고 매장 안에서 일어나는 일들을 관찰하면서, 나는 정말 많은 것을 배웠다. 스프레드시트를 눈 빠지게 들여다보고 본사 회의실에서 다른 임원들과 머리를 싸매고 며칠을 고민했다 해도 절대 배우지 못할 것을 배웠다. 며칠간 새로운 직장 사람들의 말에 귀 기울이고 그들이 하는 일을 관찰한 끝에, 나는 기업 회생 작업에 착수하기 위해 우리가 무엇을 할 수 있는지(그것도 최대한 빨리) 많은 아이디어를 갖게 되었다. 기업이 어려움에 처했을 때는 일선에서 일하는 직원들의 말에 귀 기울이는 것이 최선이다. 내가 훗날 매장 매니저들에게도 한 말이지만, 일선 매장이야말로 기업 앞에 '어떤 말도 안 되고 어처구니없는' 장애물이 있는지 신속히 파악할 수 있는 장소이기 때문이다. 어쨌든 베스트 바이의 회생 작업은 세인트클라우드 매장의 판매 직원들로부터 시작됐다.

적임자를 선택하기

기업의 모든 일이 사람에서 시작된다는 말은, 적절한 임원진을 선출해야 한다는 말이기도 하다. 기업이 잘 돌아간다면, 그 공로는 일선 직원들에게 돌려야 한다. 기업이 고전을 면치 못한다면, 그 책임은 최고경영진에게 있다. 마오쩌둥과 마찬가지로, 나는 물고기가 머리부터 썩는다고 믿는다. 즉 윗물이 맑아야 아랫물도 맑은 것이다.

베스트 바이는 고전을 면치 못하고 있었고, 따라서 최고경영진이 책임을 져야 했다. 그렇다고 내가 바로 임원진 교체에 착수했다는 얘기는 아니다. 나는 최고경영자 부임 첫날 임원진에게 모두가 시작은 'A'부터 한다고 말했다. 그 'A'를 유지하는 것은 각자에게 달려 있다.

이 과정은 자기 선택self-selecting인 경우가 많다. 실제로 임원진 중에서 누가 해야 할 일을 제대로 하지 못하거나, 기꺼이 하려고 하지 않는지 알아내는 데 오래 걸리지 않았다.

우리는 모바일 사업을 성공적으로 발전시킨 고위 간부들을 비롯해 일부 리더들을 승진시켰다. 외부 사람들도 새로 영입했다. 운 좋게도 잘 나가는 멀티채널 유통 기업인 윌리엄스-소노마Williams-Sonoma의 최고재무책임자CFO 겸 최고운영책임자COO였던 샤론 매컬램Sharon McCollam을 설득해 은퇴 생활을 그만두고 베스트 바이의 최고재무책임자로 영입하는 데 성공했다. 그녀는 우리에게 필요한 임원이었다. 그녀는 전자상거래 분야에서 뛰어난 실적을 올린, 경험 많은 재무책임자로, 투자자들은 그녀를 높이 평가하고 있었다. 그 외에 스콧 더치슬래그Scott Durchslag는 익스피디아Expedia에서 쌓은 전문 지식과 경험을 토대로 베스트 바이의 전자상거래 부문을 이끌었다.

이 같은 경영상의 변화는 우리가 진정으로 성과를 중시한다는 강력한 신호였고, 그것을 눈치챈 일반 직원들도 활력을 얻었다.

모든 것을 사람에서 시작한다는 것은 베스트 바이의 창업자이자 최대 주주 자리를 지키고 있는 딕 슐츠와 관계 개선을 시도한다는 의미이기도 했다.

하나의 꿈, 하나의 팀

2012년 5월에 딕 슐츠는 베스트 바이의 이사회 의장에서 물러났다. 나를 베스트 바이의 새로운 최고경영자로 영입하려는 움직임이 있기 전의 일이었다. 그해 9월, 그러니까 내가 베스트 바이에 합류할 무렵 그는 회사를 비공개로 돌리려 했고 그 바람에 이사회와의 전쟁이 시작됐다. 회사가 창업주와 싸우는 것이 내 눈엔 미친 짓으로 보였다. 나는 딕이 이룬 것을 아주 존경했고, 우리 직원들에게도 그렇게 말했다. 회사가 공개되든 비공개되든 그는 베스트 바이의 창업주이자 최대 주주로 남을 것이고, 나는 그와 좋은 관계를 구축하고 싶었다. 오랜 세월 딕의 오른팔이었고 2002년부터 2009년까지 베스트 바이의 최고경영자였던 브래드 앤더슨과 나는 친분이 있었다. 그래서 딕에게 인사시켜 달라고 그에게 부탁했고, 그는 내 부탁을 들어줬다.

세인트클라우드 매장을 방문한 지 한 달 뒤인 10월에 나는 베스트 바이 본사에서 차로 몇 분 거리에 있는 딕 슐츠 가문의 재단 사무실로 향했다. 나는 정장에 넥타이를 매고 딕의 사무실로 들어갔고, 딕에게 내 이력서를 건넸다. "정상적인 상황이었다면 제 면접을 보셨을 텐데요." 내가 말했다. "그래서 이렇게 제가 직접 인사드리고 싶었습니다." 훗날 딕은 이 날의 내 태도에 좋은 인상을 받았다고 말했다.

딕과 나는 달라도 그렇게 다를 수가 없었다. 그는 평생을 유통 기업을 일으키는 데 보냈지만, 나는 유통업에 아무 경험이 없었다. 그는 베스트 바이를 속속들이 잘 알고 있었지만, 나는 문외한이었다. 그러나 우리는 어렵사리 공통점을 찾아냈다. 나는 곧 그가 더없이 선하고 배려심 많은 사람이라는 인상을 받았다. 단지 그는 자신이 일으킨 기업의 미래를 걱정했고 어떤 조치를 취하고 싶어 했다. 나는 사람을 중시하는 내 기본적인 사업 철학의 일부를 그에게 말했다. 또한 베스트 바이의 가장 큰 자산인 매장이나 직원을 대량 축소할 의도가 없다는 생각도 전했다. 대화가 끝나갈 무렵 어색한 분위기도 사라졌다.

그다음 달 추수감사절에 나는 당시 베스트 바이의 이사회 의장이던 하팀 티얍지Hatim Tyabji와 비행기를 타고 플로리다 주에 있는 딕의 저택으로 날아갔다. 그 무렵 우리는 이미 투자자들에게 우리가 베스트 바이를 회생시키기 위해 어떤 제안을 할지 설명한 상태였다. 하팀과 나는 베스트 바이의 회생을 위해 어떻게 딕과 브래드의 도움을 받을 수 있을지 알아보고 싶었다. 분명한 건, 우리 모두 회사에 가장 이익이 되는 쪽으로 행동하고 싶어 한다는 것이었다. 예를 들어 하팀은 자신이 이사회 의장으로 있는 것이 문제가 된다면 언제든 의장직을 내려놓겠다는 의중을 내비쳤다. 그러나 우리가 아직 완전한 의견 조율에 이르지 못한 건 분명했다. 우리는 딕의 변호사 사무실에서 논의했는데, 그때 딕은 자신이 회사 주식을 전부 인수할 때까지 나에게 계속 최고경영자 자리에 있어 달라고 했다. 그러면서 그는 자신이 전직 최고재무책임자 겸 최고운영책임자 알 렌츠마이어와 브래드와 마련한 계획을 실행하는 게 내 임무가 될 거라고 했다. 나는 정중하게 말했다. "저는 입력input하는 건 정말 잘하지만, 지시에 따르는 건 정말 못하는데요. 당신도 그러신 거 같네요." 우리는 다 함께 웃었고, 분위기는 한층 가벼워졌다.

2013년 1월, 딕의 사모펀드 파트너들은 입찰 신청을 하려고 다 같이 애쓰고 있었다. 2월 말에는 세부 조건에 합의하지 못하면서 상장된 베스트 바이에 대한 민간 투자 계획 역시 무산됐다. 그러나 나는 여전히 딕과 손잡을 수 있는 방법을 찾아내고 싶었다. 많은 직원이 최고경영자 시절부터 딕을 알고 있었고, 회사와 그의 불화는 직원들에게 안 좋은 영향을 미치고 있었다. 이제 10개월간의 불화를 뒤로하고 앞으로 나아가야 할 때였다.

마침내 4월에 딕 슐츠는 명예 회장이란 새로운 직함으로 회사에 재합류하는 데 동의했다. 이사회에 다시 들어오는 것은 아니지만 내게 현명한 조언을 해줄 거라고 약속했다. 마침내 베스트 바이 집안의 재회가 이루어졌다. 전쟁은 공식적으로 끝났고, 우리는 재능을 한데 모아 기업 회생에 전념할 수 있었다.

항상 사람으로 끝내기

베스트 바이는 불필요한 지출이 많아서 당연히 허리띠를 졸라매야 했다. 그러나 우리는 사람으로 시작해 사람으로 끝내야 했다. 그러니까 배가 가라앉고 있을 때 사람 수를 줄이는 것은 최후의 수단이지 최초의 수단은 아닌 것이다.

나는 장 마리 데카르팡트리에게서 이 지혜를 빌려 왔다. 그는 여러 해 전 내게 이런 말을 했었다. "기업 회생에서 최우선 사항은 ⑴매출을 늘리는 것이고 ⑵그다음은 급여 외 비용을 줄이는 것이며 ⑶직원 복지와 관련된 비용을 최적화하는 것이다." ⑴ + ⑵ + ⑶으로 충분치 않다면, 그때 비로소 고려할 만한 것이 일자리 축소다. 이런 식으로 늘 사람은 목적의식이 뚜렷한 인간 조직의 중심이 된다.

일부 분석가들은 소리 높여 유혈이 낭자한 스포츠를 요구했다. 베스트 바이에게 매장을 폐쇄하고 직원 수를 과감히 줄여야 한다고 조언한 것이다. 줄이고 줄이고 또 줄이라고. 그러나 매장을 대거 줄이는 것은 해결책이 아니었다. 나는 이전의 경험을 통해 사람으로 시작해 사람으로 끝나는 기업이 얼마나 더 잘 회복됐는지 잘 알고 있었다. 칼슨에 있을 때, 나는 칼슨 독일 지사가 2008년 위기를 멋지게 극복해 내는 것을 보며 깊은 인상을 받았다. 비즈니스 트래블은 여러 가지 복잡한 일은 물론 미로처럼 뒤얽힌 항공권 구입을 잘 해내고 인간관계도 잘 맺는 노련한 여행사 직원들에 의존하는 바가 크다. 그러나 불경기로 인해 칼슨 왜건릿 트래블 서비스에 대한 수요가 줄었다. 많은 여행 시장에선 현지 경영진이 모든 것을 줄이고 줄이고 또 줄였다. 그러나 독일에서는 현지 노동법 규정 때문에 전 직원이 일자리를 유지할 수 있도록 노동 시간을 줄였다. 고위 관리자들은 자신들의 보상금 규모를 줄였다. 그들은 시장이 회복되기까지 얼마나 걸릴지 몰랐지만, 무엇보다 인력 유지가 우선인 걸 잘 알고 있었다. 시장이 회복되면, 모두들 열심히 뛸 준비가 되어 있었다.

독일 경영진은 어려울 때 사람을 줄이면 그로 인한 전문 지식 및 경험 손실이 워낙 크기 때문에, 상황이 개선될 때 그 대가를 치러야 한다는 걸 잘 알고 있었다. 새로 인력을 모집한다 해도 그들이 일에 익숙해지기까지는 적잖은 시간이 필요하다. 고객인 당신이 베스트 바이 매장에 들어가 조언을 구한다고 생각해 보라. 당신은 아마 초짜 판매 직원과 얘기를 나누고 싶지 않을 것이다. 당신만 그런 게 아니다. 생초짜 직원에게 조언을 구하고 싶은 고객은 아마 한 명도 없을 것이다.

비용에 대해 얘기하고, 모든 것을 사람으로 시작해 사람으로 끝내려 하면서, 나는 머릿속에 칼슨의 독일 지사를 떠올렸다. 당시 우리가 장 마리 데카르팡트리의 전략을 토대로 한 일들은 다음과 같다.

매출 늘리기

우리가 최우선 순위에 둔 일은 매출을 늘리는 것이었다. 당시 업계 분석가들은 온라인 경쟁으로 대형 할인점들이 죽어나갈 거라고 예측했다. 우리는 아마존 문제에 정면으로 맞서기로 마음먹었다. 중요한 연휴 시즌을 눈앞에 둔 2012년 10월, 우리는 제품 가격을 아마존을 비롯한 여러 온라인 유통업체의 가격에 맞추겠다고 발표했다. 그러면 고객은 굳이 쇼루밍을 할 이유가 없을 것이고, 몰려드는 인파 덕에 매출이 늘어날 것이었다. 우리는 이 아이디어를 시카고 매장들에서 조용히 테스트했으며, 그 결과를 분석하고 나서 도박을 해

볼 가치가 있다는 결론에 도달했다. 매출이 증가하면 온라인 가격에 맞추는 데 들어간 비용은 얼마든지 메울 수 있었기 때문이다. 우리의 결정은 결국 큰 성공으로 이어졌다.

우리는 웹사이트와 온라인 쇼핑 접근방식을 대대적으로 개편했다. 이제 '신데렐라'를 검색해도 니콘 카메라들이 뜨는 일은 없었다. 새로 영입한 최고재무책임자 샤론 매컬램이 주도한 가장 극적인 한 가지 조치는, 오프라인 매장에서 바로 온라인 주문을 할 수 있게 한 것이다. 미국 인구의 70%는 베스트 바이 매장에서 약 16km 안에 살고 있기 때문에 온라인 구매품의 배송 시간이 극적으로 줄었고, 그 덕에 온라인 매출이 크게 늘었다.

우리는 우리 매장에서 쇼핑하는 일이 보다 즐겁고 보람 있는 일이 되게 하려고 무진 애썼다. 또한 판매 직원 교육에 많이 투자했고, 6장에서 언급했듯이 첨단기술 기업과 동반자 관계를 맺어, 그들이 수십억 달러의 연구개발비를 투자해 얻은 결실을 전시할 수 있게 해주었다.

우리는 매장 공간도 대대적으로 손봤다. 휴대전화, 태블릿, 앱처럼 점점 수요가 늘어나는 제품과 서비스를 위한 공간은 늘렸고, CD와 DVD 같은 제품을 위한 공간은 많이 줄였다.

급여 외 비용 줄이기

다음에 우리는 급여 외 비용을 많이 줄여 나갔다. 처음에는 여러 해에 걸쳐 7억 2,500만 달러를 줄이려 했다. 우리가 줄일 수 있는 건 많았지만, 7억 2,500만 달러는 큰 액수다. 최고재무책임자 샤론 매컬램은 유통업에서 자신의 풍부한 경험을 활용했다. 샤론의 계산에 따르면, 반품, 교체, 파손 문제만 개선해도 무려 4억 달러를 절약할 수 있었다. TV가 그 좋은 예다. 특히 평면 TV는 쉽게 깨진다. 공장에서 매장으로, 자동차로 또 집으로, 이동 횟수를 거듭할수록 정말 자주 깨진다. 그 과정에서 TV의 약 2%가 파손되는데, 손실액이 연간 약 1억 8,000만 달러다. 이 같은 파손 중 일부만 줄여도 상당한 비용이 절감될 것이다.

우리는 제조업체와 손잡고 덜 파손되는 TV를 만들려고 애썼으며, 제품을 더 잘 보호하는 포장법을 찾으려고 노력했다. '눕히지 말고 세워 두시오'라는 보관 방법을 적은 스티커를 인쇄해 TV 포장 박스에 붙이는 것이 좋은 예다. 우리는 창고 직원과 판매 직원에게 TV 다루는 법을 교육시켰고, TV를 낮은 곳에 보관하여 높은 데서 떨어져 파손될 가능성을 줄였다. 또한 TV 무료 배송을 제안했으며, 고객이 굳이 자동차에 싣고 가겠다고 할 경우 파손을 최소화하려면 박스를 어떻게 다루는 게 좋은지 알려주었다.

같은 맥락에서 반품을 최소화할 방법들도 찾아냈다. 고객의 반품 비율은 약 10% 정도인데, 반품을 하려면 시간과 비용을 지불해야 했다. 예를 들어 냉장고처럼 큰 가전제품들은 고객의 집으로 배달할 때, 비좁은 모서리를 돌거나 계단을 올라가는 과정에서 부딪혀 흠집이 나는 경우가 많다. 우리는 먼저 고객에게 집 공간을 측정하는 데 필요한 더 나은 온라인 지침을 제공했다. 붙박이형 냉장고의 측면이나 뒷면에 흠집이 나는 경우, 우리의 배달 직원과 판매 직원에게 냉장고 전체를 반품 받지 않고 대신 상품권을 제공하는 재량권을 주었다. 사소한 외관상의 흠집이어서 일단 제품을 설치해서 보이지 않으면 반품을 받는 대신 상품권을 제공한 것이다. 마찬가지로 반품된 컴퓨터도 공급업체에 되돌려 보내지 않고, 우리의 넓은 오프라인 및 온라인 공간을 활용해 직접 되팔기로 했다. 그 결과 제조업체에서 가격 할인을 받는 등 기업 회생에도 전반적으로 도움이 되었다.

또 누가 봐도 말도 안 되는 어리석은 낭비를 막기 위해 기존 원칙들을 융통성 있게 적용했다. 예를 들어 2013년 4월에 나는 켄터키에 있는 우리 회사의 한 반품 센터를 방문했다. 그 센터는 규모가 엄청났고, 컨베이어벨트 위에는 반품이 확정된 불량품들이 잔뜩 쌓여 있었다. 그때 컨베이어벨트에서 초록색 매직펜 하나가 눈에 들어왔다. 우리 매장 한 곳에서 펜 한 자루를 반품 센터로 보낸 것이었다. 펜 한 자루가 상당한 비용을 치르며 수백 킬로미터를 이동해 온 것인데, 그 비용은 반품 센터에서 그 펜을 회수해 끌어낼 수 있는 이득과는 비교도 안 될 정도로 컸다.

정말 말도 안 되는 낭비였지만, 문제의 매장은 회사 정책과 절차를 엄격히 따랐을 뿐이다. 나는 그 한 자루의 초록색 매직펜을 사진에 담아, 다음번 매장 매니저 미팅 때 프로젝터로 보여주었다. 그러면서 그들에게 말했다. 일선에서 일하는 사람이라면, 매장에서 초록색 매직펜 한 자루를 반품하는 것처럼 말도 안 되는 일이 있을 때, 기존의 회사 정책을 무시하라고. 말도 안 되는 어떤 점이 눈에 띄면 그것을 알리고 조치를 취하라고.

우리는 제품 반품, 교체, 파손 외에 보다 해결하기 쉬운 낭비 문제에도 관심을 쏟았다. 그 결과 임원이 자가용 비행기를 이용해 여행하는 것을 금지했다. 2013년 1월에 나는 국제 가전제품 박람회에 참석하기 위해 즐거운 마음으로 일반석 36B 좌석에 앉았다. 이런 행동은 우리 팀원들과 공급업체 사람들에게 아주 분명한 메시지를 주었다. 게다가 우리의 새로운 최고재무책임자 샤론 매컬램은 대대적인 비용 절감만 추구하지 않았다. 너무 사소해서 도움도 안 되는 비용 절감이란 없었고, 그래서 우리는 컬러 단면 인쇄 대신 흑백 양면 인쇄를 장려했다. 아주 미미한 비용 절감이라도, 그것이 올바른 방향이었다.

직원 혜택 최대화하기

직원 혜택과 관련된 가장 손쉬운 첫 번째 결정은 직원 할인 제도를 부활시키는 것이었다. 세인트클라우드 매장에서 알게 된 사실이지만, 그 제도를 폐지하기로 한 결정은 직원들 사이에서 정말 평이 안 좋았다. 그로 인해 직원들의 사기가 저하됐고, 기업 회생에 자신의 모든 걸 쏟아붓는 일도 시들해졌다. 의료비에도 많은 관심을 기울였다. 미국 직장인의 연간 의료비는 대개 6~8% 정도씩 늘어나고 있다. 우리 직원들의 건강을 잘 챙기면서 이런 의료비를 최적화할 수 있는 방법에는 무엇이 있을까? 우리는 의료비가 상승하는 이유를 면밀히 살펴보았다. 그래서 직원들이 건강하도록 프로그램을 만들고 예방 프로그램도 확대했다. 우리는 다른 해결책을 찾아내기 위해 공급업체(이 경우는 보험회사)와 손잡았다.

일자리 축소는 최후의 수단으로

베스트 바이의 경우 (1) + (2) + (3)은 통하지 않았다. 물론 우리도 인원수를 줄였다. 예를 들어 '리뉴 블루' 기업 회생 기간 중에, 불필요한 관리 단계를 제거하고 전략상 중요하지 않은 부서와 계획(다른 유통업체들도 우리의 '긱 스쿼드'를 이용할 수 있게 해주는 서비스 등)은 폐기했다. 또한 회사 고위층도 간소화했다. 예를 들어 임원이라면 누구든 수석 보좌관을 두었는데, 그것은 불필요한 직책이었다.

그러나 직책을 없앤다는 게 꼭 사람을 없앤다는 의미는 아니다. 2018년 우리는 베스트 바이 휴대폰 매장을 폐쇄하기로 결정했다. 이제 휴대폰 전문 매장을 따로 두는 게 더 이상 타당하지 않았기 때문이다. 그러나 나는 퇴직금을 일괄 지급하는 전통적인 방법을 쓰지 않으려 했다. 대신 휴대폰 매장에서 일하던 모든 직원에게 편지를 보내 이런 뜻을 밝혔다. "우리는 여러분이 베스트 바이에서 할 수 있는 다른 역할을 찾는 데 지원을 아끼지 않을 것입니다. 또한 우리는 회사 발전에 여러분이 기여한 바를 높이 평가하며, 따라서 이 옵션을 꼭 선택해주길 진심으로 바랍니다."

그들에게는 이런저런 기회가 있었다. 대부분의 유통업체와 마찬가지로, 자연스런 직원 이직률과 직원 규모 덕에 우리에겐 융통성이 있다. 예를 들어 학비를 벌기 위해 우리 매장에서 일하는 대학생들은 졸업을 하면서 자연스레 떠난다. 이런 식으로 사람들은 계속 들어오고 나간다. 심지어 일에 전념할 수 있는 작업 환경을 조성하기 위해 최선을 다해도 매장 이직률은 여전히 30%에 달한다. 거의 50%에 육박했던 과거에 비하면 훨씬 낮은 이직률이지만, 어쨌든 아직도 매년 채워야 할 일자리는 많다. 게다가 우리 회사는 점점 성장하고 있었다. 예를 들면 가정방문 상담팀이 생겨나면서 새로운 일자리가 창출되고 있었다. 우리는 휴대폰 매장 직원 대다수에게 새 일자리로 옮길 것을 제안했고, 원한다면 모든 사람이 계속 그 자리에 있어도 되는 것을 인식시키려고 애썼다. 모두가 자리를 지킨 것은 아니었고, 회사를 떠난 사람들은 퇴직금을 받을 수 있었다. 어쨌든 직원들에게 우리가 그런 생각을 갖고 있다는 것을 알려주기 위해 최선을 다했다. 이것은 올바른 일이다. 인간적이며 '그리고' 금전적인 면에서도 합리적이기 때문이다. 어디에도 '또는'은 들어가지 않았다. 이런 결정을 내리기는 쉬웠고, 주주들에게 설명하기도 쉬웠다.

제품 가격을 온라인 가격에 맞추겠다는 결정은 매스컴의 주목을 받았다. 그러나 매출을 늘리고 급여 외 비용을 줄이고 직원 혜택을 최대화하는 일은 대개 매스컴의 주목을 받지 않는다. 이런 조치는 직원을 대폭 줄이는 것만큼 극적이지 않지만, 성과는 훨씬 좋다. 예를 들어 베스트 바이는 2012년 이후 비용을 20억 달러 정도 절감했고, 그중 약 3분의 2는 급여 외 비용이었다. 20억 달러는 우리가 애초에 목표로 삼은 7억 2,500만 달러를 훨씬 뛰어넘는 금액이었다. 베스트 바이는 지금도 매년 2억 달러에서 3억 달러 정도의 비용을 절감하는 방법을 찾아내고 있다. 이렇게 절약한 돈은 대개 사업에 재투자되어, 베스트 바이는 늘 모든 이해관계자에게 도움되는 일을 지속할 수 있다.

'리뉴 블루' 기업 회생 계획은 인력 감축을 피하려는 우리의 노력에도 '불구하고' 효과가 있었던 게 아니라, 사실 그런 노력 '덕분에' 효과가 있었다. 다른 조치들은 고객과 공급업체의 입장에서 상황을 더 좋게 만들 뿐 아니라, 순이익 측면에서 의미 있는 영향을 주기 때문에 더 효과적이다. 또한 인간의 재능, 경험, 헌신 그리고 목적의식이 뚜렷한 인간 조직의 핵심인 회사의 생명줄을 보호하기 때문에 더 효과적이다.

인간 에너지 만들기

2012년 9월, 내가 베스트 바이에 합류했을 때 회사 분위기는 암울했다. 회사는 6개월간 아주 드라마틱한 일들을 겪고 있었다. 바로 이전 최고경영자는 스캔들에 휘말려 해고됐다. 임시 최고경영자도 떠났고, 이제 내가 최고경영자가 됐다. 이름도 알려지지 않은 한 국외자가 발을 들여놓은 것이다. 주가는 곤두박질치고 있었다. 창업자 딕 슐츠는 베스트 바이를 비공개 기업으로 만들기 위해 적극적으로 개입하기 시작했다. 가전제품 유통업체 서킷 시티처럼, 시장 변화와 온라인 저가 경쟁에 적응하지 못해 회사가 곧 도산할 거라는 추측성 기사가 줄을 이었다. 주간지 《블룸버그 비즈니스위크Bloomberg Businessweek》의 2012년 10월호 표지에 베스트 바이의 블루 셔츠를 걸친 좀비가 등장할 정도였다.

베스트 바이는 아주 큰 잠재력을 갖고 있고 '할 수 있다'는 경이로운 사고방식으로 무장된 기업이었지만, 직원들은 당연히 불안해

했고 사기도 저하됐다.

기업 회생 기간에 최우선으로 해야 할 일은 죽어가는 기업을 살리는 데 필요한 에너지를 만드는 것이었다. 다시 말해 신속하게 적절한 계획을 짜고, 모든 사람을 명확하면서도 단순한 우선순위에 집중시키며, 안전한 환경을 만들어야 했던 것이다. 그것은 낙관주의가 가미된 절박한 분위기를 조성하고 조금씩이나마 빠른 진전을 보여줘야 한다는 뜻이기도 했다. 이것이 바로 '조직을 긴장 상태에 몰아넣기'였다. 베스트 바이에서는 기업 회생에 필요한 에너지를 다음과 같은 방법으로 만들어 냈다.

완벽하지 않지만 충분히 괜찮은 계획을 함께 만들기

내가 베스트 바이의 최고경영자가 된 직후, 이사회는 12월 1일까지 계획을 수립해야 한다고 못박았다.[2] 우리에게 주어진 시간은 57일이었다. "미쳤군요!" 퍼블리시스Publicis의 최고경영자 모리스 레비Maurice Levy가 말했다. 당시 그의 팀은 기업 커뮤니케이션에 대해 조언해주고 있었다. 그는 57일 만에 계획을 수립하는 것이 불가능하며 특히 위험한 일이라고 생각했다.

사회 초년생 시절 매킨지 앤드 컴퍼니에 근무할 때, 나는 기업을 진단하고 장기적인 전략을 세우는 훈련을 했다. 그러면 다른 사람들이 그 전략을 실행에 옮기곤 했다. 1960년대와 1970년대에 개발된 전통적인 전략적 계획 수립 방식은 아직도 일반적으로 쓰이고 있었다. 지도부의 똑똑한 몇 사람이 전략과 장기적인 계획을 짜면, 그 아래 직급에 있는 사람들이 실행에 옮기는 방식 말이다.

8주라는 시간은 그런 접근법에서 볼 때 결코 충분한 시간이 아니었다. 그러나 내 입장에서는 그 정도면 충분했다. 종래의 접근법에는 시간 이외에 다른 많은 문제점이 있었기 때문이다. 우선 그 접근법은, 성공하려면 무엇이 필요한지 잘 알고 있는 사람들의 통찰력을 끌어모으는 데 실패할 가능성이 높다.

57일이라는 데드라인은 내게 별 문제가 아니었다. 나 역시 과거의 경험을 통해 기업 회생 작업에서는 장기 계획이 중요하지 않다는 것을 잘 알고 있었기 때문이다. 특히 초기에는 더 그렇다. 기업 회생 작업은 주로 기업 성과의 원동력이 무엇인지 알아내는 작업이며, 경영 성과 개선은 물론, 실천과 관련된 작업이다. 나는 '경영 성과 개선은 전략적 자유도를 결정짓는다.'라는 개념을 세계적인 식품 기업 카길Cargill의 최고경영자가 칼슨의 이사회에 있을 때 그에게 배웠다. 우리에겐 장기적인 전략이 필요 없었다. 우리에겐 '출혈을 멈출' 계획과, 경영 성과를 신속하면서도 분명히 개선할 계획이 필요했다. 그런 계획이라면 8주면 충분했다. 8주면 적어도 우리가 해결해야 할 문제가 무엇인지 파악할 수 있었고, 폭넓은 방향을 정해 앞으로 나아갈 수 있었다.

상의하달식 대규모 전략이 필요한 게 아니었다. 어떻게 회사를 살릴 것인지 알아내려면, 모든 사람이 팔을 걷어붙여야 했다. 2~3일 일정의 워크숍이 연이어 열렸고, 나를 비롯한 기업 각 부문의 대표 30여 명이 베스트 바이 본사 1층 회의실에서 U자 모양의 테이블에 둘러앉아 함께 전략을 짰다.

우리의 접근방식은 장 마리 데카르팡트리가 했을 법한 '사람 →

사업 → 재정' 접근법으로 시작하는 것이다. 우리는 직원 할인 제도를 들여다봤다. 각 매장의 평면도도 들여다봤다. 나는 세인트클라우드 매장을 방문한 이후 계속 냅킨에 그림을 그려 봤다. 우리는 가격 결정 정책도 들여다보고, 사업 운영 방식상의 허점과 병목 지점들도 알아냈다. 이 강도 높은 워크숍 기간 중에 나는 물과 커피 마실 휴식 시간도 주지 않는다 하여 '낙타'로 소문이 났다.

그렇게 우리는 결국 주어진 기한 전에 기업 회생 계획을 마련했다.

그러나 아직 계획 이름을 짓지 못했다. 다년간의 경험을 통해, 나는 어떤 계획이 조직의 집단적 마음속에 존재하려면 이름이 있어야 한다는 걸 배웠다. 나는 모두에게 하루 동안 우리 계획의 이름을 생각해 보라고 했다. 그다음 날 우리 모두는 30여 가지 후보 이름을 추려 차트에 적었다. 투표한 결과, '리뉴 블루'가 가장 메시지를 잘 전달하고 기억하기도 쉽다는 결론을 내렸다.

'리뉴 블루' 계획을 투자자들에게 프레젠테이션 하기에 앞서, 나는 회사의 최고위층 150명이 속한 포괄적 리더십 그룹 '베스트 바이 운영위원회'의 승인을 먼저 받았다. 모두가 '올인'하지 않는다면, 효과적인 계획이 되지 않기 때문이었다.

11월에 우리는 리뉴 블루 계획을 투자자들에게 프레젠테이션 했다. 주주뿐 아니라 직원, 고객, 공급업체, 회사 주변 세상을 위해 성취하고자 하는 것이 무엇인지 설명했다. 회사는 심각한 어려움에 처해 있었지만, 우리의 기업 회생 계획은 모든 이해관계자를 아우르는 것이었다. 여기서도 역시 '또는or' 방식이 아니었다. 밀턴 프리드먼의 이론도 아니었다.

우리의 계획은 완벽하지 않아도 충분히 훌륭했다. 내부적으로는 모두에게 우리의 강점을 일깨워줬고, 단점을 과감히 인정했으며, 고객, 직원, 공급업체, 주주, 지역사회와 관련된 최우선 사항들을 명확히 했다. 간단히 말해 우리가 나아갈 길과, 가라앉지 않고 떠오를 방법을 명시했다.

계속 페달을 밟고 단순화하기

좋은 계획은 앞으로 나아갈 추진력과 희망을 만들기 위해, 또 모든 사람을 참여시키기 위해 우리에게 필요한 모든 것이다. 제품 가격을 온라인 가격에 맞추고 직원 할인 제도를 부활시키는 등, 모든 것을 신속하게 결정하는 것이 아주 중요했다. 그 결과 사람들의 에너지를 북돋았고 가능성과 희망을 만들었다. 위대한 리더와 괜찮은 리더를 구분하는 것은 결정의 질이 아니라 양이다. 많은 결정을 내릴수록 추진력과 에너지가 더 커진다. 물론 그 결정이 모두 좋은 결정은 아닐 것이다. 그러나 당신이 자전거를 탈 줄 안다면, 가만히 서 있을 때보다는 페달을 밟아 앞으로 나아갈 때 방향을 수정하기가 훨씬 더 쉽다는 것도 알 것이다.

결정을 통해 추진력이 만들어지듯, 가장 중요한 게 무언지 명확히 하고 그것을 단순화하는 데서 에너지가 나온다. 그러나 복잡한 것은 혼란을 야기하고 큰 부담을 주며 타성에 젖게 만든다. 예를 들어 세인트클라우드 매장을 방문했을 때, 나는 베스트 바이의 매니저들이 집중해야 할 평가 기준이 너무 많아 나무만 보고 숲은 보지 못한다는 사실을 알았다. 내가 우리 회사의 문제는 단 2가지, 즉 매출이 떨어지고 마진이 줄어드는 것이라고 말했을 때, 그들이 어떤 반응을 보였을지 상상해 보라. 문제가 단 2가지라고? 핵심성과지표KPI 40가지가 아니고? 이건 대단한 뉴스였다. 단 2가지 문제를 해결하는 것이라면 힘들어 봐야 얼마나 힘들겠는가? 모두가 이 2가지 문제에만 자신의 에너지를 집중하면 됐다. 매출과 마진이 줄어드는 이유는 무엇인가? 우리는 먼저 최악의 장애물을 치운 뒤 그다음 장애물에 집중하면 됐다.

잠깐! 그런데 내가 앞에서 수치에 집중하는 것은 고무적이지 않다고 말하지 않았던가? 기업의 목적은 돈을 버는 데 있지 않다고 말하지 않았던가? 그렇다. 그런 말을 했었다. 그렇다고 그 말이 수치를 무시하라는 의미는 아니다. 수익은 결과이지만, 반드시 달성해야 하는 것이기도 하다. 기업이 피를 흘리며 죽어가고 있을 때는 먼저 출혈을 멈춰야 한다. 우리는 그렇게 했으며, 동시에 목적의식을 갖고 움직이는 기업으로 발전했다. 기술로 삶을 풍요롭게 만드는 것이 우리의 목적임을 공표하기 여러 해 전인 2012년에도, 우리는 모든 이해관계자를 위한 기업 회생 계획을 짰다.

우리는 살아남는 데 집중했다. 오랫동안 매출과 마진이라는 단 2가지 문제를 평가하면서 우리가 과연 한 기업으로 살아남을지 어떨지 알 수 있었다. 그 덕에 앞으로 나아가면서 계속 모든 것을 정확히 파악할 수 있었다. 우리는 그렇게 발전 상태를 측정했다. 회사 내 어디에서, 누가 가장 많이, 또 가장 빨리 개선되고 있는지 확인할 수 있었다. 여기서 많은 것을 배웠다.

긍정적인 환경 조성하기

조직을 생산적인 긴장 상태에 놓이게 만드는 긴급성과 명료성은 긍정적인 환경을 조성하면 저절로 생겨난다. 심한 스트레스를 받고 있거나 두려움에 의해 움직일 때는 그 누구도 최선을 다해 일하려 하지 않는다. 미래에 대한 낙관주의와 자신감, 에너지는 나부터 가졌다. 나는 어떤 경우든 긍정적이고 낙관적이어야 했다. 내가 칼슨에 있었을 때, 수천 명의 호텔 프랜차이즈 가맹점주들이 참석하는 컨벤션 기간 중 긴 하루가 끝날 때면 그야말로 온몸의 기운이 다 빠져나가는 기분이었다. 그럼에도 나는 내가 지친 게 아니라는 결론을 내렸다. 리뉴 블루 계획의 초기 며칠 동안에도 그랬다. 매일 어떤 모습으로 사람들 앞에 나설 것인지 결정한 것이다.

우리는 기회가 있을 때마다 승리를 자축했다. 맷 퍼먼이 이끄는 커뮤니케이션팀은 적극적으로 좋은 소식을 찾아내 공유했다. "보세요! 시카고에서 매출이 늘고 있어요. 소형 가전제품이 얼마나 잘 나가나 보세요!" 모든 미팅에서 우리는 잘 나가고 있는 것을 부각했다. 이는 모든 직급의 사람들에게 멋진 메시지로 전달됐다.

우리는 투자자들에게도 이런 방식을 적용했다. 2012년 11월의 프레젠테이션에서 우리는 베스트 바이의 큰 장점을 강조하면서 기업 진단을 시작했다. 소비자 가전제품 시장에서 우리 회사의 성장을 견인하는 혁신을 강조하고, 그 시장에서 우리가 최대 매출 점유율을 차지한다는 사실을 강조했다. 그러나 수준이 낮은 고객 만족도와 금전적 이익을 손상시키는 미진한 온라인 실적 등의 경영 문제를 미화하지는 않았다.

기업 회생 과정 내내 우리는 계속 이런저런 승리를 공유했다. 예를 들어 2013년 초에 우리는 50개의 매장에서 온라인 구입품 배송을 시도했다. 처음에는 푸릇푸릇한 새싹 같은 조치였고 재정적 영향도 아주 미미했다. 그러나 우리의 최고재무책임자 샤론 매컬램은 투자자들과 대화하면서 이 조치를 계속 거론했고, 이것이 왜 의미가 있는지 자세히 설명했다. 시간이 지나면서 이 조치는 전체 매장으로 확대 시행됐으며, 푸릇푸릇한 새싹이 자라 보다 깊이 뿌리를 내렸다. 결국 이 조치 덕분에 온라인 매출이 대폭 늘었다.

밝은 면을 보고 에너지를 발산하며 승리를 자축한다는 것이 아무 효과도 없는 일을 숨긴다는 의미는 아니다. 포드의 최고경영자였던 앨런 멀러리와 그의 빨강-노랑-초록 '신호등'을 기억하는가? 당시 포드는 파산 직전이었지만, 모든 신호등 색은 '정상'을 뜻하는 초록색이었다. 회사를 구하려면, 적어도 좋은 뉴스만큼이나 나쁜 뉴스도 빨리 알려져야 한다. 문제가 어디에 있는지 모른다면 그 문제를 해결할 수 없다.

긍정적인 자세를 취하고 도전을 인정하는 일 모두 필요하지만, 어느 한 쪽이 다른 한 쪽을 지배해서는 안 된다. 우리가 리뉴 블루 계획을 실행에 옮기려 애쓰고 있을 때, 전략 부서의 한 유능한 직원이 우리가 해결해야 할 모든 익숙한 문제와 도전을 조명한 300쪽짜리 파워포인트 보고서를 작성했다. 그의 프레젠테이션 결론은, 베스트 바이는 죽음을 피할 수 없다는 것이었다. 만일 도전을 가능성과 밝은 희망으로 바꾸지 못한다면, 기업 회생을 이끌 자격이 없다. 나는 파워포인트 프레젠테이션의 음울한 예측을 무시하기로 했다.

투명성을 유지하고 약한 면을 드러내기

'리뉴 블루' 기업 회생 계획을 준비하면서 우리는 딜레마에 빠졌다. 2012년 11월에 있을 투자자 프레젠테이션 때까지 이 계획을 비밀로 해야 할까? 아니면 회사 안에서 공유하고 피드백을 받고 모든 사람들이 올인하게 해야 할까? 베스트 바이는 상장 기업이다. 그래서 어떤 비밀이든 매스컴에 새나가면 주가에 영향을 준다. 비밀이 새나갈까 두려워하며 의심하는 쪽을 선택해야 할까? 아니면 우리 사람들을 믿어야 할까? 임원진의 의견은 둘로 갈렸다. 가뜩이나 비밀이 매스컴에 새나가 곤경에 처한 적이 몇 번 있었다. 그러나 나는 비밀이 새나갈 때의 위험보다는 우리 사람들이 기업 회생 계획을 공유하지 못할 때의 위험이 훨씬 크다고 믿었다. 투자자 프레젠테이션을 3주 앞두고 우리는 150명의 매니저들을 한자리에 모이게 하고 우리의 기업 회생 계획 원안을 공유했다. 우리가 공유하고 논의하려는 계획은 극비 사항이라고 못박았다. 우리는 소중한 피드백과 승인을 받았고, 비밀은 전혀 새나가지 않았다.

기업 회생 과정 내내 베스트 바이 내에서 그리고 주주들과 함께 우리의 상황과 우선순위, 기회, 도전, 실천 비율 등을 공개적으로 터놓고 논의했다. 그 과정에서 우리 직원들은 활력이 넘쳤고 책임감도 커졌다.

나는 도움을 요청하는 것도 두려워하지 않았다. 베스트 바이의 최고경영자가 된 지 3개월 후 나는 마셜 골드스미스 코치를 영입했다. 기업 회생 작업에 깊이 파고들면서 팀원들에게 피드백을 요청했다. 나는 내가 더 잘하고 싶은 일을 그들과 공유했고, 그중에는 권한을 위임하는 일도 있었다. 나는 모든 답을 갖고 있는 척하거나 완벽한 척하지 않았다. 세인트클라우드 매장에서든 임원진과 함께하든, 베스트 바이에서 첫날부터 늘 도움을 요청하고 또 받아들였다.

기업 입장에서도 그렇게 해야 했다. 살아남기를 원하는 한, 우리는 다른 사람의 장점을 활용해야 했고 함께할 동반자를 찾아야 했다. 6장에서 얘기한 것처럼, 우리는 공급업체들과 협력했다. 액센츄어, IBM, UPS 같은 공급업체에 일시적 가격 할인을 요청한 것도 다 그런 맥락에서였다. 우리는 도움을 청하는 일을 두려워하지 않았다. 그리고 도움을 받았다.

이는 회사 사람들에게 그 누구도 자신의 약한 면이 드러나는 걸 두려워하면 안 된다는 신호가 되었다. 그 누구도 도움 요청하기를 두려워해서는 안 된다. 그 누구도 천하무적이나 완벽한 사람인 척해야 한다고 느껴서도 안 된다. 우리는 모두 불완전한 인간이다. 서로 연결되고 집단의 힘을 발휘하는 것은 우리가 약하기 때문이다. 우리는 이런 관점으로 고객, 공급업체, 지역사회, 주주와 연결되었다. 아플 때나 건강할 때나 좋을 때나 나쁠 때나, 목적의식을 가진 인간 조직은 바로 이런 식으로 만들어진다.

* * *

2013년 1월, 즉 리뉴 블루 기업 회생 계획에 착수한 지 정확히 두 달 후에, 우리는 2012년 11월과 12월의 매출 현황을 발표했다. 직전 4분기 실적은 재앙에 가까웠는데, 이땐 아주 놀라운 뉴스를 발표할 수 있었다. 전년도와 비교했을 때 매출이 더 떨어지지 않고 현상 유지를 한 것이다.

매출을 현상 유지했다니! 우리는 흥분했다. 분석가들이 예상한 것보다 훨씬 좋은 실적이었다. 이제 출혈이 멈췄다는 의미이기도 했다. 시장이 요동쳤고, 주가도 회복되기 시작했다. 큰 고비는 넘긴 것이다. 회사 분위기부터 싹 달라졌다. 우리는 등 뒤로 기분 좋은 바람이 불어오는 것을 느끼며 기업 회생 계획을 더 힘차게 밀어붙였다.

지금까지도 베스트 바이의 많은 직원은 리뉴 블루 기업 회생 계획을 밀어붙인 그 몇 년이 직장생활을 하면서 가장 멋진 기간이었다고 말한다. 우리는 다 함께 임무를 수행했고, 그 에너지는 놀라울 정도였다. 우리는 폭풍우 속을 함께 헤쳐 나왔으며, 모두의 예상을 깨고 희열을 느꼈다. 모두들 우리가 곧 죽을 거라고 했다. 그러나 함께 그 위기를 극복한 사람들은 지금까지도 기억하고 있다. 우리에겐 단 2가지 문제밖에 없었고, 우리가 함께 그 문제를 해결했다는 것을.

리뉴 블루 기업 회생 기간 중 베스트 바이에서 일어난 일이 내가 말하는 이른바 휴먼 매직이다. 이는 기업 내에서 각 개인의 의욕이 활활 타오를 때, 그리고 모든 사람이 함께 노력해 생각한 것보다 더 많은 걸 성취할 때 생겨난다. 휴먼 매직은 결국 좋은 성과로 이어진다.

좋은 시절이든 기업 회생 시기이든, 목적의식을 가진 인간 조직을 구축하려면 사람들에게서 이렇게 강력한 에너지가 발산되어야 한다.

우리는 모든 사람이 참여하고 올인하는 작업 환경을 만들어냄으로써 휴먼 매직을 발산했다. 그리고 휴먼 매직은 다음 3부에서 다룰 내용이기도 하다.

| 깊이 생각해 볼 질문들 | ···

어려운 시기에 사람을 대하는 당신의 접근방식은 무엇인가?

사람이 먼저:
- 일선 직원들과 어떻게 연결을 유지하는가?
- 적절한 고위 임원진을 구축하는 당신의 접근방식은 무엇인가?

사람은 마지막:
- 대개 어떤 방식으로 수익 증대와 비용 절감을 우선시하는가?
- 급여 외 비용을 절감하고 혜택을 창의적으로 관리했을 때 얻을 수 있는 최상의 결과는 무엇인가?

인간 에너지 만들기:
- 에너지를 만들어 내기 위해 어떻게 하는가?
- 계획 수립 과정에서 어느 정도 그리고 또 어떻게 다른 사람을 참여시키는가?
- 긍정적인 환경을 조성하기 위해 어떻게 하는가? 그 방법은 얼마나 잘 통하는가?
- 매일 어떤 모습으로 직장에 나타날지 어떻게 결정하는가?
- 투명성을 어떻게 유지하고 싶은가? 폭넓은 커뮤니케이션을 하기 위해 어떤 방법을 쓰는가?

일반적으로:
- 당신이 보기에 기업 회생 과정에서 성과를 올리려면 어떤 접근방식이 특히 효과적인가?
- 당신은 어떤 면에서 더 나아지고 싶은가? 지금 어떤 분야에서 일하고 있는가?

3부

휴먼 매직

THE HEART OF BUSINESS

똑똑한 소수가 전략을 수립해 정교한 실행 계획을 짜고, 그 계획을 다른 모든 사람에게 알리고, 인센티브를 제공하면서 참여시키는 예전의 경영 방식은 이제 잘 통하지 않는다. 1부에서는 우리가 왜 일하는지 살펴보았고, 2부에서는 목적의식을 가진 인간 조직을 기업으로 규정하는 과정을 살펴보았다. 3부에서는 시대에 뒤떨어진 경영 방식을 대체할 방식을 살펴볼 것이다. 내가 말하는 휴먼 매직을 발산하는 요소들도 짚어 볼 것이다. 기업의 모든 사람이 숭고한 목적을 추구하기 위해 열의를 보이는 환경을 조성함으로써, 이 요소들은 사람들을 참여하게 만들 뿐 아니라, 놀라운 성과로도 이어진다. 목적의식을 가진 인간 조직으로서 기업에 힘을 불어넣는 인간적인 측면인 것이다.

인센티브의 허상

당근과 채찍은 널리 사용되는, 설득력 있는 동기부여책이다.
그러나 만일 당신이 사람들을 당나귀처럼 대한다면,
그들은 실제 당나귀처럼 행동할 것이다.

존 휘트모어, 《성과 향상을 위한 코칭 리더십》《인간의 잠재력과 목적 키우기》의 저자

1986년, 베스트 바이의 창업자 딕 슐츠는 심각한 도전에 직면했다. 20년 전에 창업한 그의 회사 베스트 바이는 당시 디트로이트에 기반을 둔 가전제품 체인점 하이랜드 슈퍼스토어즈Highland Superstores의 공세에 시달리고 있었다. 미국에서 두 번째로 규모가 큰 가전제품 유통업체인 하이랜드는 베스트 바이의 본거지인 미니애폴리스에 매장을 열고, 지속 불가능한 최저 가격으로 제품을 판매하고 있었다.

베스트 바이는 과거에 이미 도산 위기를 두 차례 맞았는데, 이번 위기 역시 생사가 달린 절체절명의 순간이었다. 딕은 하이랜드가 생각보다 훨씬 큰 회사여서 잠깐의 손실을 감수해서라도 베스트 바이를 도산시키기 위해 무슨 일이든 할 거라고 생각했다.

위기 상황에서 딕은 한 가지 의문에 주목했다. 대체 어떻게 하면 베스트 바이가 판을 뒤집을 수 있을까? 공급업체가 자사 제품을 밀어준 판매 직원에게 주는 보너스인 '스피프spiff'를 없애는 게 답인 것 같았다.

딕은 판매 직원들이 고객에게 객관적이고 최선의 조언을 해주기를 원했다. 그러나 그건 스피프가 존재하는 한 어려운 일이었다. 그 당시 스피프는 베스트 바이를 비롯한 모든 유통업체에서 판매 직원들에게 제공하는 가장 중요한 보상이었다. 놀랄 일도 아니지만, 고객은 스피프라는 말의 의미를 몰라도 그런 행위 자체를 아주 싫어했다. 고객은 자신이 원하는 제품과 관계없이, 판매 직원이 가장 높은 수수료를 제공하는 브랜드 제품을 강권한다고 느꼈기 때문이다.

딕은 수수료 제도를 폐지하고, 대신 베스트 바이 판매 직원들에게 시간 단위로 돈을 지불하는 아이디어를 생각했다. 그러나 그는 이렇게 말한다. "그런 아이디어는, 생각은커녕 입 밖으로 내뱉는 순간 거의 이단 취급을 받을 일이었습니다."[1] 위험 부담이 아주 컸다. 당시만 해도 1,000여 명의 베스트 바이 직원 중 절반은 수수료를 받았고, 또 평생을 그렇게 일해 왔다. 판매는 이런 식으로 이루어졌고, 누구도 의문을 제기하지 않았다. 딕은 기업 정신을 훼손하고 싶지 않았다. 매장 운영에 지장을 주고 싶지도 않았고, 무엇보다 직원들이 회사에 적대감을 갖게 하고 싶지 않았다. 잘못하면 베스트 바이의 가장 뛰어난 판매 직원들을 잃게 될 수도 있었다.

반면에 스피프 제도를 없애면 고객한테 도움이 될 것이고, 그러면 베스트 바이는 경쟁에서 벗어날 수 있을 것이다. 매장의 판매 직원은 공급업체의 대리인이 되기보다 조력자가 될 수 있을 것이다. 재고품은 숨겨진 뒷방에서 매장 안으로 옮겨질 것이고, 그러면 고객들은 매장 안에서 모든 제품을 볼 수 있다. 매장 자체는 시멘트 바닥과 금속 선반, 형광등 조명으로 가득 찬 창고와 비슷해지겠지만, 고객에게는 더 많은 도움을 줄 수 있다.

직원 보너스는 개인 실적이 아니라 매장별 또는 구역별 실적을 반영하게 될 것이다. 동시에 매니저가 되고 싶어 하는 판매 직원들은 기본급이 인상됨은 물론 승진할 수도 있다.

1988년, 딕은 미국 미드웨스트 지역에 매장 7개를 새로 오픈하면서 '콘셉트 II'라고 알려진 이 개념을 직접 테스트했다. 이 개념은 효과가 있었다. 새로운 매장들의 매출이 아주 높아서, 콘셉트 II는 다른 지역들로 확대 적용되었다. 이 매장들은 수수료 중심의 매장보다 매출이 배나 높았다.

딕의 도박은 통했다. 콘셉트 II 덕에 베스트 바이는 되살아났으며, 여러 해 동안 높은 성과를 올렸다. 1999년, 비방디 게임 사업부를 이끌던 시절에 나는 베스트 바이를 유통업체로 처음 알게 됐다. 나는 이 회사를 뛰어난 사람들이 많고 활력이 넘치며, 고객 중심적이고 수준 높은 가전제품 기업으로 기억했다.

그러면 하이랜드 슈퍼스토어즈는 어떻게 됐을까? 그 회사는 결국 도산했다.

딕 슐츠가 나를 비롯한 대부분의 사람들보다 먼저 깨달은 사실은, 오늘날의 경제에서 금전적인 인센티브로는 좋은 성과를 올릴 수 없다는 것이었다. 당근과 채찍 방식은 사실 역효과를 낳는 경우가 많다. 물론 사람들에게 동기부여를 해줄 거라는 기대만 하지 않는다면, 금전적인 인센티브는 여전히 나름대로 중요한 역할을 한다.

금전적인 인센티브는 성과를 올리지 못한다

놀랍게도 금전적인 인센티브는 동기부여 방법으로 여전히 널리 사용되고 있다. 전 세계 기업 인사팀은 그런 인센티브 프로그램을 만들고 관리하기 위해 지나칠 정도로 많은 시간과 자원과 지적 능력을 쏟아붓고 있다.

물론 나 역시 사회생활을 하면서 돈을 동기부여책이라고 믿었다. 2008년 칼슨 컴퍼니스의 최고경영자로서 내린 첫 번째 결정은 고위 경영진을 위한 장기적인 인센티브 계획 수립을 돕는 것이었다. 우리가 창출하려는 가치와 관련된 이 인센티브 계획은 조직이 경제적 성과를 중심으로 돌아가게 만드는 방법이었다.

그러던 2015년에 나는 우연히 한 동영상을 보게 되었다. 우리에게 동기부여를 해주는 것에 관한 다니엘 핑크Daniel Pink의 프레젠테이션을 바탕으로 만든 동영상이었다.[2] 동영상에서 핑크는 MIT에서 진행된 한 조사를 인용한다. 연구자들은 한 그룹의 학생들에게 다양한 정신적 퍼즐과 신체적 도전을 제시한다. 학생들의 수행 능력을 높이기 위해, 성과에 따라 세 단계의 상금이 제공됐다. 가장 기본적인 인지 능력을 측정하는 과제였지만, 인센티브로 더 많은 상금을 내걸어도 성과는 나아지지 않았다.

굉장히 당혹스러운 결과였다. 연구를 실시한 경제 전문가들은 실험을 되풀이하기로 결정했다. 어쩌면 그들이 제시한 상금이 MIT 학생들에게 동기부여를 해줄 만큼 매력적이지 않았는지도 모른다. 반면에 인도의 시골 지역에서는 같은 상금이 무려 두 달치 급여와 맞먹었다. 그런데도 결과는 마찬가지였다.

그간 많은 경제학자, 심리학자, 사회학자들이 같은 실험을 실시했으나 결과는 같았다. 과제가 더 복잡하고 창의적일수록 금전적인 인센티브는 더 큰 역효과를 냈다. 그 인센티브가 대개 우리의 집중력과 마음을 더 좁히기 때문이다. 마음을 넓히고 정해진 틀을 벗어나 생각할 때 더 좋은 성과를 보게 되는 것이다.[3]

동영상을 통해 다니엘 핑크의 말을 들으면서, 나는 너무 놀라 하마터면 의자에서 떨어질 뻔했다. 더 많은 연구도 뒷받침하는 이 같은 결과는 내가 배운 모든 것과 맞지 않았기 때문이다. 이는 그간 내가 일해 온 기업들이 신경 써서 만든 인센티브 제도들(그중 상당수는 나도 만드는 데 일조했지만)에 대한 근거를 무력화했다. 어떻게 이럴 수가 있지? 뛰어난 옛 자본주의 체제는 우리 인간이 돈에 의해 움직인다는 믿음을 토대로 한 게 아닌가?

그러나 시간이 지나면서 나는 이 새로운 개념을 거의 상식처럼 받아들였다. 가끔 이 개념을 테스트하기도 했다. 최근에 나는 한 최고경영자와 저녁 식사를 했다. 그에게 혹시 금전적인 인센티브가 성과를 올리는 데 도움이 된다고 생각하는지 물었다.

"물론 그렇죠!" 그가 큰 소리로 답했다.

그런 다음 금전적인 인센티브가 개인적으로 최선을 다해 일하는데 동기부여가 되었느냐고 물었다.

"물론 그렇지 않죠!"

금전적인 인센티브가 개인적으로 동기부여를 해주지 않는다면, 왜 다른 사람에게는 그럴 거라고 생각해야 한단 말인가? 나는 금전적인 인센티브가 다음과 같다고 믿는다.

- 시대에 뒤떨어졌다
- 잘못 이해되고 있다
- 잠재적으로 위험하며 유해하다
- 어떤 경우든 제대로 적용하기 힘들다

자, 이제 좀 더 자세히 설명하겠다.

금전적 인센티브는 다른 종류의 일을 위해 만들어진 것으로,
시대에 뒤떨어졌다

프레더릭 테일러는 '과학적 관리법scientific management'을 만들었다. 그는 일이란 지루하고 즐겁지 않은 '목적을 위한 수단'(2장 참조)이며, 그래서 노동자들에게 동기부여를 할 수 있는 유일한 방법은 돈뿐이라고 전제했다. 실제로 금전적인 인센티브는 집중력을 높이기 때문에 단순한 일을 빨리 처리하는 데 도움이 된다.

테일러의 이 같은 관점은 20세기 내내 인센티브 제도는 물론 보다 폭넓은 관리 관행에도 지대한 영향을 미쳤다. 또한 1960년대와

1970년대에 개발된 장기적인 전략적 계획 역시 이와 비슷한 세계관에 뿌리를 두고 있다. 그러니까 똑똑한 임원들이 전문 지식을 가진 직원들의 도움을 받아 만든 전략을 노동자가 실행하려면 당근과 채찍이 필요하다. 또한 임원들은 그 전략을 계획으로 바꾸고 이런저런 목표를 수립하며 금전적 인센티브를 제공하고, 통제 및 순응 시스템을 통해 노동자들이 목표를 얼마나 잘 수행하고 있는지 평가해야 한다.

그래서 기업은 직원들에게 동기부여를 하기 위해 인센티브, 보너스, 수수료, 기타 금전적 보상으로 이루어진 보상 시스템을 만들었다. 그러나 문제는 일의 성격이 변했다는 것이다.

금전적 인센티브는 참여보다
순응을 중시하기 때문에 잘못 이해되고 있다

보상 전략은 반복적인 일과 연결되면 동기부여도 되고 생산 속도를 높이지만, 심각한 한계도 있다. 당근과 채찍 전략 역시 영구적으로는 고사하고 장기적으로도 인간의 행동을 변화시키는 데 별 도움이 되지 않는다. 보상과 처벌 전략은 심리학자들이 이른바 '외적 동기부여책'이라고 일컫는 전략이다. 체중을 줄이건 담배를 끊건 일하는 방식을 바꾸건, 어떤 노력이건 근본적으로 어떤 행동을 하게 만들거나 바꾸지 못한다.

일을 하게 만들고 전념하게 하는 것은 내부에서 타오르는 불길에서 비롯되며, 당근과 채찍 전략으로는 그런 불길을 만들지 못한다. 사실 당근과 채찍 전략은 아예 불길을 꺼트린다.[4]

금전적인 인센티브는 위험하고 유해할 수 있다

내가 EDS 프랑스의 사장으로 있을 때, 그 회사는 프랑스의 대형 식료품 체인점의 자회사와 계약을 체결했다. 그러나 불행히도 인수 팀은 계약 체결 시 해결해야 할 문제를 과소평가했고, 계약 이행과 관련된 회사의 능력을 과대평가했다. 우리는 어렵사리 계약을 마무리했지만, 수익은커녕 적자를 냈다. 사업의 특성상 초기에 내린 재무 예측이 실현 불가능하다는 것을 깨닫는 데는 몇 년이 걸린다.

지금 와서 돌이켜보면, 당시 문제가 된 것은 EDS 프랑스의 인센티브 제도였던 것 같다. 판매팀은 계약이 성사되면 그들이 관여한 계약의 견적 가치에 따라 높은 수수료를 받게 되어 있었다. 그 결과 그들은 계약을 성사시키기 위해 비현실적인 약속과 예측을 남발했다.

인센티브는 이런 식으로 유해할 수도 있다. 사람들에게 성과에 따라 인센티브를 지급하겠다고 말해 보라. 그러면 그들은 다른 사람들에게 도움을 청하기를 꺼릴 것이다. 또한 도전을 갖가지 문제를 배우고 성장할 기회로 삼기보다는 두렵게 여기며, 실수나 단점을 감추게 된다. 최악의 경우 인센티브가 노골적인 부정행위를 조장할 수도 있다.

게다가 사리사욕과 도덕적 동기에 동시에 호소하는 것은 실패하는 경우가 많다. 인센티브가 사리사욕에 따라 행동하라는 신호를 보내 애덤 스미스가 말하는 이른바 '도덕 감정moral sentiments'**5**을 약화시키기 때문이다.

금전적인 인센티브는 제대로 만들기 어렵다

많은 기업과 리더들이 완벽한 인센티브 제도를 만들기 위해 지나치게 많은 시간과 자원을 소모한다. 물론 나 역시 지난 30여 년간 수차례 그렇게 했다. 처음에는 경영 컨설턴트로, 다음에는 다양한 산업 분야에서 여러 기업들의 최고경영자로 또는 이사회 임원으로 그랬다.

그러나 제아무리 정교하고 탄력성 있는 인센티브 제도라도 환경이 바뀌면 소용없다. 개인 소유 기업인 칼슨에 있을 때, 나는 인사팀과 함께 많은 노력 끝에 공개 상장 기업들의 인센티브 제도와 비슷한 제도를 만들었다. 우리의 인센티브 계획은 2008년에 시행됐다. 그러나 아주 신중하게 만든 그 계획은 몇 달 후 불경기가 시작되면서 무용지물이 됐다.

'계획 기간planning horizon'과 관련된 문제도 있다. 항공기 제조업체, 에너지 기업, 제약회사처럼 장기적인 사이클에 따라 움직이는 기업은 경영 기간과 결과가 나타나는 시기가 일치하지 않는 현상이 생긴다. 또한 인센티브는 연간 1회의 실적 또는 기껏해야 연간 3회의 실적을 토대로 제공되는데, 이 실적은 대개 5년 전이나 10년 전 또는 심지어 15년 전에 내려진 결정들을 반영한다.

인센티브가 하는 일

이 모든 사실에도 불구하고, 인센티브가 조직원들에게 동기부여를 해주고 뭔가에 참여하게 만든다고 믿지 않는 한, 그래도 인센티브는 유용하다. 예를 들어 기업의 성과에 따라 지급되는 보너스는 재정 상태가 좋은 시기에 그 성과를 주주뿐 아니라 직원들과 공유할 수 있는 유용한 수단이다. 또한 인센티브는 가장 중요한 것이 무언지 알려주는 수단이기도 하다. EDS 프랑스에 있을 때 나는 그때까지 오로지 재정 실적만을 토대로 지급되던 보너스 제도를 바꿨다. 내가 '사람 → 사업 → 재정' 방식을 말할 때는 그 순서 그대로 중요시한다는 것을 분명히 하고 싶었던 것이다. 새로운 보너스 제도에서는 다음과 같은 3가지 요소에 따라 보너스를 책정했다(이 3가지 요소에는 같은 비중을 두었다).

1. '사람' 요소(이직률, 참여도 성과 평가가 정기적으로 행해지는가)
2. '사업' 요소(고객 만족도, 고객 이탈률 등을 얼마나 잘 관리하는가)
3. '재정' 요소(기업의 실적을 토대로 하는가)

"정말 이렇게 하고 싶은 게 맞습니까?" EDS의 유럽, 중동, 아프리카 지역 사업을 이끌었던 데이비드 소프David Thorpe가 내게 물었다. 그는 재정 성과가 안 좋을 때도 보너스를 지불하는 것을 우려했다. 나는 걱정하지 않는다고 말했다. 사람과 사업에 잘하면, 재정 실적은 절로 좋아질 테니까. 인센티브 제도에 새로운 요소를 도입하면, 사람 및 사업 요소들이 분명 더 많은 관심을 받게 되고, 결국 새로운 인센티브 제도는 효과적일 것이다.

2012년 내가 베스트 바이에 합류했을 때, 회사의 최고위층은 심하게 고립되어 있었다. 모든 사람이 자기 부서보다는 회사 전체에 관심을 갖게 할 필요가 있었고, 이를 위해 보너스 제도를 바꿨다. 이 제는 모든 경영진이 베스트 바이가 전체적으로 어떤 성과를 내는가에 따라 동일한 보너스를 받는다. 훗날 리뉴 블루 기업 회생 계획(7장 참조) 기간에도 인센티브는 모든 사람에게 회사의 최우선 과제를 일깨우는 방향으로 계산됐다. 최우선 과제란 매출을 늘리고, 전자상거래를 활성화하고, 고객 만족도를 높이고, 비용을 줄이는 것이다.

누구도 보너스를 받자고 아침에 서둘러 침대에서 나오지 않을 것이고, 회사로 차를 몰고 가면서 어떻게 하면 보너스를 최대한 많이 받을지 고민하지도 않을 거라고 우리는 믿는다. 그렇다. 베스트 바이 역시 과거에도 그랬고 지금도 인센티브 제도를 운용한다. 그러나 그것은 동기부여를 하기 위해서가 아니다. 성과의 혜택을 널리 알리고 서로 나눠 갖기 위해서다.

* * *

만일 인센티브가 동기를 부여해 사람들이 더 노력하게 만들지 않는다면, 대체 무엇이 그런 일을 해줄 수 있을까? 대체 무엇이 2부에서 언급한 휴먼 매직을 발산하게 하여, 목적의식이 뚜렷한 조직에 힘을 보탤 수 있을까?

휴먼 매직은 근본적인 관점의 변화에서, 그러니까 사람을 자원보다는 원천으로 보는 관점의 변화에서 생겨난다. 또한 직원은 일개 '자산'이 아닌 공동의 목적을 추구하기 위해 함께 노력하는 '개인'으로 취급되어야 한다. 각 직원은 순전히 돈에 의해 움직이는 인적 자본이 아니라 나름대로의 동기와 목적의식을 가진 개인이기 때문이다. 이제는 사람들을 집단으로 움직이게 하려고 노력하는 데서 벗어나야 할 때이며, 대신 중요한 것을 각 개인에게 연결함으로써 사람들에게 힘을 불어넣으려 노력해야 할 때다. 휴먼 매직을 발산한다는 것은 곧 개인이 번영하는 환경을 조성한다는 의미다. 사람은 자신에게 중요한 일이나 자신이 믿는 일을 할 때, 그 일에 자신의 에너지와 창의력과 감정을 쏟아부으며 장애물을 뚫고 나갈 수 있기 때문이다.

베스트 바이와 직원들은 이 같은 관점의 변화가 현실적으로 무얼 의미하는지 내게 많은 것을 가르쳐주었다. 나는 그런 환경을 조성하는 데 필요한 방법이 다음과 같은 5가지 요소로 이루어진다고 믿는다.

- 개인적인 의미 탐구를 회사의 숭고한 목적에 연결
- 진정성 있는 인간관계 개발
- 자율성 조성
- 장악력 증대
- 성장 환경 조성

- 당신은 금전적인 인센티브가 사람들에게 동기를 부여하여 더 좋은 성과를 올리게 된다고 믿는가?
- 당신의 회사에서는 인센티브를 어떻게 활용하는가? 인센티브에는 어떤 우선순위가 반영되는가?
- 당신을 움직이는 원동력은 무엇인가?

첫 번째 요소: 꿈과 꿈을 연결하기

면접관1 네가 춤을 출 때 어떤 기분이니?
빌리 잘 모르겠어요. 그냥 기분이 좋아요. …
그리고 뭔가 사라져요. 내 몸 전체가 변하는 기분이에요. …
난 새처럼 날아요. 전기처럼요. 그래요, 전기처럼.

영화 《빌리 엘리어트》

"당신의 꿈은 뭔가요?"

보스턴 남부 도체스터에 있는 사우스베이의 베스트 바이 매장 매니저 제이슨 루치아노가 팀원 한 사람 한 사람에게 이런 질문을 던졌다. 그러고는 모든 직원의 대답을 휴게실 화이트보드에 쓰여 있는 각 직원의 이름 옆에 적었다. 직원들의 대답을 적은 뒤 제이슨은 늘 이렇게 말하곤 했다. "당신의 그 꿈을 이룰 수 있게 함께 노력합시다."

나는 2016년 '빌딩 더 뉴 블루' 성장 전략에 착수할 무렵, 사우스베이 매장을 방문했다. 내가 방문한다는 건 아무도 몰랐다. 그런 식의 즉흥적인 매장 방문은 내가 일선 직원들과 지속적으로 연결되고 베스트 바이 매장에서 어떤 일이 일어나고 있는지 아는 데 도움이 됐다. 2019년까지 베스트 바이의 유통 부문을 멋지게 이끈 샤리 밸러드Shari Ballard 사장은 몇 해 전 예리한 지적을 했다. "베스트 바이 같은 기업은 사무실에서 스프레드시트나 들여다봐서는 제대로 이끌 수 없습니다."

나는 그곳을 방문하기 전에 이미 사우스베이 매장이 뛰어난 성과를 올리고 있다는 걸 알고 있었다. 나는 다른 매장이 사우스베이 매장에서 배울 만한 점이 무엇인지 알고 싶었다. 알고 보니 그 매장이 인상적인 성공을 거둔 주된 이유는 "당신의 꿈은 뭔가요?"라는 제이슨의 간단한 질문과, 각 직원의 대답을 듣고 그가 한 행동이었다(제이슨은 그 지역에서 이런 방식을 도입한 다른 현지 매니저로부터 아이디어를 얻었다). 각 팀원을 움직이는 원동력이 무엇인지 알아냄으로써, 제이슨은 그들을 진정으로 서로 연결되게 만들었다. 그러나 그의 진정한 천재성은 각 직원의 꿈을 회사의 목적에 연결하는 법을 찾아낸 데 있었다.

제이슨은 한 판매 직원의 꿈이 자기 아파트로 이사를 가는 것이라고 이야기했다. 근본적으로 그 여직원을 움직인 원동력은 독립하는 것이었다. 그녀가 계속 휴대폰 부서에서 시간제로 근무했다면, 아마 자기 집을 사기는 힘들었을 것이다. 두 사람은 함께 그녀가 관리직 직원이 되는 계획을 짰다. 그러려면 무엇이 필요할까? 그 자리로 승진을 하려면 어떤 기술을 개발해야 할까? 그는 그녀를 어떻게 도울 수 있을까?

매니저와 팀원들의 도움 덕에 그 젊은 여직원은 자신감을 갖고 성장했고, 자기 팀의 성과를 높이는 데 일조했으며, 동료 직원들에게 많은 영향을 주는 사람이 되었다. 그녀는 전산 부서 책임자 자리가 공석이 됐을 때 그 자리에 앉았고, 결국 자기 아파트를 갖게 되어 꿈을 이루었다.

각 팀원의 꿈을 이루는 데 도움을 주려는 매장 매니저의 헌신은 가까이서 직접 본 사람들조차 믿지 못할 만큼 대단했다. 그 결과 팀원들에게 필요한 기술은 물론 에너지를 제공해 매장 전체의 실적을 높이는 데 기여했다. 이렇듯 매장 매니저들은 직원들에게 이 모든 것이 꿈을 이루는 것과 어떤 관계가 있는지 알려주었고(각 직원의 꿈이 무엇이든), 기술로 고객의 삶을 풍요롭게 해줌으로써 직원들 자신의 삶 또한 풍요로워질 수 있었다. 동시에 회사의 목적과 인간관계가 사업의 중심이라는 것도 이해하게 됐다. 매장 매니저와 모든 팀원들, 매장 직원들과 동료, 고객, 공급업체, 지역사회, 주주 간의 인간관계 말이다.

회사의 목적에 동참하는 것은 아침에 침대에서 뛰어나오게 만드는 힘이 되므로, 직원들의 참여에 꼭 필요한 한 가지 요소다. 그래서 모든 팀원의 개인적 목적과 회사의 목적을 연결 짓는 것은, 고위층 임원에서 매장 매니저에 이르는 모든 리더들의 가장 중요한 한 가지 역할이기도 하다. 이것은 2000년에 개봉한 영화《빌리 엘리어트Billy Elliot》에서, 광부의 아들로 나온 빌리 엘리어트가 춤 출 때 기분이 어떠냐는 질문에 답하면서 언급한 '전기'와 비슷하다. 만일 당신이 나처럼 데이터와 분석 교육을 받았다면, 아마 '전기' 같은 표현이 말랑하다는 느낌을 받았을지도 모른다. 내가 사회 초년생이었다면 나도 동의했을 것이다. 그러나 베스트 바이에서 내가 목격한 것, 그리고 믿기지 않는 기적 같은 일을 만들어 낸 것은 바로 그런 연결이었다. 개인의 목적을 회사의 목적에 연결함으로써, 한 기업과 그 안에서 생활하는 사람들 사이에 지속적인 심리적 유대감과 충성심이 생겨나고, 사람들이 '애정하는 브랜드'가 생겨나는 것이다.

인간애는 개인적 목적과 집단적 목적을 하나로 묶어준다. 대부분의 사람들은 남을 위해 선한 일을 하고 싶어 한다. 한 기업이 선한 일을 하고 사람들을 도우려 애쓰면, 개인적 원동력과 기업의 숭고한 목적을 연결 짓는 일은 쉬워진다.

점점 더 많은 사업가들이 이런 사실에 동조하고 있다. 그런데 그런 연결은 실제로 어떻게 실현될까? 우리는 그런 연결을 어떻게 촉진할 수 있을까?

베스트 바이에서 그런 연결은 오늘날까지도 계속 되풀이되고 있으며, 그 결과 다음과 같은 일들이 수반된다.

- '사람이 먼저다'라는 철학을 분명히 천명하기
- 주변 사람을 움직이는 원동력이 무엇인지 탐구하기
- 중요한 순간들 포착하기
- 이야기를 공유하고 역할 모델링을 권장하기
- 의미 있고 인간적이며 진정성 있게 회사의 목적을 만들기
- 의미를 널리 전파하기

'사람이 먼저다'라는 철학을 분명히 천명하기

나를 베스트 바이의 최고경영자로 지명한다는 발표가 나온 2012년 8월 20일 월요일, 나는 베스트 바이 본사에 모인 500여 명의 회사 임원들 앞에서 연설을 했다. 물론 나는 그 자리에서 베스트 바이와 함께하게 되어 너무 기쁘다고 말했으며, 사업에 대한 견해와 다 함께 회사를 회생시킬 수 있다는 내 확신을 그들에게 전했다. 또한 사람, 사업, 재정(이 순서 그대로)에 대한 내 경영 철학도 설명했고, 수익은 목표가 아니라 필연적인 결과라는 견해도 밝혔다. 나는 기업의 목적이 돈을 버는 데 있는 게 아니라 사람들의 삶에 긍정적으로 기여하는 데 있다는 내 믿음도 털어놓았다.

이런 관점은 일찍 그리고 자주 표명하는 게 중요하다. 그래야 그 관점이 조직 전체에 뿌리를 내리고 자라나며, 모든 사람이 번영할 수 있는 비옥한 토양이 조성된다.

샤리 밸러드 사장은 12만 5,000명에 이르는 베스트 바이의 직원들에게 모든 사람이 중요하다는 말을 자주 했다. 그녀는 단호한 어조로 반복해서 회사 규모가 중요하지 않다고 강조했다. 우리는 한 번에 하나씩 사람들의 삶을 건드리기 때문이다. 그녀는 매장 매니저와 판매 직원들에게, 가족과 친구를 대하듯 고객을 대하라고 말하곤 했다. 당신의 엄마와 아빠가 새 TV를 고르고 있다면 어떻게 돕겠는가? 또는 당신의 여동생이 새 TV를 고르고 있다면? 샤리는 이렇게 말했다. "나는 먼저 회사를 사랑하게 됐고, 지금도 사랑하고 있습니다. 회사는 근본적으로 완전히 인간적인 조직이기 때문입니다. 우리는 사람들의 삶에 중요한 임무를 지지해 다른 사람들을 도우려고 함께 노력하는 사람들입니다."

우리는 지난 몇 년간 모든 중요한 미팅에서 개인들과 그들의 여정이야말로 기업의 핵심이라는 것을 강조했다. 모든 모임의 중심에는 그 같은 개인의 목적과 '기술로 고객의 삶을 풍요롭게 만든다.'라는 베스트 바이의 임무가 놓여 있는 것이다. 예를 들어 2019년도 홀리데이 리더십 미팅의 주제는 '내가 곧 베스트 바이다I am Best Buy'였다. 이때 모든 개인의 이야기가 회사의 구조에 어떻게 도움이 되는지를 집중적으로 다루었다.

첫 번째 타운홀 미팅 이후 거의 8년이 지난 2020년 3월, 나는 베스트 바이의 회장직에서 물러날 거라고 발표했다. 발표 직후에 나는 캘리포니아에 사는 가정방문 상담사 아니Amie로부터 문자 메시지를 받았다. 그는 내가 베스트 바이에 있었던 여러 해 동안 '당신 자신이 되어라', '다른 사람들에게 도움을 주어라', '당신의 목적을 찾는 일의 가치를 알아라'라는 말로 사람들에게 동기부여를 해준 것에 고마움을 표했다. 그는 그것이 일뿐 아니라 삶 전반에 걸쳐 자신에게 도움이 됐다고 말했다. 그가 쓴 감사의 글은 내게 아주 깊은 감동을 주었다. 덕분에 나는 이런 믿음을 분명히 밝히면 내가 아는 것보다 더 사람들을 감동시킨다는 사실도 알게 됐다.

주변 사람을 움직이는 원동력이 무엇인지 탐구하기

우리는 보스턴의 사우스베이에 있는 베스트 바이 매장에서 이 말이 어떻게 작동되는지 보았다. 그러나 나는 그간 다른 사례도 경험했다. 예를 들어 임원진 워크숍에서 우리는 성격 형성기에 겪은 일들을 나누었고, 우리에게 동기부여를 하여 서로 연결되게 해주는 것, 우리와 회사 임무 간의 관계를 더 깊이 이해하게 해주는 것에 대해서도 의견을 나누었다. 칼슨의 최고경영자를 뽑을 때 매릴린 칼슨 넬슨Marilyn Carlson Nelson이 나에게 했던 질문도 기억한다. "당신의 영혼에 대해 말해주세요." 그녀는 내게 동기부여를 해주는 게 무엇인지, 그것이 회사의 목적과 가치에 맞는지 등을 알고 싶어 했다. 나는 로욜라 훈련에서 배운 것, 내 영적 삶의 중요성, 그간 내가 변화한 방식, 기업의 수익과 목적에 대한 내 관점을 얘기했다. 우리는 파리에서 미니애폴리스까지 9시간이나 비행을 했고, 그 덕에 이런 문제를 파고들 시간이 충분했다.

수십 년간 '인색한 사업mean business'을 지배적인 기업 신조로 삼아왔으니, 이제 사업의 '의미meaning'를 중시할 때도 됐다. 사업의 의미는 모든 개인의 목적의식에서 시작하며, 그것이 회사의 목적과 잘 맞는지, 어떻게 맞는지에서 비롯된다.

중요한 순간들 포착하기

내가 베스트 바이의 최고경영자로 있는 동안, 허리케인 마리아가 미국의 자치령 푸에르토리코를 초토화한 일이 일어났다. 이때만큼 의미 있고 강렬한 인상으로 남은 순간은 없었다.

미국 본토에서는 처음에 피해 정도를 헤아리기 힘들었다. 폭풍우로 섬의 전기가 나갔고 통신 인프라는 엉망이 됐다. 집들은 산산조각 나거나 물에 잠겨 수리도 할 수 없는 상태였다. 도로는 통행이 불가능했다. 병원도 이용할 수 없었고, 사람들도 다 대피한 상태였다. 폭풍우가 휩쓸고 간 다음 날 아침, 플로리다에서 활동하는 지역 매니저로서 푸에르토리코 담당자인 다비안 알타미란다는 이런 상황을 전혀 알지 못했다. 그는 예정대로 오전 9시에 푸에르토리코의 베스트 바이 매장 세 곳의 매니저들과 전화회의를 하기 위해 전화를 걸었다. 매니저들은 이 전화를 절대 놓치는 법이 없었다. 그런데 아무도 전화를 받지 않았고, 다비안은 무슨 일인지 걱정이 되기 시작했다. 푸에르토리코에는 각 매장과 물류 센터에 총 300명 정도의 직원이 있었는데, 처음에는 어떤 직원의 위치도 확인할 수 없었다. 모두들 어디에 있는 걸까? 안전한 걸까?

우리 팀은 바로 행동에 돌입했다. 첫째, 모든 직원이 안전하다는 것을 확인하기 위해 일일이 연락을 취할 방법을 찾아야 했다. 직원들에게 동료 직원들을 찾아봐 달라고 하거나, 모든 직원이 안전한지 우리가 알고 싶어 한다는 소문을 지역사회에 퍼뜨리기도 했다. 그렇게 조금씩 모든 직원의 상황을 알 수 있게 되었다. 그렇다고 모든 직원이 무사하다는 뜻은 아니었다. 일부 직원은 집과 가재도구를 몽땅 잃었고, 먹고 살 음식과 깨끗한 물도 충분치 않았다. 한 직원은 임신 7개월에 1형 당뇨까지 앓고 있었는데, 전기가 나간 바람에 약을 냉장 보관할 수 없었다. 우리는 TV를 통해 많은 구호물자가 섬으로 가고 있다는 사실을 알 수 있었다. 하지만 푸에르토리코에 있는 우리 직원들 말로는 구호물자를 코빼기도 볼 수 없다고 했다. 다들 절망하고 있었다.

다비안 알타미란다는 남동부 지역 총괄 담당자인 베스트 바이의 부사장 앰버 케일즈에게 전화해 이렇게 말했다. "뭔가 조치를 취해야겠습니다."

"어떻게 하면 좋겠어요?" 앰버가 되물었다. 항구는 아직 폐쇄되어 있었다.

"화물 수송기가 필요합니다." 다비안이 대답했다.

"알았어요." 잠시도 망설이지 않고 앰버가 말했다. "우리가 할 수 있는 게 뭔지 봅시다."

앰버는 바로 움직이기 시작했다. "개인 전용기를 빌리려면 어떻게 해야 하나요?" 그녀는 자신의 상사에게 물었다. "제 신용카드로 계산할까요?"

며칠 후, 다비안과 그의 팀은 개인 전용기에 첫 번째 긴급 보급품을 싣고 푸에르토리코에 도착했다. 200명이 넘는 베스트 바이 직원들이 대부분 블루 셔츠를 걸치고 그들을 맞기 위해 산후안의 베스트 바이 매장에서 기다리고 있었다. 감정이 북받친 다비안이 매장 내 임시 연단에 서서, 직원들을 향해 자신들은 잠시도 그들을 잊은 적이 없다고 말했다.

긴급 보급품을 마련할 비용으로 모든 직원에게 200달러씩 지급됐다. 우리는 폭풍우가 지나간 뒤 4주 동안, 매장이 폐쇄된 상태에서도 푸에르토리코 직원들에게 계속 급여를 지급했다. 또한 급여와 별도로 지금 당장 금전적 어려움을 극복할 수 있도록 1,000달러를 선불 지급했다. 섬의 재건을 돕기 위해 지역사회에서 자원 봉사를 하는 직원들에게도 계속 급여를 지급했다. 비행기는 섬을 떠나기로 결정한 직원들과 가족 등 70여 명을 태우고 미국 본토로 되돌아왔다. 우리는 그들에게 플로리다 주의 베스트 바이 매장의 새로운 일자리를 마련해주었다.

비행기는 기저귀와 물, 식품을 가득 싣고 총 14번 푸에르토리코로 날아갔으며, 일곱 차례 직원들(당뇨병을 앓는 임산부를 포함해)을 미국 본토로 실어날랐다. 오랜 시간 우리는 직원들이 다시 제자리로 되돌아오도록 힘을 보탰다. 훗날 그들도 베스트 바이가 다시 일어서는 데 힘을 보탰다.

허리케인 마리아가 휩쓸고 지나간 지 3개월 뒤, 100여 명의 쇼핑객들이 새로 수리한 산후안 베스트 바이 매장 앞에 줄을 섰다. 밴드가 개관식을 축하하기 위해 경쾌한 곡을 연주했다. 우리 직원들은 가장 먼저 문을 열고 매장 안에 들어선 고객들을 뜨거운 박수로 환영했다. 다른 상황에서라면 이런 식의 매장 개관은 실패의 징조였을 수도 있다. 1년 중 가장 규모가 큰 블랙프라이데이 시즌을 놓쳤기 때문이다.

그러나 나는 이보다 더 행복할 수 없었다. 허리케인 마리아가 휩쓸고 지나간 지 겨우 3개월 만에 영업을 재개한 것은 놀라운 탄력성과 목적의 힘을 보여준 사례였기 때문이다. 1년도 채 안 돼 푸에르토리코의 세 군데 매장 전부와 물류 센터가 다시 문을 열었다. 놀랍게도 각 매장의 전년 대비 매출은 10%에서 15%나 뛰어올랐다.

이처럼 경영 성과도 놀라웠지만, 내 생각에 우리가 거둔 가장 큰 성과는 우리 회사 직원들이 서로 도와 하룻밤 새에 모든 걸 잃어버린 트라우마를 극복했다는 것이다. 우리 팀이 푸에르토리코에서 해낸 일은 내가 베스트 바이의 최고경영자로 보낸 기간을 통틀어 가장 자랑스런 일에 속한다. 당시 내가 한 일이 거의 없기 때문에 특히 더 그렇다. 그 일은 그야말로 사람들이 함께 해낸 일이었다. 당시 부사장 앰버 케일즈는 이런 말을 했다. "우리가 다 한 가족이라고 말할 때 그건 진심입니다. 여러분이 이 블루 셔츠를 입고 있다면, 우리는 당신을 도울 것입니다. 방법은 중요치 않습니다." 다비안 알타미란다에게, 사람들이 원할 때 도움의 손길을 내미는 것은 바로 베스트 바이의 정신이었다.

당시 상황을 되짚어보면 그 효과는 더 증폭된다. 그 후에 열린 홀리데이 리더십 미팅에서, 푸에르토리코에 살고 있던 직원들과 구호 작업을 주관한 본토 사람들의 시각에서 그 시련기를 포착한 동영상을 보여주었다. 우리가 누구인지, 어떤 조직이 되려고 하는지 그 진수를 보여주고 싶었던 것이다. 우리가 베스트 바이의 일원으로 행한 일을 담은 그 이야기는 모두에게 도움이 되고자 하는 우리 목적의 결정체였다. 우리는 늘 사람이 최우선이라고 말해 왔다. 푸에르토리코 이야기는 그것이 말뿐이 아니란 것을 보여주었다. 우리 회사 사람들은 우리의 목적이 실제 행동으로 이어진 것을 보았다. 그것은 이후 우리가 믿고 의지할 수 있는 든든한 토대가 되었다.

이야기를 공유하고 역할 모델링을 권장하기

우리의 뇌는 이야기를 통해 서로 연결된다. 이야기는 서로 경험과 인간애를 공유한다는 느낌을 갖게 해준다. 우리는 태어날 때부터 이야기에서 의미와 영감을 찾는다. 매일매일 직원, 고객, 지역사회에 대한 이야기와, 이들이 서로의 삶에 어떤 영향을 주는지 이야기하다 보면, 우리가 일하는 곳의 목적은 물론 함께 일하는 사람들과의 연결감도 강화된다.

어떤 회사든 이런 일을 쉽게 할 수 있는 방법을 갖고 있다. 베스트 바이는 회사 블로그를 통해 이야기를 모아 공개한다. 망가진 장난감 공룡(3장 참조)을 수술하는 블루 셔츠 직원들의 이야기, 집이 없는 참전 군인을 돕는 직원들의 이야기, 캘리포니아 산불로 곤궁에 빠진 가족들의 이야기, 아버지와 아들이 나란히 블루 셔츠를 입고 있는 이야기 등이 그 좋은 예다. 목적과 실천을 연결해주는 또 다른 예들이다.

내가 알기로는 역할 모델링도 도움이 된다. 의미 있는 일을 경험한 사례를 나누고 그 경험이 회사의 목적과 연결된다는 것을 분명히 밝히면, 한 조직 내에서 의미를 공유한다는 느낌이 더 강화된다.[1] 이럴 때 사람들이 자신의 목적을 알아낼 수 있는 환경이 조성될 뿐 아니라 이것이 중요한 일이라는 것도 알게 된다. 이 역할 모델링은 베스트 바이의 '빌딩 더 뉴 블루' 성장 전략에 워낙 깊이 뿌리내려, 지금까지도 모든 미팅은 이 역할 모델링으로 시작된다. 사람들이 자신의 개인적 변화를 들려주면서, 그 변화가 자신에게 왜 중요하고 회사의 목적과 어떻게 연결되는지 털어놓는 것이다.

베스트 바이의 여러 모임에서는 사람들이 무대에 올라, 또는 스크린을 통해 목적에 대한 이야기를 들려준다. 2019년도 홀리데이 미팅에서 한 임원은 그가 18살 때 '심경의 변화를 일으킨' 매장 관리자 이야기를 시작으로, 24년간 베스트 바이에서 일하며 맺은 인간관계가 어떻게 그리고 왜 그 자신에게 뚜렷한 목적의식을 심어주었는지 설명했다. 한 청각 장애 고객은 우리가 수화를 할 줄 아는 매장 직원을 채용한 것에 영상으로 고마움을 표하기도 했다. 한 장애 여성의 집에 음성 인식 전등 스위치와 도어락을 설치하여 그 여성의 삶을 바꿔 놓은 가정방문 상담사의 이야기도 있었다.

어쩌면 기업 홍보처럼 들릴 수도 있겠다. 그러나 이런 이야기들은 베스트 바이의 모든 사람이 회사의 목적과 그 목적에 어떻게 기여하는지, 그것이 사람들의 삶에 어떤 변화를 주는지 계속 생각하게 한다. 사람들의 참여를 이끌어 내려면 목적과 계속 연결하는 일이 꼭 필요하다.

의미 있고 진정성 있게
회사의 목적 만들기

미네소타 주에 있는 의료 장비 회사 메드트로닉은 의미 있고 진정성 있게 회사의 목적을 만든 대표적인 사례로 꼽힌다. 내 친구이자 이웃이며 《당신의 진북을 발견하라》의 저자이기도 한 빌 조지가 여러 해 메드트로닉을 이끌었다.[2] 1960년에 작성된 메드트로닉의 목적은 생체의학 공학으로 사람들의 고통을 덜어주고 건강을 회복시키며 삶을 확장함으로써 사람들의 삶을 변화시키는 데 초점을 맞추었다. 메드트로닉의 직원들이 이 목적을 잃는다면, 그들은 누워 있던 인간의 몸이 바로 서는 회사의 로고만 보고 회사를 다녀야 할 것이다.

의미 있고 진정성 있는 목적을 만드는 건 비단 사람의 생명을 구하는 분야에 속한 기업들에 국한된 이야기가 아니다. 여기서 '의미 있다'는 건 '직원들에게 중요한 방식으로 사람들의 삶에 변화를 주는' 정도의 의미다. '진정성이 있다'는 건 '신뢰성 있는', 즉 '회사가 추구하는 바에 맞고 또한 회사 DNA의 핵심에도 부합되는' 정도의 의미다. 예를 들어 내가 칼슨 왜건릿 트래블에 있을 때, 우리는 다양한 방식의 교통수단이 미치는 영향을 비교함으로써 우리의 고객들이 탄소 발자국을 줄이는 데 도움을 주었다. 이것은 의미 있는 일이었지만, 궁극적으로는 우리의 사업과 상충하는 면이 있어서 진정성은 약화됐다. 탄소 발자국을 적절히 줄이자면 여행을 과감히 줄여야 하는데, 그럴 경우 회사가 살아남기 힘들어질 것이기 때문이다.

6장에서 살펴보았듯, 베스트 바이가 기업 회생에 성공한 것은 회사의 목적(인간에게 가장 필요한 것을 해결함으로써 기술로 삶을 풍요롭게 만드는)을 세우고 그 목적을 회사 전체가 매일 실천에 옮긴 것과 깊은 관련이 있었다. 베스트 바이의 기업 목적은 파워포인트 슬라이드에나 나오는 기발한 공식 같은 걸 꿈꾸는 커뮤니케이션 컨설턴트들의 머리에서 나온 게 아니었다. 앞서도 언급했지만, 최선의 순간에 우리가 누구인지 관찰함으로써 생겨난 것이다. 그래서 우리의 목적은 진실되고 뿌리 깊은 진정성이 있다.

또한 나는 '더 나은 삶을 꿈꾸며'라는 랄프 로렌의 목적이 어떻게 진정성의 모범 사례가 될 수 있는지 감탄하지 않을 수 없었다. 랄프에 대한 느낌은 내가 콜로라도 주로 그와 그의 아내 리키를 방문하면서 더 깊어졌다. 나는 이미 랄프의 목적이 자신의 인생 스토리에 얼마나 깊게 뿌리내리고 있는지 잘 알고 있었다. 벨라루스에서 온 유대계 이민자의 아들로 미국 뉴욕 주 브롱크스에서 자란 랄프는 옷을 디자인할 때 궁극적인 아메리칸드림에 대한 자신의 비전을 반영했다. 폴로Polo 제품군에서부터 전형적인 미국 카우보이 의류에 이르는 다양한 옷을 디자인한 것이다. 가난한 이민자 집안에서 태어난 소년이 자신의 삶을 변화시키며 놀라운 성공을 거둔 전형적인 아메리칸드림이다. 콜로라도에 있는 그의 자택에 머물면서 그 진정성은 더 확실해졌다. 그의 시골 목장은 인간 랄프 로렌의 연장 그 자체다. 목장은 푸근하고 따뜻하며, 몬태나의 낡은 헛간에서 가져온 널빤지에서부터 아메리카 원주민 화가들이 직접 그림을 그려 넣은 원뿔형 천막에 이르기까지, 무엇 하나 가식적이거나 억지스럽지 않았다. '더 나은 삶을 꿈꾸며'라는 그의 목적은 결코 공허한 슬로건이 아닌 것이다. 그 모든 것이 랄프 로렌이 어떤 사람인지 또 무엇을 믿고 있는지 잘 보여주며, 그의 회사에서 일하는 모든 사람이 그것을 알고, 느끼고, 그것에 영감을 받고 있다.

당신의 고객이 기업이라면 당신의 목적과 연결되는 면을 찾는 것도 다르지 않다. 결국 기업도 사람들의 삶에 영향을 준다. 내가 EDS 프랑스에 있을 때, 우리 고객은 전부 기업이었다. 그러나 기업도 결국은 개인을 위해 일한다. 우리가 전 세계의 수백만 축구 팬들이 시청할 월드컵 방송의 IT 장치들을 다뤘을 때, 이 사실이 모든 사람에게 아주 분명해졌다. 그 프로젝트는 팀뿐 아니라 조직 전체에도 활력을 불어넣었다.

의미를 널리 전파하기

마지막으로, 회사 운영 전반에 걸쳐 회사의 정책에 뿌리내린 의미는 개인과 개인에게 중요한 것을 회사의 목적에 연결시키는 데 도움을 준다. 그런 일은 예기치 않은 장소에서도 일어날 수 있다. 베스트 바이는 2019년에 회사의 윤리 강령에 의미를 추가했다. 대개 기업의 윤리 강령은 직원을 해고할 수 있는 경우를 상세히 열거한 규칙으로, 법조인들이 작성한다. 이 규칙은 직원들이 해서는 안 될 일을 열거하는 등 자기방어적이다.

나는 2018년에 베스트 바이의 윤리 강령에 활력을 불어넣기 위해 회사 관계자들과 긴밀히 협력했다. 난해한 법률 용어들로 쓰인 일방적이고 엄격한 원칙 대신, 각자가 매일 모든 결정을 내리는 데 최선을 다할 수 있게 해줄 상호적인 윤리 강령을 만들었다.

새로운 윤리 강령은 회사의 믿음, 목적, 행동 지침, 가치로 시작된다. 어려운 상황에서 우리가 올바른 방향으로 나아갈 수 있게 도움을 줄 나침반이나 다름없다. 이 윤리 강령은 긍정적이고 간단하게 작성된 지침들에 집중되어 있으며, 주로 고객, 직원, 공급업체, 주주, 지역사회에 관심을 두고 있다. 문서에는 더 자세한 내용이 담겨 있다. 예를 들어 고객을 위한 지침은 광고, 제품 안전, 데이터 보호 등을 망라하고 있지만, 해야 할 것과 해서는 안 될 것이 회사의 목적 및 가치와 연결된다. 이런 방식은 그 목적이 가능한 모든 상황을 망라하려는 데 있는 게 아니라(그런 강령은 있을 수 없다), 사람들이 좋은 의도를 갖고 좋은 판단을 하게 만드는 데 있다. 2019년에 샤리 밸러드에 이어 베스트 바이 유통 부문 사장이 된 캐미 스칼렛Kamy Scarlett은 매장 매니저들에게 SOP는 standard operating procedures(표준 운영 절차)의 줄임말이 아니라 service over policy(정책을 뛰어넘는 서비스)의 줄임말이라고 말했는데, 이야말로 이런 방식을 더없이 잘 표현한 말이다. 결국 사리에 맞는 행동을 하려면 회사의 모든 사람이 회사의 목적과 철학을 제대로 알고 있어야 한다.

* * *

모든 직원이 회사의 목적과 자신을 움직이는 원동력이 연결된다고 느낌으로써 개인적으로 회사의 목적에 일조하게 되는 환경을 조성해주는 것. 이것이 바로 휴먼 매직의 첫 번째 요소다. 그런 연결감은 다른 사람들의 삶에 변화를 주며, 이는 바로 10장에서 다룰 두 번째 요소인 '믿을 만한 인간관계 맺기'와 관련이 있다.

| 깊이 생각해 볼 질문들 | ···

- 당신을 움직이는 원동력이 무엇인지 분명히 알고 있는가?
- 당신의 목적은 회사의 목적과 어떻게 연결되는가?
- 각 팀원을 움직이는 원동력이 무엇인지 알고 있는가? 무엇이 각 팀원에게 활력을 주는가?
- 당신은 각 팀원의 목적을 달성하기 위해 어떻게 협력하고 있는가?
- 당신은 주변 사람들을 움직이는 원동력을 회사의 목적에 연결하는 데 어떻게 이바지하는가?

두 번째 요소: 인간관계 맺기

내가 분명히 알고 있는 사실은 … 사랑이 전부라는 거야.

세릴 크로

당시 베스트 바이의 인사팀 책임자였던 캐미 스칼렛은 조금도 망설이지 않고 자기 얘기를 털어놨다. "지난 10년간 저는 아무에게도 우울증이 있다는 말을 하지 않았습니다. 다른 사람들에게 낙인찍히거나 판단의 대상이 되는 게 싫었거니와, 최악의 경우 동정받기 싫었기 때문입니다." 회사 블로그에 올린 그녀의 글은 정신 및 육체 건강 문제와 관련해 많은 관심을 불러일으켰다. 그녀는 아버지와 어머니가 6개월도 안 되는 새에 나란히 뇌종양으로 세상을 떠난 뒤 자신이 어떻게 심한 우울증에 시달리게 됐는지 이야기했다. 우울증에서 벗어나기 위해 일에 파묻혀 정신없이 바쁘게 지냈고, 친구나 집안 식구들과도 담을 쌓고 살았으며, 그러다가 남편 마이크의 권유로 외부에 도움을 청했다. 그녀는 치료를 받으러 다녔고, 약물 치료를 시작했다. 서서히 우울증에서 벗어나게 됐으며, 다시 우울증이 찾아오지 못하게 매일 정신 단련을 했다. 그녀는 이런 말도 했다. "다른 사람들이 드리운 그림자가 제게 이렇게 이 이야기를 털어놓을 용기를 주었습니다. 선을 행한다는 마음으로 꺼낸 제 이야기가 여러분에게도 그런 용기를 주기를 바랍니다."

캐미에게 베스트 바이 직원들의 격려가 쇄도했다. 많은 사람이 그녀의 경험에서 자신의 모습을 보았고, 자신을 그녀와 그녀의 경험에 연결 지었다. 그녀가 올린 글에 수백 개의 댓글이 달렸다. 캐미는 개인 이메일도 371통이나 받았는데, 각 이메일에는 개인적인 이야기가 담겨 있었다. 캐미가 일하는 매장을 방문한 한 젊은 여성은 자신이 자살 시도까지 했다는 말을 하기도 했다. 그런 와중에 캐미가 회사 블로그에 올린 글을 보고 위안을 얻었다는 것이다.

9장에서 우리는 개인의 목적을 회사의 목적에 연결 짓는 것이 어떻게 사람들의 적극적인 참여로 이어지고, 그 참여가 어떻게 놀라운 성과로 이어지는지 살펴보았다. 10장에서 살펴볼 두 번째 요소는 캐미와 동료들 사이에서 그랬던 것처럼, 사람들 간의 연결, 즉 인간관계가 꽃필 수 있는 환경을 조성하는 것이다.

인간관계는 참여와 성과의 원동력이다

갤럽의 직원 참여도 설문조사에 나오는 10번 질문은 "직장에 더없이 친한 친구가 있는가?"다. 나는 칼슨 왜건릿 트래블에서 일할 때 이 질문을 처음 들었는데, 당시에는 이 질문에 대해 회의적이었다. 뭔가 큰 가치를 두기에는 너무 애매모호한 질문 같았기 때문이다. 나는 데카르트 학파의 엄격함, 과학, 수학으로 단련되어 있었다. 매킨지 앤드 컴퍼니와 EDS 프랑스, 비방디, 칼슨 왜건릿 트래블에서 근무하던 시절 내내, 나는 효과적인 리더십의 특징이 주로 지적 능력, 합리성, 노력, 선한 인간미라고 믿었다. 그런데 직장에 더없이 친한 친구가 있는 것이 대체 성과와 무슨 관계가 있단 말인가?

그러나 칼슨에서 일하던 시절, 나는 직장에 친한 친구가 있는 것이 성과와 관계가 있다는 사실을 서서히 깨닫게 되었다.

칼슨 왜건릿 트래블에서 자리를 옮겼을 때 칼슨 그룹은 여전히 호텔 및 식당 프랜차이즈 사업을 소유하고 있었다. TGI 프라이데이스 같은 식당 프랜차이즈는 모든 식당이 동일한 전략적 포지셔닝, 동일한 장식, 동일한 메뉴를 채택하고 있었다. 그러나 각 식당별로 성과는 아주 큰 차이가 났다.

이 같은 성과의 차이를 설명해줄 수 있었던 건 인간적인 요인이었다. 매니저가 직원들과 어떤 관계인지를 보면 직원들이 고객과 어떤 관계인지 알 수 있었다. 매니저가 나서서 모든 직원이 소속감을 갖고 귀한 대접을 받는다고 느끼는 환경을 조성할 때 직원들은 최선을 다했다. 갤럽 설문조사 10번에 대한 내 생각은, 2012년 베스트 바이에 합류할 무렵에 바뀌었다. 궁극적으로 사람은 보다 우월한 지적 능력에 압도되어 최선을 다하지 않는다. 그러니까 사람들이 자기 일에 얼마나 많은 것을 쏟느냐 하는 것은, 회사가 자신을 얼마나 존중하고 가치를 인정하며 돌봐준다고 느끼는지와 직접적인 관련이 있다. 이것은 공교롭게도 친구들끼리 서로를 위해주는 것과 같다.

우리는 서로 연결되지 않고서는 존재할 수 없다. 한 연구에 따르면, 실제로 인간관계는 '블루 존Blue Zone(세계에서 평균수명이 가장 높은 5개 지역. 일본의 오키나와, 이탈리아 사르데냐, 코스타리카의 니코야 반도, 그리스의 아카리아 섬, 미국 캘리포니아 주의 로마 린다를 일컫는다)'에 사는 사람들이 더 오래 더 나은 삶을 사는 한 가지 이유로 꼽힌다.[1] 이런 맥락에서 인간관계에는 소속감, 가족(부모, 배우자, 자녀), 도움을 주는 사회적 서클 등이 망라된다. 예를 들어 오키나와 사람들에게는 이른바 '모아이스', 즉 '평생 가까운 친구' 집단이란 것이 있다.

인간관계의 기본적 필요성은 코로나 19 위기 속에서 놀랄 만큼 뚜렷이 나타났다. 자가 격리와 봉쇄가 이어지면서 기술을 통한 가상 접속이 폭발적으로 늘어나는 가운데, 중국과 이탈리아 같은 곳에서는 사람들이 자기 집 발코니에서 노래를 부르고 음악을 연주해 모든 사람에게 혼자가 아니란 사실을 일깨우고 고립감을 덜었다. 이런 행동은 정신 건강에도 아주 큰 영향을 미친다.

나는 회사 내에서 인간관계가 아주 중요하다는 새로운 확신을 갖게 됐다. 이 확신은 베스트 바이의 첫 홀리데이 리더십 미팅에 접근하는 방식에도 영향을 주었다. 매출과 마진이 계속 떨어지고 기업 회생 계획도 미비한 상황에서, 분석가들은 우리의 사망 기사를 남발했다. 그날 그 미팅에서 정확히 어떤 말을 했는지는 잘 기억나지 않는다. 그 자리에 있었던 그 누구를 붙들고 물어봐도, 아마 당시 내가 어떤 말을 했는지 기억하는 사람은 별로 없을 것이다. 그러나 당시 많은 사람이 내 말을 들으면서 희망과 자신감을 느꼈을 것이고, 더불어 현실성과 절박감도 느꼈으리라 생각한다. 상당수가 그날의 내 목소리 톤과 열정을 기억했다. 당시 나는 긍정적이고 낙관적이었으며 또 솔직했다. 그 공간에 있던 모든 사람이 힘이 나는 걸 느꼈겠지만, 한편으로는 분석가의 말이 맞다는 것도 알고 있었다. 변하지 않으면 베스트 바이는 사망할 것이라는 말이었다.

베스트 바이의 최고경영자에서 물러나고, 이후 회장직에서도 물러나면서 훨씬 더 분명해진 사실이 있다. 베스트 바이의 사람들은 내가 얼마나 잘난 인간이었는지, 또는 우리가 어떻게 이런저런 계획들을 실행에 옮겼는지 기억하지 못할 수도 있다는 점이다. 그러나 아마 그들은, 내가 그들에게 어떤 느낌을 선사했는지는 기억할 것이다. 그들이 보낸 가슴 따뜻한 메시지로부터 받은 느낌은 희망과 에너지와 영감이다.

이제는 사람들을 무언가에 참여시키는 데 인간관계가 필수적이라는 것이 분명하다. 그러나 경영대학원이나 중역 회의실에서는 여전히 인간관계라는 주제에 대해 생각하지 않고, 별로 얘기하지도 않는다. 이런 태도는 반드시 바뀌어야 한다. 효율적인 전략이란 측면에서 볼 때, 휴먼 매직은 놀라운 성과로 이어지기 때문이다.

* * *

나는 베스트 바이에 합류할 무렵 인간관계가 왜 중요한지 이해하고 있었다. 그러나 그렇게 중요한 인간관계를 어떻게 만드는지는 최고경영자로 몇 년을 지내면서 배웠다. 옛 동료 샤리 밸러드는 기업이 영혼 없는 독립체가 아니라 공동의 목적을 위해 함께 일하는 개인으로 이루어진 인간 조직이라고 자주 말했다. 휴먼 매직을 발산하기 위해서는, 모든 사람이 내 집에 있는 듯 편해야 하고, 자신의 가치를 제대로 인정받아야 한다. 그런 가운데 진정한 자기 자신이 될 수 있는 공간과 자유가 주어져야 한다. 그럴 때 비로소 자신이 하는 일에 최선을 다하게 된다. 그런 환경은 다음과 같이 함으로써 조성할 수 있다.

- 모든 사람을 개인으로 대하며 서로에 대한 존중심 키우기
- 안전하고 투명한 환경을 조성하여 신뢰 쌓기
- 약함을 격려하기
- 효율적인 팀 역동성 개발하기
- 다양성과 포용성 확대하기

이런 것들은 베스트 바이의 전략적 변화의 한 기둥이 되었으며, 한 기업의 정신이 되었다.

모든 사람을 개인으로 대하기

샤리 밸러드는 이런 말을 했다. "모두가 자신이 대단한 사람이라고

느끼게 하라." 나는 이 말을 가슴 깊이 받아들이고 있으며, 이 말은 작은 기업에서든 큰 기업에서든 다 통한다. 어떤 기업이든 대개 한 명의 총괄 매니저 밑에는 직접 보고하는 사람이 5명에서 10명 정도이고, 직접 교류하는 사람은 수십 명 정도 된다. 직원 수가 3,000명인 EDS 프랑스, 2만 2,000명인 칼슨 왜건릿 트래블, 12만 5,000명인 베스트 바이에서도 전부 비슷한 규모였다. 모든 사람을 개인으로 대하는 방식이 기업 규모에 따라 다르지는 않았다. 기업을 경영한다는 것을 단순히 사람들을 이끄는 것으로 봐서는 안 되는 이유가 여기에 있다.

베스트 바이의 직원 포커스 그룹focus group(시장 조사나 여론 조사를 위해 각 계층을 대표하도록 선정한 소수 정예 집단-옮긴이) 미팅에서 한 젊은 매장 직원은, 회사가 자신을 한 개인으로 봐준 덕에 어떤 변화를 겪게 되었는지 이야기했다. 그는 18세에 베스트 바이에 입사했는데, 낯가림이 심하고 자신감도 없었다고 한다. 베스트 바이에서 일하면서 겪은 의미 있는 경험을 얘기해 달라고 하자, 그는 한 지역 매니저가 자신이 일하던 매장을 방문한 얘기를 해주었다. 입사 당시 만난 적이 있던 그가 자신을 알아봤고 이름까지 알고 있었다. 사소한 일이었지만 그에게는 오랫동안 기억에 남는 깊은 인상을 남겼다. 그는 블루셔츠를 입은 베스트 바이의 일개 매장 직원이 아니라, 알아봐주는 사람도 있는 소중한 개인이었던 것이다. 한때 낯가림이 심하고 자신감도 없던 그는 2년 후 성숙하고 자신감 넘치는 청년이 되었다.

10대 시절 한 식료품점에서 아르바이트를 하며 보낸 끔찍한 여름(1장 참조)을 돌이켜보면, 당시 그곳에선 누구도 내 진면목을 알아주지 못했던 것 같다. 당시 나는 나 자신은 물론 내 행동까지 하찮게 느꼈다. 베스트 바이의 최고경영자가 되고 나서, 나는 모든 직원이 자신은 물론 자신의 일도 중요하다고 느끼게 해주려고 최선을 다했다.

스탠퍼드대학 교수인 찰스 오라일리Charles O'Reilly와 제프리 페퍼 Jeffrey Pfeffer가 함께 쓴 《숨겨진 힘-사람Hidden Value》에서 두 저자는 이렇게 말한다. 큰 성공을 거둔 기업은 똑똑하고 탁월한 직원들 때문이 아니라, 직원들이 최선을 다하게 만들고 모든 이해관계자에게 봉사하는 방법을 알아냈기 때문에 성공했다.[2] 이른바 '사랑 받는 기업들 firms of endearment'은 직급과 관계없이 기여할 수 있는 각 개인의 가치를 알아본다.[3] 이 기업들은 고객을 대하는 자세로 직원을 대한다. 직원을 대할 때 그에게 필요한 것을 잘 파악하고, 존경심을 갖고 대하는 것이다.

존경은 상대를 인정하는 데서 시작된다. 프랑스의 철학자 르네 데카르트는 "나는 생각한다. 고로 존재한다Cogito, ergo sum."라고 말했다. 제대로 된 인간 조직을 만드는 문제에 관한 한, 나는 이보다 더 강력한 선언이 있다고 믿는다. "나는 보인다. 고로 존재한다Ego videor, ergo sum." 랠프 엘리슨Ralph Ellison이 1952년에 발표한 명작 소설 《투명인간Invisible Man》에서, 아프리카계 미국인 주인공은 자신이 보이지 않는 인간이 되어 겪는 많은 일들을 이야기한다. 이 소설의 내용이 오늘날까지도 공감을 불러일으킨다는 사실이 놀랍다. 2016년에 베스트 바이는 소수 민족 직원과 매니저로 구성된 포커스 그룹을 만들었다. 히스패닉이나 아시아계 직원들은 대부분 그런대로 잘 지내고 있었지만, 아프리카계 미국인 직원들은 가치를 인정받지도 존재감을 드러내지도 못한다고 느꼈다(이에 대해서는 이 장 뒷부분에서 좀 더 자세히 다루겠다).

존경이란 사람들을 현재 모습 그대로 받아들인다는 것을 의미한다. 한 트랜스젠더 직원이 인사팀을 찾아와, 성전환을 하는 과정에서 베스트 바이가 제대로 배려해주지 않았다며 고충을 토로한 적이 있다. 그 후 회사는 기존의 복리후생 제도를 면밀히 검토했고, 결론적으로 향후 가슴 성형이나 안면 여성화 수술 등 미용 시술도 지원하기로 했다. 단 한 명의 직원이 나섰을 뿐인데 우리가 왜 그런 변화를 시도했을까? 그 답은 당시 인사팀 책임자였던 캐미 스칼렛의 말에 잘 요약되어 있다. "그녀 한 사람도 소중하니까요."

안전하고 투명한 환경을 조성하여 신뢰 쌓기

2014년 블랙프라이데이 새벽 4시에 내 휴대폰 벨이 울렸다. 전화를 건 사람은 베스트 바이의 전자상거래 책임자 메리 루 켈리로, 트래픽 급증으로 회사 웹사이트가 다운됐다고 했다. 1년 중 가장 바쁘고 가장 중요한 날이라, 재앙이 일어날 수도 있었다. 우리가 해야 할 일은 단 하나, 힘을 합쳐 문제를 해결하는 것이었다. 우리는 해냈다. 그 연휴 시즌에 우리의 비교 매장 매출comparable sales(유가와 환율 영향을 뺀 매출-옮긴이)은 4년 만에 처음으로 올랐다.

'신뢰'를 생각할 때 나는 종종 그날 그 전화를 떠올리곤 한다. 나쁜 소식 역시 적어도 좋은 소식 못지않게 신속히 알려져야 하며, 그러자면 어떤 문제가 발생하든 서로 비난하지 않고 모두 힘을 합쳐 그 문제를 해결하는 데 집중할 거라는 신뢰가 필요하다. 특히 힘겨운 시기에, 신뢰는 서로를 지지하는 데서 나온다. 그날 메리 루가 지금 일어난 일을 인정하면 해고될지도 모른다고 두려워했다면, 나는 아마 그 전화를 받지 못했을지도 모른다.

진정한 인간관계는 사람들이 서로를 신뢰할 때만 생겨날 수 있다. 홀푸즈의 공동 최고경영자 존 매키[John Mackey]와 라즈 시소디어가 함께 쓴《돈, 착하게 벌 수는 없는가[Conscious Capitalism]》에서, 이들은 신뢰와 배려야말로 자신들이 말하는 이른바 '깨어 있는 문화'의 가장 중요한 두 요소라고 했다.[4] 신뢰가 없으면 두려움이 생긴다. 두려움은 참여도와 창의성을 떨어뜨린다. 신뢰를 쌓으려면 4가지가 필요하다. 첫째, 시간이 필요하다. 둘째, 당신이 하겠다고 말하는 것을 실제로 해야 한다. 셋째, 사람들이 당신에게 접근 가능해야 한다. 볼 수도 없는 사람을 신뢰할 수는 없기 때문이다. 넷째, 당신 자신이 모든 것에 투명해져야 한다.

캐미와 다른 많은 베스트 바이 직원들은 자신의 이야기를 사람들과 공유해도 안전하다고 느끼며, 그렇게 마음이 열려 있는 분위기 덕에 다른 사람들 역시 자신의 약한 면을 드러내도 좋다고 느끼게 된다.[5] 안전은 인간에게 기본적으로 필요한 것이다. 안전은 포드의 전직 최고경영자 앨런 멀러리가 말한 초록-노랑-빨강 '신호등' 체계의 토대로, 그 체계 덕에 임원들은 문제를 제기하고 동료들이 그 해결책을 찾도록 도울 수 있다. 실수를 하거나 자신의 약한 면을 드러내는 게 비난거리가 된다면, 아무도 안전하다고 느끼지 못할 것이다.

앨런 멀러리는 명확한 행동 강령을 수립하고 실행에 옮겨 신뢰와 안전을 높이는 일에 일가견이 있다. 포드에서는 다른 누군가를 안주 삼아 농담을 한다거나, 같은 자리에 있는 누군가를 비난하는 일이 절대 금지였다. 앨런의 팀에 속한 사람들은 서로 믿고 지지한다고 느낄 수 있어야 했다. 그는 이런 원칙에서 벗어난 행동을 절대 용납하지 않았다. 앨런은 자신이 주관하는 주간 사업 계획 검토 미팅에서 휴대폰을 보는 사람이 있거나, 논의가 주제에서 멀어진다고 느끼는 순간 미팅을 중단하는 것으로 유명했다. 그는 그런 행동을 한 사람을 보며 이렇게 말했다고 한다. "지금 분명 포드를 구하는 것보다 더 중요한 일을 하고 있는 것 같은데, 우리 모두 당신을 도와야겠군요." 이는 신뢰의 토대인 존경의 문제이자, 모두가 계속 집중하게 만드는 문제였다. 앨런은 기대하는 행동에 부응하지 못하는 사람에겐 결국 미소를 지으며 이런 말을 했다고 한다. "당신은 여기서 일할 필요가 없어요. 마음대로 해요."

약함을 격려하기

"약함은 인간관계를 하나로 붙여주는 풀과 같다." 이런 주제로 책을 여러 권 쓴 브레네 브라운의 말이다.[6] 그녀는 우리가 약한 면이 있더라도 있는 그대로의 모습을 보여줌으로써 연민의 정, 진정한 소속감, 진실한 연결감을 가질 수 있다고 말한다. 그 결과로 창의력, 기쁨, 사랑이 생겨난다는 것이다.[7] 그렇다면 직장에서 더 많은 사랑과 배려가 생겨나게 하는 방법은 뭘까? 사랑과 배려심이 있는 사람들을 채용하고 승진시키는 것은 물론이고, 사랑과 배려심을 보다 공개적으로 표현할 수 있는 환경을 조성하는 것이다.[8]

캐미 같은 기업 리더가 우울증과 싸우고 있다는 것을 공개한다면, 우리는 너 나 할 것 없이 모두 힘들게 살아가고, 따라서 모두가 자신을 있는 그대로 보여주며 두려워 말고 도움을 청하라는 신호를 보낼 수 있다. 물론 최고경영자도 동참해야 한다. 베스트 바이에 처음 합류했을 때, 나는 우리 팀원들에게 이번 기업 회생이 아주 힘겨운 작업이 될 것이며, 나부터 시작해 각자가 가장 뛰어난 리더가 되어야 한다고 말했다. 나는 팀원들에게 마셜 골드스미스 코치가 내 경영 방식에 대한 각 임원의 피드백을 수렴할 거라고도 했다. 실제로 피드백을 수렴한 뒤 나는 그들에게 고마움을 표했다. 또한 내가 일을 더 잘하려고 선택한 3가지 사항을 공유했다. 이런 일들이 당시 기업 회생의 분위기를 잡는 데 도움이 됐다고 생각한다.

그러나 내 약함을 인정하기가 쉽지는 않았다. 지금은 나 자신이 불완전한 인간이라는 사실도, 다른 사람의 피드백도 받아들일 수 있다. 그러나 나는 직장의 삶과 개인적인 삶이 분리되어야 하며, 감정이 일에 영향을 주어서는 안 된다고 믿으며 살아왔다. 게다가 나는 다소 개인주의적이기도 했다. 베스트 바이에 합류했을 때, 나는 내 모든 걸 기업 회생에 쏟아부으며 이혼의 고통을 잊고 지낼 수 있었다. 얼마 전 이혼을 하고, 나는 실패자라는 생각에 빠져 있었다. 여러 해가 지난 뒤에야 친구들에게 이런 고민을 털어놓을 수 있었다. 덕분에 나는 그런 기분을 떨쳐 내고 치유할 수 있었고, 직장에서도 있는 그대로의 내 모습을 드러낼 수 있었다. 또한 머리뿐만 아니라 가슴과 직감으로도 사람들을 이끌 수 있었다.

그렇다고 약한 면을 드러내는 것이 개인적인 삶을 몽땅 사람들과 공유한다는 의미는 아니다. 간단히 말해, 다른 사람에게 도움이 되면서 진정성과 관련이 있는 것을 공유한다는 의미다.[9] 2019년 홀리데이 리더십 미팅에서 한 직원이 자신은 알코올 중독자 부모 밑에서 자랐고, 고등학교밖에 못 나왔으며, 동성애에 빠진 적이 있다고 털어놨을 때, 그것은 단순히 '자기를 알아 달라'는 이야기가 아니었다. 그녀는 감정에 북받쳐, 이 모든 것을 늘 수치스럽게 생각해 왔으며, 이런 얘기를 사람들 앞에서 하게 될 줄은 상상도 못 했다고 말했다. 그녀가 이런 이야기를 솔직히 털어놓을 수 있었던 것은 그날의 미팅 주제와 연관이 있었기 때문이기도 하다. 그녀는 이제 직장에서 내 집처럼 안전한 장소를 찾게 됐다. 그 덕에 다시 본연의 모습으로 돌아가 사람들을 믿고 용서할 수 있는 용기와 여유를 갖게 된 것이다. 그녀가 스스로 약한 면을 드러냄으로써, 다른 사람들도 본연의 모습으로 돌아가 자기 목소리를 낼 수 있는 용기와 영감을 얻었다.

자신의 약함을 인정하려면 용기가 필요하다. 그러나 캐미와 이 여직원의 이야기가 증명하듯이, 서로 신뢰가 정착되고 존경하는 환경에서 약한 면을 드러내면 사람들은 돕고 싶어 한다. 또한 그들도 자신의 약함을 드러내며 도움을 청할 수 있게 된다. 이것이 바로 구성원들이 서로 지지하는 기업을 만드는 방법이며, 그런 기업이 베스트 바이처럼 종종 '가족 같은 기업'으로 묘사되는 이유이기도 하다.

리더는 구성원들이 서로 약한 면을 인정하는 환경을 조성해야 하며, 동시에 힘든 결정을 내리고 희망을 선사해야 한다. 코로나 19 팬데믹이 위세를 떨치던 2020년 3월 19일, 유명 호텔 체인 매리어트 인터내셔널의 최고경영자 아르네 소렌슨Arne Sorenson은 직원들에게 영상 메시지를 보냈다. 인간의 감성 지능과 약함에 호소한 수준급 메시지였다. 영상에서 그는 머리카락이 다 빠진 모습으로 나타나 많은 사람들에게 충격을 안겼다. 그는 췌장암 치료를 받고 있었다. 그는 코로나 19로 직접적인 고통을 받고 있는 직원들을 지원하겠다는 말로 말문을 열었다. 이어서 코로나 19의 영향과 전염병 확산 방지를 위한 제한 조치로 메리어트 인터내셔널의 호텔 사업이 막대한 타격을 입고 있다고 말했다.

그는 이 위기를 극복하기 위해 회사가 어떤 일을 할지 이야기하면서 굳이 현실을 좋게 포장하지도 않았고 두려움을 드러내지도 않았다. 직원 채용이 중단됐고, 마케팅비와 광고비 같은 비용들이 삭감됐다. 그는 한 해 동안 급여를 받지 않기로 했고, 경영진의 급여도 50% 삭감하기로 했다. 전 세계 호텔 체인점의 주당 노동시간이 줄었고 일시적인 휴직도 시행됐다.

그다음 그는 중국 내 체인점들의 회복 조짐에 집중했고, 중국의 동향은 나머지 국가들의 체인점에 희망을 주었다. 메리어트 인터내셔널의 최고경영자로 보낸 8년을 되돌아보며 그는 말했다. "내 일찍이 이번 위기보다 더 힘든 위기의 순간은 경험한 적이 없습니다." 그는 이런 말도 했다. "그렇다고 더없이 소중한 동료들에게, 그러니까 이 회사의 심장부나 다름없는 동료들에게, 완전히 그들의 통제 밖에서 일어나는 일들로 인해 그들의 역할이 유명무실해지고 있다는 식으로 말할 수는 없을 것입니다." 그리고 목이 멘 목소리로 덧붙였다. "그러나 이 순간 저는 그 어느 때보다 더 결연한 의지를 갖고 말할 수 있습니다. 우리는 반드시 이 위기를 함께 극복할 것입니다."

그는 지구 공동체가 코로나 19 팬데믹의 위기에서 벗어나 사람들이 다시 여행을 시작하는 날이 곧 올 거라며 희망찬 어조로 결론을 맺었다. "그 위대한 날이 오면, 우리는 전 세계에 잘 알려진 우리의 따뜻함과 배려심을 가지고 그들을 맞이하게 될 겁니다." 그의 메시지는 솔직하고 진심이 느껴졌으며, 감동적이면서 희망적이고 고무적이었다.[10]

효율적인 팀 역동성 계발하기

높은 성과를 올리는 팀을 만들려면, 최고 버전의 개인들이 최고 버전의 집단으로 탈바꿈해야 한다. 그러려면 인간관계를 활용해야 한다.

2016년에 베스트 바이는 리뉴 블루 기업 회생 계획에서 성장 전략으로 옮겨가고 있었다. 이제 기어를 변환해 적절한 개인을 적절한 일에 배치함으로써 모든 팀이 더 나은 성과를 낼 수 있게 할 때가 됐기 때문이다. 당시 우리는 리더십 코치 에릭 플리너를 초빙해 나를 비롯한 고위 임원들과 함께 일했다(3장 참조). 처음에는 우리 각자의 성과를 높이는 게 목표였으나, 그 목표는 곧 바뀌었다. 에릭이 말했듯 '최고의 팀은 A급 선수들의 집합체가 아니라 팀 자체가 A급'이기 때문이다.

당시 우리에겐 A급 선수들이 있었지만, 아직 A급 팀은 없었다.

에릭은 그 이유를 2가지로 설명했다. 첫째, 임원들이 영웅적 사고방식을 갖는 경우가 많았다. 개인적으로 문제를 해결해 좋은 성과를 올린 것이다. 둘째, 배려보다 관리가 더 가치 있게 여겨졌다. 배려와 관리 사이에는 미묘하면서도 중대한 차이가 있다. 사람들은 실수에 관대했다. 괜히 잘못하다 동료의 감정을 상하게 하느니 말하기 어려운 메시지를 피하는 편을 택했다.

에릭은 우리가 서로 어떻게 다른지 이해하는 것을 최우선 과제로 삼았다. 그러기 위해 각자 상호 교감, 통제, 반성의 필요성, 감정적으로 될 가능성 등 여러 차원에서 우리를 돌아봤다. 그다음 그는 개인별로 피드백을 주었으며, 차트에 우리 각자의 위치를 표시했다. 마지막으로 각자 방 안의 서로 다른 장소에 서 있게 했다. 우리가 각 차원에서 서로 어떤 위치에서 어떤 관계를 맺고 있는지 직접 몸으로 경험시켜 준 것이다. 그 덕에 모든 사람이 각자 어디에 위치해 있는지 보는 재미도 있었고, 우리가 서로 얼마나 비슷하면서도 다른지 시각적으로 또 육체적으로 느낄 수 있었다.

각자 필요한 것이 다르다는 걸 이해하고 어떻게 다른 사람과 상호작용하는지 알게 됨으로써, 우리는 서로 더 좋은 관계를 맺을 수 있었다. 이것이 모두가 변해야 한다는 것을 의미하진 않았지만, 각자가 어떻게 다른 누군가를 짜증나게 할 수 있는지 알게 됐고, 또 자기 행동의 결과를 훨씬 쉽게 이해할 수 있었다. 그날 그 공간에서 우리는 "나는 당신이 이렇게 할 때 짜증나요." 식의 태도에서 "내가 달리 받아들인다면, 우리 두 사람 모두 원하는 것을 얻을 수 있겠죠." 식의 태도로 옮겨갔다.

그날 에릭이 그 자리에 모인 고위직 임원들에게, 각자 어떤 팀이 자신에게 가장 중요하냐고 물었을 때 또 다른 감동의 순간이 찾아왔다. 그들은 모두 자신에게 가장 중요한 팀이 자신의 팀이라고 답했다. 판촉, 마케팅, 공급망, 소매, 재무, 인사 등을 맡고 있는 팀들 말이다. 임원진이 자신에게 가장 중요한 팀이라고 답한 사람은 단 한 명도 없었다. 그때까지도 우리는 아직 A급 선수들의 집합체에 지나지 않았던 것이다. 그러나 당시 판촉팀 책임자였던 마이크 모한이 임원진을 가장 중요한 팀으로 삼아야겠다고 딱 잘라 말하면서 상황은 변하기 시작했다.

사람과 사람 간의 인간관계를 강화하려면, 사람을 관리하는 쪽에서 배려하는 쪽으로 옮아가는 법을 배워야 했다. "나는 당신 감정을 상하게 하고 싶지 않아요." 식의 태도로 솔직히 의견을 개진하는 쪽으로 바뀌어야 했다. 우리는 '계속하기-새로 시작하기-멈추기' 훈련을 시작했다. 서로 연관이 있는 상황에서, 무엇을 계속하고 무엇을 새로 시작하고 무엇을 멈춰야 하는지 말하는 훈련이다. 또한 '미네소타 나이스Minnesota nice(남에게 친절한 미네소타 주민들의 문화 - 옮긴이)'에서 한 걸음 더 나아가 마음을 더 활짝 열고 솔직해지려 애썼다.

이후 여러 해에 걸쳐 우리는 분기마다 하루씩, 연간 약 4~5일씩 에릭과 함께 보다 효율적인 임원진이 되기 위한 훈련을 했다. 만일 20년 내지 30년 전에 누군가가 그 정도 시간을 직장 내 인간관계를 개선하는 일에 투자하라고 했다면, 아마 그 말을 의심하며 고개를 저었을 것이다. 정말? 우리 자신과 감정에 대해, 우리가 서로 어떤 관계인지에 대해 얘기하면서 하루나 반나절을 보낸다고? 예전의 나는 같은 일주일이라도 스프레드시트나 매출액을 꼼꼼히 살펴보는 게 낫지, 효율적인 팀이 되는 데 투자하는 게 훨씬 더 유익하다고 생각하지는 못했기 때문이다.

다양성과 포용성 확대하기

각 직원을 소중한 개인으로 대해 휴먼 매직을 발산시키는 일의 핵심은 결국 다양성과 포용성을 확대하는 데 있다. 내가 이 책을 쓰고 있는 2020년 현재, 다양성과 포용성은 반드시 확대해야 할 일이라는 것이 훨씬 더 분명해졌다. 다양성을 확대하는 환경을 조성하면, 직원 참여도는 물론 회사의 성과까지 크게 올라간다.[11] 이런 관점에서, 다양성과 포용성을 확대하는 것은 부차적인 일이 아니다.

휴먼 매직을 만들어 내는 과정에서 다양성과 포용성을 확대해야한다는 말은, 각자 자신만의 독특한 관점과 경험을 가진 개인들이 자신의 현재 모습 그대로 그 가치를 평가받고 조직에 기여할 수 있는 환경을 조성해야 한다는 의미다. 물론 성별, 인종, 민족성, 성적性的 성향 등도 다양성과 포용성의 대상에 포함된다. 그 외에 인식력, 나이, 사회적·문화적 다양성도 고려해야 한다.

많은 기업이 다양성을 더 크게 확대하기 위해 애쓰지만, 그간 그 변화는 너무 느렸다. 우리는 원래부터 자기와 외모도 비슷하고 생각도 비슷한 사람을 더 좋아하기 때문에, 특히 성별과 인종에 관한 한 조직적인 배척 성향이 고착되어 버렸기 때문이다. 이런 기존의 불균형 문제를 개선하자면 선의, 다양성, 공정 이상의 것이 필요하며, 포용성 확장 프로그램도 필요하다. 대담하면서도 지속적인 조치들도 필요하다. 리더십도 필요하다. 내가 다양성과 포용성을 가장 많이 배운 때는 베스트 바이에 있었던 시절이다.

2012년 당시 베스트 바이는 이미 매장 직원들에 관한 한 다양성도 꽤 높고 대표성도 있었다. 그러나 직급이 매장 매니저를 넘어서면 대다수가 백인이고 남성이었다. 예를 들어 여성은 매장 매니저 다섯 명 중 한 명도 안 됐고, 지역 매니저는 전부 남성이었다. 그 분야 자체가 전통적으로 '올드보이들의 세상'이었고, 많은 여성이 이런 상황을 불편하게 느끼고 있었다. 관리직에는 유색인종, 특히 아프리카계 미국인이 극히 적었다. 이 같은 인종적 불균형 상태는 지역 주민 구성을 반영하기도 했다. 미네소타 주는 역사적으로 독일, 스칸디나비아 반도, 핀란드, 아일랜드 등지에서 온 이민자들이 많아 주민 중에 백인이 많았던 것이다. 그러나 최근에 들어서는 미네소타 주의 주민 구성도 다양해져, 이제 라틴계, 소말리아인, 아시아 이민자들이 점점 많아지고 있다. 그러나 당시 베스트 바이의 매장 매니저 이상 직급에서는 이런 다양성이 반영되지 않았다.

할 일이 생긴 것이다.

우리는 맨 위에서부터 시작했다. 직원들은 매니저나 임원들 가운데 자신과 비슷한 사람이 보이지 않으면, 자신도 그런 자리에 오를 기회가 있다고 생각하지 못한다. 그렇게 비전이 없다고 생각하면, 그들은 회사 일에 적극 참여해 최선을 다할 수 없다. 나는 운이 좋게도, 빠른 속도로 임원진의 불균형 상태를 바로잡을 수 있었다. 고위 경영진에 여성이 더 많은 기업일수록 더 좋은 성과를 낸다는 연구 결과는 얼마든지 있다.[12] 오랜 세월 여성들과 함께 일해 본 나 역시 그런 연구 결과들에 전혀 이의가 없었다. 예를 들어 매릴린 칼슨 넬슨은 여성이었지만, 처음에는 칼슨 왜건릿 트래블에서, 그다음에는 칼슨 컴퍼니스에서 여러 해 동안 내 상사였다. 내가 비방디 게임사업부 책임자였을 때도 상사는 여성인 아녜스 투렌이었다.

능력 있는 여성들이 곧 베스트 바이 임원진의 요직을 꿰찼다. 최고재무책임자 샤론 매컬램과 유통 부문 책임자 샤리 밸러드, 전자상거래 부문 책임자 메리 루 켈리 등이 그 좋은 예다. 특히 메리 루 켈리는 2015년 《포춘Fortune》지에서 '베스트 바이를 구한 여성들을 만나다'라는 제목의 기사로 소개되기도 했다.[13] 나의 경험과 연구를 통해, 나는 여성도 주목받고 승진할 자격이 충분하다는 통찰력을 얻었다. 예를 들어 여성 리더십 전문가인 샐리 헬게슨Sally Helgesen과 마셜 골드스미스는 함께 쓴 책에서 성공한 여성들이 더 큰 성공을 거두는 데 장애가 되는 습관 12가지를 꼽았다. 그것은 남성들이 흔히 보이는 습관과 전혀 달랐다.[14] 예를 들어 남성에 비해 여성은 대개 필요성을 느끼지 못하는 한, 자신의 업적을 알리거나 어떤 자리를 요구하는 것에 서투르다. 나는 샐리와 마셜의 책을 베스트 바이의 모든 리더에게 나눠주었다. 남녀 간에 그런 차이가 생겨난 데 우리 모두 책임을 지고 시정에 나서야 한다는 것을 이해시키고 싶었다. 그렇지 않으면 그 무엇 하나 바뀌지 않는다. 2019년 회계연도 전반기에, 기업 차원에서 베스트 바이 외부 채용자의 58%는 여성이었다. 2019년에 베스트 바이는 코리 배리Corie Barry를 회사 최초의 여성 최고경영자로 지명했다.

베스트 바이 이사회를 재방문한 것도 다양성을 확대하기 위한 노력의 일환이었다. 대규모 기업 회생 작업을 벌이고 또다시 대규모 성장 캠페인을 펼치려면, 베스트 바이 이사회에는 더 다양한 기술, 관점, 경험이 필요했다. 2013년부터 우리는 대기업을 성공적으로 개혁한 경험이 있는 개인을 채용했다. 또한 혁신, 기술, 데이터, 전자상거래에 아주 밝은 책임자들과 건강 분야에서 일한 경험이 풍부한, 새로운 리더들도 채용했다. 이 글을 쓰고 있는 2020년 현재, 베스트 바이의 책임자들은 이제 다양한 분야의 기술, 성별, 인종을 대표하고 있으며, 그들 모두가 베스트 바이의 성장에 크게 기여하고 있다. 13명의 이사회 멤버 중 3명은 아프리카계 미국인이고 7명은 여성이다. 이사회 차원에서 효율적인 다양성을 확보한다는 것은 적절한 능력자를 찾고 형식주의에 물들지 않으며 꼭 필요한 최소한의 것을 확보한다는 뜻으로, 다양한 관점과 의견을 통해 더 나은 결과를 낼 수 있다.[15]

매니저 이상이 아닌 일반 직원의 인종 간 불균형을 바로잡기는 더 힘들었다. 2016년에, 소수 집단 직원 및 매니저와 함께 활동한 포커스 그룹이 한 가지 뼈아픈 사실을 분명히 보여주었다. 아프리카계 미국인 직원들은 승진하는 경우가 거의 없어, 늘 견습생 수준에서 벗어나지 못한다고 생각하는 경우가 많았다. 또한 본사에 근무하는 아프리카계 미국인들은 승진을 생각할 수도 없이, 콜센터에 갇혀 있다고 느꼈다. 흑인 직원 커뮤니티Black Employee Resource Group의 임원 스폰서이자 베스트 바이의 법무 자문위원인 키스 넬슨Keith Nelsen이 흑인 승진 대상자들을 대신해 열심히 뛰어다녔지만, 그들은 결코 승진할 수 없었다. 많은 유색인종 직원들이 미네소타 외 다른 주에서 왔는데, 그들은 마치 미네소타 주에 유배된 것 같다고 느꼈다. 미네소타 출신 동료들이, 자신들의 인생 경험이 그들과 다르다는 걸 이해하지 못한다고 느꼈다.

나는 포커스 그룹에서 활동 중인 소수 민족 직원들의 얘기를 듣고 깜짝 놀랐고 솔직히 마음이 아팠다. 그때까지만 해도 나는 미네소타 주에 살고 있는 한 백인 프랑스인으로서 유색인종이 직면하는 문제들에 노출될 기회가 아주 드물었다. 게다가 내겐 온갖 종류의 다양성 문제에서 현실적인 변화를 이끌어 낼 경험도 부족했다. 소수 민족 특히 아프리카계 미국인 동료들이 맞닥뜨리는 조직적인 장애물을 좀 더 깊이 이해해야 하는 등 할 일이 많았다.

베스트 바이의 다양성 및 포용성 확대를 위해 애쓴 하워드 랜킨이 도입한 한 프로그램은 '역reverse' 멘토 프로그램이었다. 베스트 바이의 임원들에게 인종 차별에 대한 이해를 넓혀줄 직원들을 멘토로 맺어주는 프로그램이었다. 나는 믿을 수 없을 만큼 운이 좋아, 아프리카계 미국인 로라 글래드니를 멘토로 삼게 됐다. 두 아이의 엄마이기도 했던 그녀는 당시 베스트 바이의 공급망 관리 부서에서 일했다. 우리는 매달 만나서 얘기를 나눴다. 그 덕에 나는 세상 전반을, 특히 베스트 바이를 그녀의 관점에서 볼 수 있게 되었다. 또 역사의 무게와 오늘날 미국에서 아프리카계 미국인으로 살아간다는 게 어떤 것인지도 알 수 있었다. 예를 들어 한때 활기가 넘쳤던 미네소타 주의 주도 세인트폴의 론도 지역사회가 1950년대 말에서 1960년대에 어떻게 풍비박산했는지 알게 됐다. 그 지역을 가로질러 I-94 고속도로가 건설되면서 많은 가정이 보금자리를 잃고 지역 경제가 죽어 버린 것이다. 개인적인 차원에서 로라는 많은 동료들이 언급한 것처럼 회사에 경력 개발 기회가 없다는 점을 지적했으며, 그 때문에 퇴사를 고민하기도 했다고 말했다. 또 그녀 덕에 '역사적인 흑인 대학들'을 더 깊이 알게 됐고, 우리가 좋은 인재를 채용할 기회를 놓치고 있다는 사실도 깨닫게 됐다.

동료들의 권유로 나는 시카고의 재무관리 기업 아리엘 인베스트먼츠Ariel Investments의 회장 겸 공동 최고경영자 멜로디 홉슨Mellody Hobson을 만났다. 그녀는 스타벅스와 JP모건을 비롯한 많은 기업 이사회 임원이기도 했다. "그걸 사업 용어들로 바꿀 필요가 있어요." 그녀는 뉴욕에서 커피를 마시며 내게 이런 말을 했다. 기업이 고객의 요구 사항을 제대로 알고 해결하려면 고객의 인구통계 수치를 반영해야 한다. 예를 들어 공중화장실에 비치된 많은 핸즈프리 수도꼭지와 액체 비누 디스펜서는 검은 피부에 잘 작동되지 않는 적외선 기술을 이용하고 있어 아프리카계 미국인들에게 좌절감을 안겨준다고 그녀는 설명했다. 관련 기업들의 직원이 주로 백인이기 때문에, 검은 피부에 테스트해 볼 생각을 못 한 것이다. 이와 비슷한 사례는 굉장히 많다. 구글 포토Google Photo는 얼굴 인식 소프트웨어에 광범위한 인종 편견이 있는 것으로 악명 높다. 소프트웨어 개발팀의 인종 구성과 사진 데이터베이스 자체가 그리 다양하지 못하기 때문이다.[16]

베스트 바이는 직원, 업무 현장, 공급업체, 지역사회를 중심으로 다양성 및 포용성 확대를 꾀하고 있다. 당시 우리는 취업 대상자 범위를 넓힘으로써 다양성 및 포용성을 확대하려 했다. 그런 노력의 일환으로 채용 프로그램을 만들고 '역사적인 흑인 대학들'에 장학금을 지급하기도 했다. 2019년 회계연도 상반기에 유색인종은 베스트 바이 외부 채용 인원의 20%, 매장 내 외부 모집 인원의 50% 수준이었다.

그러나 변화 속도는 느리다. 베스트 바이는 주로 내부 채용을 선호하는데, 이는 장점도 많지만, 다양성 확대 측면에서는 단점이 될 수 있다. 게다가 지금 그 격차가 줄어들고 있으나, 유색인종 직원의 이직률은 백인 직원에 비해 여전히 더 높다. 아직 해야 할 일이 많다.

우리는 다양한 인종을 채용하기 위해 노력하는 한편, 소수집단 직원들을 좀 더 폭넓게 지지하기 위해 노력했다. 경력 향상을 돕기 위해 일대일 다양성 멘토십 프로그램도 마련했다. 다양성 및 포용성 확대는 지금 모든 베스트 바이 관리직을 평가하는 기준들 중 하나다.

다른 기업들과 마찬가지로 베스트 바이도 자사의 구매력을 활용해 공급업체에 영향력을 행사한다. 예를 들어 나는 우리 법률 고문에게 당부하기를, 우리는 우리와 함께 일할 팀이 다양성을 갖기를 원하며, 그렇지 않으면 다른 팀들과 일하게 될 거라고 법률 회사에 설명하라고 했다.

다양성을 확대하라고 압박하는 것은 늘 약간의 불편을 초래하기 마련이다. 대표성이 부족한 집단에서 다양성을 확대하려는 움직임은 기존 직원들을 억지로 내몰려는 시도로 보이기 십상이다. 2016년, 나는 베스트 바이 직원들에게 다른 미국 기업들과 마찬가지로 우리 역시 직원들이 주로 "백인에 남성이며 신선하지 못하다."라고 말했다. 그러자 한 직원이 모욕감을 느낀다면서 인사부에 불만을 토로했다. 나 역시 백인이라는 건 아무도 부인할 수 없었고 결국 나 자신을 낮춰 말한 것이었지만, 어쨌든 나는 내가 한 말에 대해 사과했다.

이런 시도는 나 같은 백인 남성들에게, 그간 우리가 얼마나 많은 특권을 누려 왔고 또 다른 많은 사람이 어떤 기분이었을지 깨닫게 해주는 더없이 좋은 기회일 것이다. 마찬가지로 제로섬 게임 관점으로 세상을 볼 경우, 다양성이 없으면 결국에는 모든 사람이 고통 받게 된다는 사실을 깨닫지 못한다. 리먼 브라더스Lehman Brothers(부동산 가격 하락에 따른 서브 프라임 모기지 사태로 파산한 미국의 투자은행 – 옮긴이)를 보라. 이 은행이 리먼 브라더스가 아니고 리먼 브라더스 앤드 시스터스였다면, 감히 확신하건대 이야기는 전혀 달라졌을 것이다.

* * *

베스트 바이는 그간 《포브스》지와 '글래스도어Glassdoor(세계 최대 규모의 직장 평가 사이트 – 옮긴이)' 등에서 모두가 일하기 좋은 직장이라는 찬사를 받았다. 그 비결이 뭐라고 생각하느냐는 질문을 받으면, 대부분의 베스트 바이 직원은 비슷한 답을 한다. 직장이 가정 같고, 내 집처럼 편하다고 말이다. 이 답은 그들이 아침에 기쁜 마음으로 일터로 가고 싶어 하는 한 가지 이유다. 사람들 간의 연결감은 존경, 신뢰, 약점 공유, 효율적인 팀 역동성에서는 물론 다양성과 포용성에서 생겨난다.

이처럼 기업 안에서 강력한 인간관계에 목적의식까지 더해지면 휴먼 매직이 생겨나고, 그 결과 놀라운 성과로 이어진다.

다음 장에서는 휴먼 매직의 5가지 요소 중 세 번째 요소인 자율성을 살펴보겠다.

| 깊이 생각해 볼 질문들 | ···

- 당신은 직장에 친구가 있는가?
- 당신은 직장에서 특별한 개인으로 대우받는다고 느끼는가?
- 당신은 당신 팀을 신뢰할 수 있는가? 그렇다면 또는 그렇지 않다면 왜인가?
- 당신은 직장에서 약점을 보일 때 얼마나 편한가? 다른 사람이 약한 면을 보일 때는 또 얼마나 편한가? 그렇다면 또는 그렇지 않다면 왜인가?
- 당신은 다른 팀원들을 각자의 커뮤니케이션 스타일과 선호도에 따라 각기 다른 방식으로 대하는가?
- 당신은 직장에서 다양성과 포용성을 어떻게 확대시키는가? 또 다른 방법에는 어떤 것이 있는가?

세 번째 요소: 자율성 키우기

인간에게는 자율성, 자결권, 인간관계에 대한 타고난 내적 욕구가 있다.
그 욕구가 제대로 발현되면, 우리는 더 많은 것을 성취하고
더 풍요로운 삶을 살 수 있다.

다니엘 핑크, 《드라이브》

내가 1986년에 모리스 그레인지Maurice Grange를 만났을 때, 그는 미국의 컴퓨터 기업 허니웰 불의 파리 지사에서 여러 해 동안 관리 부문을 이끌고 있었다. 그때 나는 매킨지 앤드 컴퍼니의 젊은 컨설턴트로, 회사의 고객 서비스 향상팀에 속해 있었다. 당시 나는 고객 만족도가 영역에 따라 다 다르지만, 일단 전체적인 차원에서 집계하면 영역들이 서로 균형을 맞춰 보다 고른 결과가 나온다는 사실에 놀랐다.

나는 모리스 그레인지와 만난 자리에서, 무엇이 성과를 높여주는지 더 잘 이해하려면 영역 차원에서 살펴봐야 하며, 각 매니저들이 담당 영역의 성과에 책임을 지게 해야 한다고 주장했다. 그러자 모리스는 이런 말을 했다. "젊은이, 암말 이론에 대해 들어본 적 있나?"

암말 이론? 그가 무슨 말을 하려는 건지 전혀 감이 안 잡혔다. 그러나 호기심이 생겼다.

그는 이렇게 말을 이었다. "농장에 있는 암말을 생각해 보게. 그 암말은 다리를 절며 고통스러워하고 있네. 발굽에 돌이 박혔거든. 그래서 수의사를 불렀지. 수의사가 암말의 발굽에서 돌을 빼내려면 발을 들어올려야 하네. 수의사가 발을 들고 있으면, 암말은 중심을 잡기 위해 점점 더 수의사 쪽으로 체중을 싣게 되네. 결국 수의사는 암말의 체중에 눌려 압사당할 수밖에 없지. 수의사 입장에서는 포기하는 것 외에 다른 방법이 없고, 암말은 어쩔 수 없이 혼자 힘으로 서 있어야 하네."

모리스 그레인지는 내가 팀원들을 일일이 이끌어주고 그들의 문제까지 해결해주려고 하면, 나에게 의존하는 정도가 점점 심해질 거라고 했다. 단기적으로는 매력적인 리더처럼 보일지 모르지만, 갈수록 부담이 커져 결국 제풀에 지쳐 쓰러지게 될 것이다. 모리스가 영역 차원의 일에 일일이 개입했다면, 그가 다른 사람들을 대신해 총괄 매니저 일을 하는 것이나 다름없었을 것이다. 그보다는 사람들이 스스로 설 수 있게 해주어야 했다.

그때까지 내가 배웠던 과학적 경영 및 전략적 계획 수립 접근방식과는 거리가 멀었다. 이런 접근방식의 신봉자 중 한 사람은 미국 국방장관을 지낸 로버트 맥나마라Robert McNamara다. 그는 경영이 순수 과학이 될 수도 있다는 생각을 토대로, 계획을 수립하고 조직을 만들고 지시하고 통제했다. 소수의 똑똑한 사람들이 데이터와 통계 분석을 토대로 합리적인 계획을 확정 지은 뒤 상의하달 형태로 그 계획을 실행에 옮긴다는 개념이다. 맥나마라가 펜타곤을 이끌던 시대는 미국이 베트남전이라는 대참사에 휘말린 시대이기도 하다. 그 자신도 나중에 깨달았지만, 수량화할 수 있는 데이터에 병적으로 의존하는 이런 방식으로는 동기부여, 희망, 분노, 비참여처럼 아주 중요한 무형의 인간적 측면들이 무시된다. 또한 이런 방식은 편견과 엉터리 데이터에 노출되기가 쉽다. 인간은, 그리고 리더는 절대 전지전능하고 완벽한 존재가 아니다.[1]

그러나 수십 년이 지난 지금도 사업 분야에서는 그런 분석적인 상의하달 방식이 여전히 널리 쓰이고 있다. 모리스 그레인지의 암말 이론 얘기를 들은 뒤 내 첫 반응은 본능적인 반발이었다. 데이터와 연역적 추론에 대한 애정에 눈이 멀어 현실을 제대로 보지 못한 것이다. 물론 데이터와 연역적 추론은 아주 유용한 방법이지만, 오늘날의 환경에는 이제 어울리지 않는 '지시와 통제' 방식에 이르게 되기 때문이다. 우리의 새로운 현실에서는 민첩성과 혁신성이 아주 중요하다. 감성 지능, 속도, 융통성이 필요하다는 것은 직원들 스스로 자신의 무게를 감당하는 능력인 자율성이 성공에 꼭 필요한 요소가 됐다는 뜻이다.

대개 결정은 위에서 밑으로 흘러갈 수 없으며 그렇게 되어서도 안 된다.

당신은 이렇게 반문할지도 모른다. "그게 휴먼 매직과 무슨 관계가 있는데요?" 자율성, 그러니까 당신이 무엇을 할지, 언제 할지 또 누구와 할지 통제할 수 있는 능력은 본질적으로 우리에게 동기부여를 해주는 가장 중요한 요소 중 하나다. 이것은 보다 나은 성과로 이어진다.[2] 자율성은 우리를 창의적인 사고로 이끌며, 혁신을 낳는다. 혁신은 새로운 아이디어를 시도할 자유 없이 일어날 수 없다. 자율성은 보다 큰 만족감을 주기 때문에 동기부여가 된다. 남이 이래라저래라 시키는 것을 좋아할 사람은 거의 없다. 물론 나도 좋아하지 않는다. 연구 결과에 따르면, 직장에서 받는 스트레스 수준은 일이 얼마나 힘든지와 관련이 있고, 얼마나 자유롭게 자기 일을 통제하고 조직할 수 있느냐와도 관련이 있다.[3] 자유롭지 않을수록 더 힘들게 느끼는 것이다.

자율적인 환경만 조성해주면, 자율성은 이런 일들을 통해 휴먼 매직을 만들어 낸다(모두가 서로 자신이 원하는 것만 한다고 해서 혼란이 야기되는 건 아니다).

- 최대한 낮은 직급까지 결정에 참여시키기
- 참여 과정 만들기
- 기민한 일처리 방식 채택하기
- 능력과 의지에 적응하기

이제 이것들을 하나씩 자세히 살펴보자.

최대한 낮은 직급까지 결정에 참여시키기

2016년, 나는 훗날 내 후임이 될 코리 배리와 샌안토니오행 비행기에 올랐다. 그 당시 코리는 베스트 바이의 전략적 성장 부서를 이끌면서, 막 발표된 '빌딩 더 뉴 블루' 성장 전략의 일환으로 새로운 아이디어와 계획들을 수립하고 테스트했다. 당시 코리의 팀이 테스트 중이던 한 가지 아이디어가 바로 앞서 언급한 가정방문 상담사 제도였다. 그녀의 팀은 샌안토니오에서 테스트용 상담팀을 만들어 운영 중이었고, 그녀와 나는 그 팀이 실제 어떻게 운영되는지 보러 가는 길이었다.

비행 중에 나는 코리가 건네준 가정방문 상담사 제도 요약 보고서를 읽어 봤다. 테스트 결과 그 제도는 아주 성공적이었고, 플로리다와 애틀랜타에도 확대 시행해 볼 만했다. 샌안토니오를 방문하는 내 취지를 분명히 하기 위해, 나는 코리에게 샌안토니오를 방문해 보고 확대할지 결정해도 되겠냐고 물었다. 그녀는 단호한 목소리로 이렇게 답했다. "안 됩니다. 이미 그러기로 결정했거든요!"

순간 나는 활짝 웃었다. 그녀의 그런 자세가 발전하기 위해 우리에게 필요한, 또한 모든 기업에 필요한 자율성이었기 때문이다. 사실 내가 샌안토니오로 가려는 이유는 단 하나, 우리의 새로운 제도를 직접 보고 제대로 알기 위해서였다.

이것은 리더십 코치 에릭 플리너의 도움으로 우리 임원진이 함께 노력해 생겨난 변화들 중 하나였다. 한 팀으로서의 임원진(10장 참조)의 효율성을 향상하기 위해, 그는 우리가 여러 가지 결정을 어떻게 내릴지 함께 고민하게 했다. 기업 회생이라는 위기관리 상황에서 나는 온갖 중요한 결정을 내려야 하는 선장 역할을 해왔는데, 이제 변화할 때가 된 것이다.

우리가 함께 고민한 첫 번째 문제는 누가 결정을 내리느냐, 그러니까 여러 결정을 조직의 어느 수준에서 내려야 하느냐 하는 것이었다. 에릭 플리너는 가능한 한 조직 내에서 가장 낮은 직급, 즉 해당 결정을 내리는 데 충분하고 가장 정확한 정보를 갖고 있는 직급이 그 역할을 맡아야 한다고 역설했다. 가장 낮은 직급이 위에 있는 경우란 거의 없다. 베스트 바이처럼 규모가 큰 유통업체는 가장 직급이 낮은 사람들까지 의사결정에 참여시키기가 쉽지 않다. 베스트 바이는 그야말로 한 가지 사업을 하는 기업으로, 판촉과 마케팅 같은 기능에 따라 조직되어 있으며, 결정은 그 기능들이 한데 모이는 곳까지 올라가게 되어 있기 때문이다.

그럼에도 우리에게 기회는 있었다. 예를 들어 매장 매니저는 매장 직원을 훈련시키고, 고객과 대화하는 요령을 알려주기 위해 주로 본사에서 개발한 판매 교범을 참조했다. 곧 분명해진 사실이지만, 매장 직원들이 고객과 원활하게 소통하려면 각자 재량권을 갖고 스스로 이런저런 결정을 내릴 수 있어야 했다. 일단 우리의 목적이 '기술로 고객의 삶을 풍요롭게 만들어주기'라는 것이 분명해지자, 우리 직원들은 이제 각자 진실하다고 느끼는 방식으로 그 목적을 실행에 옮길 자율성이 필요해졌다. 엄격한 판매 교범의 '요령'이 아닌 우리 의도와 목적의 '이유'가 폭포수처럼 쏟아져 내려 매장 직원들한테까지 흘러갔다. 앞서 10장에서 살펴본 것처럼, 이런 일은 서로 간에 신뢰와 존경이 조성된 환경 속에서 일어날 수 있다.

이런 의사결정 방식은 '반대하고 헌신하기'라는 아마존의 사풍에서도 잘 드러난다. 제프 베이조스는 회사가 왜 늘 매일매일을 첫날처럼 생각해야 하는지 그 이유를 주주들에게 설명하는 편지를 보낸 적이 있다. 이 편지에서 그는 아마존 스튜디오Amazon Studios(2010년 아마존이 설립한 영화·드라마 제작사-옮긴이)가 제안하는 한 오리지널 작품이 자신에게 별 매력이 없었다고 이야기했다. 그러나 아마존 스튜디오 팀의 생각은 달랐고, 그들은 제프 베이조스의 전폭적인 지지 속에 작품을 밀어붙였다. 편지에서 제프는 이렇게 말을 잇는다. "나는 속으로 '음, 이 친구들 맥을 제대로 못 짚고 헤매고 있군.'이라고 생각하는 게 아니라, '이건 내가 관여할 문제가 아니야.'라고 생각합니다. 이것이 진정으로 의견에 반대하는 것이고, 내 관점을 솔직하게 표현하는 것이며, 팀이 내 관점을 참고할 기회이고, 자신이 가야 할 길을 신속히 결정하고 그 길로 매진하는 방법입니다."[4]

결정을 누가 내려야 할지의 문제에 이어, 에릭 플리너는 우리가 결정을 '어떻게' 내려야 하느냐를 함께 고민하게 했다. 그의 도움 덕에 우리는 RASCI 활용법을 배웠다. RASCI는 상황을 누가 담당하고 Responsible, 책임지고Accountable, 지원하고Supporting, 자문을 받거나Consulted 결과를 통보 받는지Informed를 조합한 표현이다. 우리는 많은 결정을 검토했고, 결정을 누가 내려야 하는지도 많이 논의했다.

내가 '책임'을 지고 '지원'해야 할 결정은 결국 몇 가지만 남았다. 많은 결정들은 '자문'을 받거나 단순히 '통보'만 받는 것이었다. 결국 기본적으로 다음 4가지 분야에서만 개인적으로 결정을 담당하게 됐다. 회사의 전반적인 전략, 특히 기업 인수 및 합병 같은 중대한 투자 결정, 임원진 구성, 회사의 가치 정립에 대한 결정이다. 물론 많은 결정을 내리는 과정에서 이런저런 자문을 받았고, 브랜드화 및 자본 구성 같은 문제들과 관련해 내 의견을 밝히기도 했다. 그러나 그런 결정을 내리는 것은 결국 마케팅 책임자와 최고재무책임자의 몫이었다. 가정방문 상담사 제도를 시행하는 문제는 내가 통보만 받으면 되는 것이다. 우리는 조직 전체에 더 큰 자율성을 부여하려 애썼으며, 동시에 한 사람이 결정을 내리는 게 아니라 모든 사람이 의견을 내게 하는 새로운 접근방식 때문에 조직 활동이 마비되는 일이 없도록 애썼다.

우리는 보다 분권화된 접근방식으로 돌입했다. 이 방식은 우리의 성장 전략에 더없이 좋았지만, 내가 베스트 바이라는 거대한 배를 안정시키기 위해 많은 결정을 내렸던 '리뉴 블루' 기업 회생 시절의 접근방식과는 판이했다. 우리는 적응해야 했고, 그 과정에서 많은 습관을 고쳐야 했다. 10장에서도 언급했지만, 서로 소통하는 방식을 개선하는 것이 이런 변화에 큰 도움이 됐다. 우리는 최선의 결정을 내릴 수 있게 서로를 신뢰하게 되었을 뿐 아니라, 필요할 때 언제든 서로 지지하고 솔직한 피드백을 해줄 준비도 되어 있었다. 우리가 에릭 플리너와 함께 일하기 시작했을 때 우리 팀원들은 어떤 주제든 최종 결론을 내려야 할 때면 매번 내 쪽을 쳐다보았다. 그러면 나는 늘 웃음 띤 얼굴로 이렇게 말했다. "날 보지 말아요!" 결국 우리는 훨씬 더 분권화된 결정을 내리는 방향으로 변화되었고, 그 덕에 우리가 일하는 방식은 훨씬 더 분명해지고 빨라졌다.

이런 얘기를 하다 보니 내가 EDS 프랑스에 있던 시절이 기억난다. 당시 프랑스에 있던 나이키 최고경영자가 내게 'Just Do It!'이라고 적힌 스티커를 잔뜩 주었다. 이후 EDS 프랑스의 누군가가 어떤 아이디어를 내면 그 사람에게 그 스티커를 하나씩 주곤 했다. 나는 모든 사람이 자신의 아이디어를 당당히 내놓고 직접 실행하기를 원했다. 또한 실수해도 문제없다는 걸 알기를 원했다. 새로운 아이디어가 현실성이 없다 해도, 그걸 통해 뭔가를 배우고 방향을 바로잡을 수 있기 때문이다.

참여 과정 만들기

매킨지 앤드 컴퍼니의 컨설턴트로 일하던 시절, 나는 프랑스 중부의 한 작은 도시에서 미사일 시스템용 배터리를 제작하는 한 공장에 컨설팅을 한 적이 있다. 공장은 운영 성과를 개선할 필요가 있었다. 우리는 약 8주에 걸친 4단계 개선 접근방식을 이 공장에 활용했다. 첫째, 개선 목표와 함께 기준치를 정했다. 개선 목표는 충분히 야심 차게 세워 이행 과정에서 이런저런 수정을 하거나, 모든 것을 원점에서 다시 생각할 일이 없도록 했다. 둘째, 모든 사람이 개선 방법에 대한 아이디어를 내게 했다. 그러나 가장 좋은 아이디어는 현장을 경험하면서 어떤 과정에 문제가 있는지, 개선 방법이 뭔지 알고 있는 일선 직원들이 냈다. 셋째, 모든 아이디어를 크게 세 종류, 즉 'Yes(강력한 아이디어)', 'No(너무 비용이 많이 들거나 위험한 아이디어)', 'Maybe(잠재적으로 유망한 아이디어)'로 분류했다. 넷째, 'Yes'와 'Maybe' 아이디어를 실행하기 위한 다음 단계를 수립했다.

이 모든 과정에서 고위 관리직은 대개 한 걸음 물러나 있었다.

그들은 주로 4단계 접근방식을 마련하고, 공장 노동자들과 그 직속 상사들이 아이디어를 낼 수 있는 분위기를 조성하는 역할을 한 것이다.

나는 아직 '지시 및 통제' 모델에 깊이 빠져 있던 매킨지 앤드 컴퍼니의 젊은 컨설턴트로서, 이 4단계 접근방식의 결과를 보고 엄청난 충격에 휩싸였다. 공장 노동자들은 본사의 그 누구도 상상 못 한 아주 다양하면서도 구체적인 아이디어를 내놓았다. 당시 이런 프로그램은 매킨지 앤드 컴퍼니 내에서는 그리 매력적으로 평가받지 못했다. 그러나 내게 깨달음을 준 경험이었으며 절대 잊지 못할 중요한 교훈이기도 했다.

나는 사람들의 다양한 경험에서 뭔가를 배우는 일이 남들에 비해 쉬웠다. 거기에는 그럴 만한 이유가 있다. 운 좋게도 나는 사회생활을 하면서 늘 처음 합류할 때 아는 게 전혀 없는 낯선 분야의 기업을 이끌었다. 그래서 여러 면에서 다른 사람들을 신뢰하고 그들에게 권한을 위임하는 것 외에 다른 선택의 여지가 없었다. 국외자라는 입장 때문에 상의하달 방식으로 돌아가고 싶은 유혹에 넘어가지 않을 수 있었다. 내가 칼슨 왜건릿 트래블에 합류했을 때, 회사는 다음 이사회에서 성장 계획을 프레젠테이션 해야 했다. 이 프레젠테이션은 EDS 프랑스와 비방디 게임사업부에 이어 최고경영자로서 세 번째 도전이었고, 그 무렵 나는 이미 내가 할 일이 해결책을 찾아내는 게 아니라는 걸 잘 알고 있었다. 해결책을 찾아내고 싶었어도 아마 그러지 못했을 것이다. 여행업계와 관련해 내가 경험한 거라곤 여행을 해본 게 다였으니까. 결국 내가 할 일은 나보다 업계를 훨씬 더 잘 아는 사람들을 도와 해결책을 찾아낼 과정을 만들고 그것을 밀어붙이는 것이었다. 칼슨 왜건릿 트래블에서는 배터리 제조 공장에서 배운 4단계 접근법을 그대로 활용해 효과를 보았다. 오늘날 우리의 상황은 어떤가? 우리는 어디로 가고 싶어 하는가? 거기 도달하기 위해 우리는 무얼 해야 하는가? 그것을 어떻게 행할 것인가? 인사 부서에서 마케팅, 공급 관리, IT 부서에 이르는 모든 부서의 팀들과 사외 워크숍을 열었다. 나는 아이디어나 해결책을 내지 않았다. 대신 주로 이런저런 질문을 했고, 각 팀을 지원해 계획을 수립하고 종합할 수 있게 도움을 줬으며 이사회에서 프레젠테이션을 했다.

훗날 칼슨 컴퍼니스로 자리를 옮긴 뒤에도 이 방식을 계속 유지했다. 내가 호텔 및 식당 분야를 경험한 건 호텔에 묵고 식당에서 식사를 한 게 다였다. 내 입장에선 모든 부서를 동원해 성장 계획을 수립하게 하는 것 외에 다른 선택의 여지가 없었다.

내가 베스트 바이에 합류했을 때 유통업 분야의 경험이 전무했고, 우리가 8주 안에 회생 계획을 세워야 했다는 것을 기억할지 모르겠다. 7장에서 언급한 것처럼, 그 계획은 팀의 의견을 수렴한 워크숍에서 탄생했다. 우리는 그 계획을 이사회와 투자자들에게 소개하기 전에 베스트 바이의 임원들과 함께 검토했다. 이 작은 배터리 공장은 이런 방식이 얼마나 큰 영향력을 발휘하는지 전혀 몰랐다.

그러나 베스트 바이에서 한 가지 중요한 차이가 있었다. 아이디어와 해결책을 모든 부서에서 얻었지만, 처음에는 내가 직접 많은 결정(온라인 가격 조정, 직원 할인 제도 부활 등)을 내렸다. 왜냐고? 불난 집에 당장 불을 꺼야 하는 위급 상황이었기 때문이다. 일단 급한 불을

끄고 2016년에 '빌딩 더 뉴 블루' 성장 전략을 수립한 뒤에는, 의사결정 과정에 훨씬 더 강력한 불간섭주의 접근방식을 택했다.

기민한 일처리 방식 채택하기

2018년에 당시 베스트 바이의 디지털 및 기술사업부 책임자였던 브라이언 틸저는 임원진을 이끌고 미니애폴리스 시내 여행에 나섰다. 우리의 목적지는 유에스 뱅크^{US Bank} 본점이었다. 브라이언은 은행 견학을 통해 우리 임원진이 새로운 작업 방식을 더 잘 이해하기를 바란 것이다. 유에스 뱅크는 2008년에 몰아닥친 대침체기에 미국의 다른 모든 주요 은행들과 마찬가지로, 은행 운영 전반에 걸쳐 훨씬 더 엄격한 위기관리 및 규정 준수 정책을 도입한 상태였다. 그 결과 융통성과 혁신성이 떨어졌다. 내 친구 팀 웰시는 그 당시 유에스 뱅크의 소비자 및 기업 금융 사업부 부회장이 됐다. 그는 보다 고객 친화적인 은행을 만들기 위한 전사적인 노력에 앞장 섰다. 유에스 뱅크는 모든 부서를 따로 놀게 하거나 모든 결정이 기업의 먹이사슬을 따라 흘러 내려가게 하지 않았다. 대신 기술 및 인사 부문에서 마케팅, 법률, 재정 부문에 이르는 모든 부문의 대표자들로 팀을 구성했으며, 각 팀에 실권을 부여했다. 대침체기 이후 엄격한 규정 준수 정책이 생겨났음에도, 유에스 뱅크는 이런 접근방식으로 중소기업 대출이나 담보 대출을 훨씬 더 신속히 처리할 수 있는 길을 찾아낼 수 있었다.

간단히 말해 유에스 뱅크는 아주 기민해진 것이다.

지금 많은 기업이 여러 부서가 힘을 합친 자율적인 소규모 팀을 구성해 신속한 의사결정 및 조정 작업을 하고 있다. 베스트 바이의 임원진은 유에스 뱅크 견학을 통해 이런 새로운 접근방식을 더 잘 이해할 수 있게 되었다. 우리는 이 방식을 먼저 전자상거래 분야에 적용했다. 곧이어 데이터와 지속적인 실시간 테스트(최고경영자의 생각이 아니라)를 토대로, 웹사이트를 연간 몇 차례 업그레이드하는 방식에서 주 단위로 여러 차례 업그레이드하는 방식으로 전환할 수 있었다.

그다음에 가격 책정, 승진, 직원 대면 수단 같은 여러 과정과 프로젝트에도 이렇게 기민한 접근방식을 도입했다. 이것이 아마도 코로나 19 팬데믹 위기에서도, 2020년 3월 베스트 바이가 단 3일 만에 '비대면 커브사이드 픽업 제도contactless curbside pickup(온라인으로 상품을 주문한 뒤 지정된 장소로 가서 차에 탄 상태에서 수령하는 제도 - 옮긴이)'를 시행할 수 있었던 비결일 것이다. 사실 기민한 접근방식이 없었다면 적어도 3분기는 걸려야 가능한 일이었다.

능력과 의지에 적응하기

결정을 위임하고 자율성을 키우는 것은 꼭 필요한 일이다. 그렇다고 이 방식이 모든 상황에 다 적절하지는 않다.

2012년 내가 베스트 바이에 합류했을 때 리치필드에 있는 본사

주차장은 놀랄 만큼 텅 비어 보였다. 알고 보니, 어떤 날이든 본사 직원 중 5분의 1에서 3분의 1은 사무실에 있지 않았다. 일부 부서에서 팀 미팅이 열려도 자리가 절반은 빌 정도였다. 당시 베스트 바이 직원들은 회사가 기대하는 성과만 내놓을 수 있다면, 언제 어디서 일을 하든 자유였다. 이것이 바로 '성과 집중형 업무 환경results-only work environment, ROWE' 제도다.

기업 회생 작업을 막 시작한 2013년 2월에 베스트 바이의 임원진은 ROWE 제도를 계속 유지할지 말지를 놓고 열띤 논쟁을 벌였다. 당시 최고재무책임자 샤론 매컬럼은 이 제도를 극구 반대하는 입장이었다. 그녀는 이 제도 때문에 생산성이 떨어진다고 믿었다. 다른 사람들은 아예 이 문제를 우리가 관심을 집중해야 할 만큼 중요한 문제로 생각하지 않았다. 결국 내가 개입해 교착 상태를 타개해야 했다.

결국 나는 원격 재택근무 제도를 폐지하기로 결정했다. 짐작하겠지만, 이 결정이 모두에게 환영받지는 못했다. 이 제도를 만든 사람들을 비롯한 일부는, 나를 성과 향상보다 정해진 시간에 출퇴근하는 일에 더 관심이 많은 고루한 사람으로 생각했다. 곧이어 자녀와 노부모가 아픈 경우 등 다양한 시나리오를 들어 항의하는 이메일이 날아들었다. 물론 그 당시 누구도 병가나 다른 예외 조항이 없을 거라는 얘기를 흘리진 않았다. 우연의 일치겠지만, 바로 그 무렵 야후의 최고경영자 마리사 메이어Marissa Mayer도 야후의 원격 재택근무 제도를 폐지했다.

코로나 19로 인해 베스트 바이를 비롯한 많은 기업에서는 원격 재택근무가 불가피해졌다. 따라서 당시 내가 내린 결정이 시대착오적으로 보일 수도 있다. 그러나 당시만 해도 지금처럼 원격 재택근무가 불가피한 보건 문제가 없었고, 현실적이고 철학적인 이유로 그런 결정을 내렸다.

첫째, 현실적인 관점에서 당시 베스트 바이는 그야말로 생과 사를 오가고 있었다. 비상 상황이었고, 우리는 신속히 움직여 서로 협력하며 정보가 유연히 흐르게 해야 했다. 그러기 위해 필요한 것은 단 하나, 모든 사람을 같은 시간, 같은 장소에 있게 하는 것이었다. 병상에서 죽어가는 환자를 살릴 수 있는 최선의 방법은 병실 안에 필요한 모든 의료진이 있는 것과 같은 이치다. 게다가 원격 재택근무 제도는 모든 사람에게 적용할 수도 없었다. 같은 회사의 다른 부서들에 다른 원칙들이 적용되면 사람들 사이에 긴장감과 분노가 쌓인다. 예를 들어 매장 직원들은 집에서 근무할 선택권 자체가 없기 때문에 정해진 시간에 출퇴근해야 했고 실제로 그랬다.

둘째, 원격 재택근무 제도는 권한 위임이 늘 올바른 접근방식이라는 개념을 토대로 만들어진 것이다. 나는 그것이 근본적으로 잘못된 개념이라고 생각했다. 모든 상황, 모든 개인에게 두루 통용되는 리더십은 없다. 1980년대 중반에 매킨지 앤드 컴퍼니에서 첫 경영자 양성 교육에 참가했을 때, 나는 자율성이 능력과 동기에 맞춰 조정되어야 한다는 사실을 배웠다. 말하자면 특정 상황에선 특정 전략이 필요하다.[5]

권한 위임은 충분한 능력과 동기를 가진 사람들에게만 적용 가능하다. 예를 들어 당신이 내게 벽돌로 벽을 쌓으라거나 5가지 코스의 만찬을 준비하라고 하면서 빨리하라고 재촉한다면, 그 결과는 보나마나 아주 실망스러울 것이다. 내가 노련한 석공이지만 벽을 쌓는 일에 전혀 관심이 없다면, 그 결과 역시 형편없을 것이다.

이처럼 권한 위임과 자율성은 능력과 동기를 다 갖고 있을 때 비로소 휴먼 매직을 발산한다. 내가 10대 시절에 BMW 대리점 자동차 정비소에서 보조 정비공으로 여름 아르바이트를 할 때, 나는 능력도 동기도 없었다(1장 참조). 따라서 당시에는 내게 자율성이 주어졌다 해도, 나 자신은 물론 정비소에 아무 도움이 안 됐을 것이다.

뛰어난 능력과 높은 동기가 이상적으로 결합된 교과서적인 사례 기업 중 하나가 바로 블리자드 엔터테인먼트다. 내가 비방디 게임사업부의 최고경영자로 있을 때 비방디 소속이었던 이 비디오게임 개발 회사는 해당 분야의 선두주자였다. 이 회사의 게임 개발자들은 뛰어나고 열렬한 게이머였다. 그들을 상대로 새로운 게임이 어때해야 하는지 또는 언제 출시돼야 하는지 지시한다는 건 꿈도 못 꿀 일이었다. 그 모든 건 그들이 할 일이었다. 게임이 언제 출시 준비를 마칠지 가장 잘 알고 있는 건 그들이기 때문이다.

그러나 그들의 전문 지식도 마케팅과 유통 분야 등에는 별 도움이 되지 못했다. 예를 들어 블리자드의 '스타크래프트'가 미국에서 거둔 성공은 훗날 유럽과 아시아에서 출시됐을 때 거둔 성공에 비하면 새 발의 피였다. 북미 지역에서는 게임이 출시되자마자 불법 복제가 판을 쳤기 때문이다. 그 결과 유럽 유통업체들은 제품 유통에 투자하지 않았다. 게임 제작팀은 국제 영업팀에 실망했고, 국제 영업팀 역시 게임 제작팀을 못마땅해했다. 이 문제를 해결하기 위해,

나는 런던에서 워크숍을 열어 두 팀을 한자리에 모았다. 워크숍의 목표는 문제점을 제대로 분석함으로써 두 팀이 합심해 구체적인 해결책을 도출하는 것이었다.

워크숍을 통해 구체적인 게임 복제 방지책이 세워졌고, 블리자드 엔터테인먼트의 차기 블록버스터 게임인 '디아블로 II'는 전 세계에 동시 출시할 수 있었다. 이 두 결정 덕에 불법 복제는 줄어들고 영업팀의 사기는 올라갔다. 결국 디아블로 II는 《뉴욕 타임스》가 베스트셀러인 《해리 포터》 시리즈의 성공과 견줄 정도로 큰 성공을 거두었다.[6] 당시 나는 주어진 상황에서 적절한 리더 역할을 선택했다. 당시 사람들의 열정은 높이 평가할 만했지만, 문제 해결 기량은 그 열정에 미치지 못했다. 당면한 문제를 해결할 수 있는 공동의 장을 마련함으로써 자율성을 잠시 유보하는 접근방식이 적절했다.

마찬가지로 2012년 베스트 바이 역시, 기업을 살려야 하는 상황에서 자율성을 잠시 유보하고 지시하는 접근방식이 적절했다. 물론 당시 기업 회생 계획을 수립하는 데 많은 사람이 기여했지만, 나는 처음부터 많은 결정을 직접 내리는 접근방식을 택했던 것이다. 그러나 기업의 성장 목적이 확고해진 2016년의 상황에서는 참신한 아이디어와 혁신이 필요했고, 우리는 이미 더 높은 자율성 아래 새로운 일에 도전할 준비가 되어 있었다. 그렇게 계획들이 마무리되자 나는 모노폴리 게임에서처럼 '감옥 탈출 카드'를 쓰기 시작했고, 그 결과 사람들은 늘 좋은 성과를 내야 한다는 압박감에서 벗어나 혁신을 꾀할 기회를 갖게 되었다.

*   *   *

　개인의 욕구에 맞춘 기업의 목적, 진실한 인간관계 그리고 자율성. 이 모든 것이 우리가 직장 일에 얼마나 많은 것을 투자할 준비가 되어 있는지에 영향을 미친다. 그러나 휴먼 매직을 발현하기 위해서는 우리가 가장 잘하는 일에 숙달되어야 한다. 다음 장에서는 '숙달하기'를 좀 더 자세히 살펴볼 것이다.

| 깊이 생각해 볼 질문들 | ···

* 자율성은 당신의 참여도에 어떤 영향을 주는가?
* 당신이 이끄는 조직이나 팀은 전략을 어떻게 결정하는가?
* 그 과정에서 당신은 어떻게 다른 사람들을 참여시키는가?
* 당신은 어떤 결정을 내리는가? 어떻게 그 결정을 내리는가?
* 당신은 팀원들에게 자율성을 얼마나 많이 허용하는가? 그 자율성은 어떤 형태로 드러나는가?
* 당신은 상황에 따라 리더십 스타일을 조정하는가?

The Heart of Business

네 번째 요소: 숙달하기

연승은 결코 우리의 목표가 아니었다.

밥 라도서, 캘리포니아 주 드 라살 고등학교
미식축구팀 스파르탄즈 코치

캘리포니아 주 콩코드에 있는 드 라살 고등학교의 미식축구팀 스파르탄즈Spartans는 고등학교 미식축구를 완전히 평정한 듯 보였다. 이 팀은 자그마치 151 게임 무패 기록을 세웠는데, 미식축구 역사상 모든 레벨을 통틀어 가장 긴 연승 기록으로 남아 있다. 무려 151 게임 연승이다! 이것은 휴먼 매직 덕에 기적에 가까운 성과를 낸 대표적인 예다.

드 라살 고등학교 미식축구팀 선수들이 최고는 아니었다. 그렇다고 팀에 돈이 많은 것도 아니었다. 선수들은 아주 특출한 리더이자 코치인 밥 라도서Bob Ladouceur를 따랐을 뿐이다. 그는 선수들에게 흔들리지 않는 목적의식과 팀워크를 불어넣었을 뿐 아니라, 그들이

· 254 ·

각자 최고가 되는 일에 전력을 다하게 만들었다. "우리 스태프 중 누구도 여러분이 오늘밤 완벽한 경기를 하길 기대하지 않는다. 그건 불가능한 일이다." 라도서 코치는 게임을 앞두고 늘 선수들에게 이런 말을 하곤 했다. "대신 우린 여러분이 자신과 서로에게 완벽한 노력을 해주길 기대한다."

라도서 코치는 선수들이 숙달될 수 있게 맹훈련을 시켰다. 지시와 연습을 통해 각 선수가 자신에게 기쁨을 주는 일에 숙달될 수 있게 만든 것이다. 내게 사람 → 사업 → 재정 접근방식을 알려준 허니웰 불의 최고경영자 장 마리 데카르팡트리 역시 기업의 최종 목표는 기업에서 일하는 모든 사람의 성장과 성취에 두어야 한다고 말했다.

적어도 직원들의 성장과 성취는 기업의 성과를 올리는 데 필수적이며, 드 라살의 코치가 그랬듯 리더는 직원들이 숙달될 수 있는 환경을 조성해줘야 한다. 아이러니하게도 결과 자체보다 숙달 과정에 지속적인 관심을 쏟으면 최선의 결과를 보게 된다. 숙달은 성과를 올리는 데 필수다. 자신이 가장 잘하는 일에 숙달되면 기본적으로 만족감도 커지고 동기부여도 되기 때문이다. 합기도 신봉자이자 사범인 조지 레너드는 우리의 삶에서 '장기적이고 근본적으로 목적이 없는 숙달 과정'이야말로 성공과 성취를 보장하는 길이라고 역설한다.[1] 위키피디아 엔트리를 편집하거나 리눅스와 아파치 등을 개발하는 이들은 세상 사람들을 위해 한가한 시간에 그런 일을 한다. 그들은 자신의 능력을 세상을 위해 쓰는 걸 좋아하기 때문이다.

숙달은 휴먼 매직의 다른 요소에도 도움을 준다. 숙달된 사람은 안 그래도 더 나은 성과를 올릴 가능성이 높은데, 거기에 동기부여까지 될 경우 더 많은 자율성이 허용되기 때문이다.

EDS 프랑스에 재직할 때 상사가 언젠가 이런 말을 했다. "나는 노력을 높이 평가합니다. 하지만 정말 관심이 있는 건 성과입니다." 리더 입장에선 아주 구미가 당기는 접근방식이다. 성과 격차에 신경을 곤두세워 "더 분발해요!"라고 말하기는 쉽지만, 아마 별 효과는 없을 것이다.

뭔가에 숙달될 수 있는 환경을 조성하려면 이런 일을 해야 한다.

- 결과보다 노력에 집중하기
- 집단이 아닌 개인을 발전시키기
- 훈련보다 코치하기
- 성과 평가 및 발전 재평가하기
- 배움을 평생의 여정으로 삼기
- 실패할 여지를 두기

결과보다는 노력에 집중하기

숙달이 주는 성취감은 '완벽한 경기보다 완벽한 노력을 바란다.'라는 밥 라도서 코치의 말에서도 잘 드러난다. 경기 결과보다는 '연습을 위한 꾸준한 연습'이 더 중요하다는 것이다(대가들은 연습을 좋아한다). 그래서 152번째 경기에서 패해 연승이 끝났을 때, 스파르탄즈 선수들은 여전히 경기에 나와 최선을 다할 수 있었다. 연승이 끝났음에도 그들은 숙달되길 원했고 그것을 위해 노력했기 때문이다. 그런 집중력 덕에, 그리고 그들의 목적이 결코 연승이 아니었기에, 그들은 다시 승리를 거머쥐며 뛰어난 팀으로 거듭날 수 있었다.

닐 헤이즈는 자신의 책에서 이 미식축구팀 이야기를 하며 이렇게 회상한다. "드 라살 고등학교 미식축구팀은 다른 팀들과의 경쟁에서 한 발 벗어나 있었다. 수석 코치에서부터 성적이 가장 저조한 대표 선수에 이르는 모두가 팀을 위해서라면 자신을 희생할 각오가 되어 있었기 때문이다."[2]

회의론자들은 이런 것을 어떻게 사업의 세계에 적용할 수 있느냐며 의문을 제기할 수도 있을 것이다. "숙달? 좋은 얘기지만, 그것도 결국 결과보다는 부차적인 일 아닌가?" 아니다. 결과 즉, 수익을 사업의 목적으로 삼으면 성취와 최선의 노력을 목표로 삼기보다 결과에 집중하게 됨으로써 숙달의 의지가 흔들린다. 나는 한때 인도를 찾아가, 영적인 면을 중시하는 인도인들이 일을 어떻게 여기는지 연구했다. 그 과정에서 수익을 기업의 주요 목적으로 보는 것에 대한 우리의 비판(4장 참조)이 힌두교의 주요 경전인 《바가바드기타》 2장 47절에 그대로 나온다는 사실에 충격을 받았다. 그 구절에서는 결과에 집착하면 효율성이 떨어지며(간절히 바라는 결과 그 자체를 망가뜨려서), 또한 결과가 기대치에 미치지 못하면 좌절과 분노에 빠지게 된다고 말한다. "우리의 권리는 우리가 맡은 행동의 성과에 국한되며, 우리의 의무는 최선을 다해 맡은 그 행동을 잘 해내는 데 있다. 우리의 마음이 행동 자체보다 그 결과에 집중될 때, 정신이 산만해져 제대로 집중하지 못한다. 또한 집착은 우리를 불안하게 만들고, 승리에 대한 부담은 우리의 에너지를 고갈시킨다."**3**

물론 결과에 초연해지기란 쉽지 않다. 치열한 경쟁 사회를 살아가는 우리 입장에서 결과에 집중한다는 건 자연스러운 일이다. 그러나 베스트 바이에 있던 8년간 나는 과정에 집중하는 것, 그러니까 좋은 환경을 조성하는 것이야말로 최선의 결과에 이르는 길이라는 사실을 깨달았다. 이는 테니스 경기를 하는 것과 비슷하다. 포인트를 따거나 경기의 승패에 집착하면, 너무 긴장한 나머지 오히려 패할 가능성이 더 높아진다. 대개 긴장을 풀고 공에 집중할 때 가장 좋은 경기를 치를 수 있다.

긴 안목으로 보면 과정을 중시하고 최선을 다하려 애쓸 때 동기부여가 되어 훨씬 더 숙달될 수 있고, 이것이 지속적이고 놀라운 성과로 이어진다.

집단이 아닌 개인 발전시키기

리뉴 블루 기업 회생 작업이 한창이던 2014년에, 나는 콜로라도 주 덴버 시에 있는 베스트 바이 판매팀을 방문했다. 거기에서 뭔가 특별한 일이 일어나고 있었기 때문이다. 그해 내내 덴버 지역 각 판매 직원의 시간당 평균 매출이 14달러씩 올라 10% 증가했는데, 다른 지역에 비해 고객 수가 늘지도 않은 상황에서 가장 높은 증가세였다. 베스트 바이의 전 매장에서 이를 그대로 따라할 수 있다면, 40억에서 50억 달러의 추가 매출이 생겨나는 셈이었다.

이처럼 덴버 시의 놀라운 성과를 만든 마법사는 지역 매니저 크리스 슈미트였다. 크리스는 판매 관리에 관한 한 상의하달식 접근법이 이치에 맞지 않는다고 생각했다. 회사는 모든 직원에게 개인의 능력과 관계없이 같은 것에 집중하고 같은 방식으로 고객을 대하라고 요구했다. 매장에서는 각 직원에 대한 데이터를 사용할 수 있었지만, 대부분은 거의 그러지 않았다. 크리스는 그 데이터를 통해 각 직원이 어떤 면을 개선할 수 있는지 알 수 있다는 사실을 간파했다. 그는 2가지 평가 기준에 집중했다. 시간당 매출과 매출 믹스revenue mix가 그것. 만일 어떤 직원이 시간당 매출에서 뒤처지면 그 직원은 고객 응대법에 대한 조언을 들어야 하거나, 고객에게 더 나은 정보를 주기 위해 제품 및 서비스를 좀 더 공부해야 할 수도 있었다. 반면에 시간당 매출이 상위에 있는 직원들은 고객 응대에 신경 쓸 필요가 없지만, 판매 제품이나 솔루션의 가짓수를 늘려야 했다.

그때까지만 해도 베스트 바이는 늘 생산성 향상과, 개인보다 지역 차원의 생산성 및 성과를 높이는 데 열중했다. 크리스는 그것이 별로 효과적이지 못하다고 생각했다. 대신 한 번에 한 사람씩, 모든 직원의 업무 숙달도를 높이는 데 집중했다. 베스트 바이로서는 운 좋은 일이었지만, 그는 본사와 상의 없이 독단적으로 자기 지역에서 그런 방식을 채택한 것이다. 내가 방문할 무렵, 덴버 시 직원들은 일주일에 한 번씩 매니저와 일대일 면담을 했다. 그런 식으로 그들은 매니저와 그 전 주의 모든 걸 점검했고, 다음 주에는 무엇을 개선할지 결정했으며, 그런 다음 목표를 설정했다. 또한 매니저와 함께 보다 장기적으로 자신들이 추구할 수 있는 경력상의 기회를 확인했다.

판매 직원들은 의욕에 불탔다. 그들은 자신이 매장, 지역, 회사에 어떻게 기여하는지, 시간이 지나면서 모든 게 어떻게 개선되는지 정확히 알 수 있어 좋아했다. 또한 일대일 방식의 맞춤형 교육도 좋아했다.

나는 당황스러웠다. 기량, 성과, 숙달을 어떻게 생각할지에 대해 내가 적극 지지하고 혁신해 온 '사람 → 사업 → 재정' 경영 철학을 크리스가 단숨에 한 단계 더 끌어올렸기 때문이다. 우리는 그의 접근방식을 미국 전역으로 전파했고, 그것은 들불처럼 번졌다. 매달 전국에서 가장 좋은 성과를 낸 직원들과 연락해, 그들의 비법을 다른 직원들에게 알려주었다. 이 새로운 방식 덕에 직원들의 기량이 향상됐고 동기부여 됐다. 이는 기업 회생 기간 중에 우리가 도입한 가장 중요한 변화 중 하나였다.

훈련보다는 코치하기

1980년대 말에 나는 매킨지 앤드 컴퍼니의 컨설턴트로 허니웰 불의 판매 조직 강화를 도왔다. 그 회사는 전통적인 훈련 프로그램을 사용했는데, 그것은 쓸모없는 경우가 많았다. 대부분의 사람들은 교실에서 강의나 프레젠테이션을 들으면 실제 상황에서 써먹지 않는 한, 한 달도 채 안 돼 자신이 배운 것을 무려 80%나 잊어버린다. 마찬가지로, 판매 직원들도 무언가를 배우고 실제 상황에 되풀이해 응용할 때 더 잘 배울 수 있다.

코칭도 마찬가지다. 코치를 받으면 그 내용을 실제 상황에서 써 먹을 때 더 효과가 있다. 우리는 전통적인 훈련이 별 도움이 되지 않는다고 파악했고, 허니웰 불 직원들에게 '액션 러닝action learning(행동을 통해 배우는 학습 기법 - 옮긴이)'을 실행하고 코치했다. 판매팀은 워크숍에 참석해 새로운 판매 기법을 배웠고, 곧바로 합심해 그들이 당면한 실제 문제를 해결하려 했다. 또한 지역 매니저 훈련을 먼저 실시해, 그들이 워크숍 기간과 작업 현장에 되돌아갔을 때 자기 판매팀 직원들을 코치할 수 있었다. 그 이후 허니웰 불은 매출과 마진에서 괄목할 만한 성장을 했다.

나는 덴버 시에서 크리스 슈미트의 개인 맞춤형 피드백 방식을 보면서 허니웰 불에서 겪은 이 경험을 떠올렸다. 나는 덴버의 판매 직원들에게 활력을 불어넣은 주 단위 일대일 면담을 직접 경험하기 위해 매니저 한 명과 짝을 이뤄 움직였다. 나는 가전제품 매장 직원 역할을 했다. 내 매니저 조던과 나는 먼저 내 매출 수량과 매출 믹스 실적을 살펴보았다. 시간당 매출이 평균치에 못 미치는 걸로 드러났다. 내 매출 데이터를 보니 거래당 제품 판매 실적이 평균치를 밑돌았다. 조던과 나는 이 문제에 관심을 집중해야겠다고 결정했다. 어쩌면 다른 부분에서 코치를 받아야 했는지도 모르겠지만, 조던은 동시에 여러 가지를 배우는 게 어렵다는 걸 잘 알았다. 그래서 우리는 이 한 가지 문제에 집중하면서 그것을 개선하려 애썼다.

우리는 역할극을 활용했고, 고객 응대를 개선하려면 어떻게 접근해야 하는지 배울 수 있었다. 조던은 판매 직원 역을 맡았고, 나는 고장난 세탁기를 교체하러 매장에 들른 고객 역을 맡았다. 어떤 세탁기가 내 요구 조건에 가장 잘 맞는지 결정한 뒤, 조던은 내게 세탁기를 구입한 지 얼마나 됐냐고 물었다.

"12년 정도요." 내가 답했다.

"그때 건조기도 같이 구입하셨나요?" 그녀가 물었다.

"네, 아마도요." 조심스레 내가 답했다.

"세탁기에 어울리는 건조기도 필요하시지 않나요?"

"글쎄요, 세탁실이 깔끔해 보이면 좋긴 하죠."

"알겠습니다. 사실 이런 가전제품들을 12년 썼으면 오래 쓰신 겁니다. 아마 앞으로 1~2년 후면 지금 쓰는 건조기도 고장날 가능성이 높습니다. 그런데 모델이 매년 바뀌는 경우가 많아, 1~2년 후면 새로 구입하는 세탁기에 맞는 건조기를 찾기 힘들 수 있습니다. 마침 저희는 지금 세탁기와 건조기를 묶음 판매하는 행사를 하고 있습니다. 이 행사를 좀 더 자세히 알려드릴까요?"

조던은 이처럼 아주 실전적인 접근방식으로 거래당 판매 실적을 올릴 수 있는 방법을 알려주었다. 세탁기를 구입하려는 내게 건조기까지 동시에 구입하는 걸 고려하게 만든 것이다.

덴버 시 전역의 베스트 바이 판매 직원들은 매주 이런 맞춤형 코치를 받고 있었으며, 또 일일 점검을 통해 각자 어떻게 하고 있는지 얘기를 나누었다. 내 코치 마셜 골드스미스는 가끔 코칭이란 선수들이 신체적인 접촉을 하는 '접촉 스포츠'라는 말을 하곤 했다. 코칭이 효과를 보려면 실천 가능해야 하며 자주 할 수 있어야 한다는 것인데, 그가 말한 그런 코칭이 바로 덴버 시에서 행해진 것이다.

이 방식에서는 매니저가 고도로 숙련된 코치가 된다는 점에 주목하라. 휴먼 매직을 발산하기 위해서는 매니저가 단순한 매니저 그 이상이 되어야 한다. 덴버 시 매니저들은 좋은 코치가 되기 위해 스스로 각종 판매 기량들에 숙달되어야 했다.

이런 얘기를 하다 보니 앵무새와 관련된 유머가 생각난다. 한 여성이 새를 파는 매장에 들어가 한 앵무새를 본다. "이 앵무새는 얼마인가요?" 그녀가 묻는다. "100달러입니다." 매장 주인이 말한다. "이 앵무새는 특별합니다. 단어를 100개 넘게 말할 수 있고 커피도 타고 신문도 읽거든요." 고객은 고개를 끄덕이곤 다른 앵무새를 보는데, 그 앵무새는 1,000달러라고 한다. 매장 주인은 이 앵무새가 훨씬 더 특별하다고 설명한다. 5개 언어를 구사하는데다 아침 식사도 준비해주고 신문 기사 요약도 해준다고 한다. 그런데 세 번째 앵무새도 있었다. 여성은 그 앵무새가 얼마냐고 물었고, 무려 1만 달러라는 주인의 대답에 깜짝 놀라 물었다. "아니 대체 어떤 앵무새길래 그렇게 비싸죠?" 그러자 매장 주인이 답했다. "이유는 모르지만 다른 두 앵무새가 '보스'라고 부르거든요."

성과 평가 및 발전 재평가하기

내가 1996년 EDS 프랑스에 합류했을 때, 대부분의 사람들은 공식적이고 주기적인 피드백을 받지 않았다. 팀원들 상당수는 코치를 받는 건 고사하고 어떻게 하면 자신이 하는 일을 더 잘할 수 있는지 논의할 기회조차 없었다. '사람 → 사업 → 재정' 철학을 실천하기 위해, 나는 모든 사람이 연례 성과 검토를 받게 했고, 매니저가 자기 팀원을 얼마나 잘 평가하고 있는지도 평가하기로 했다.

리더가 전통적인 상의하달 평가 방식을 기피할 때는 이 같은 성과 논의 방식이 훨씬 더 효과적이라는 것도 수년에 걸쳐 배웠다.

첫째, 평가 대상에게 거의 모든 재량권을 주는 것이, 관리자가 지시를 내리는 것보다 훨씬 더 생산적일 수 있다. 2008년 칼슨 최고경영자로 갈 무렵, 나는 이미 전통적인 성과 검토 및 평가 작업 등을 해왔고 그것이 얼마나 무의미한 일인지 깨달았다. 1년에 한 번 관리자들은 직속 부하 직원들과 함께 앉아, 지난 1년을 되돌아보며 그들에게 미리 정해진 기준에 비추어 무엇을 잘했고 못했는지 말해주려고 애썼다. 이런 방식은 대개 별 도움이 안 된다. 동료들과 직속 부하 직원들도 각자 의견을 내놓는다. 주로 이 연례 평가 결과에 따라 승진, 급여 인상 등 중요한 일들이 결정된다.

한 직속 부하 직원과 그의 성과 평가를 놓고 장시간 갑론을박을 벌이던 일이 아직도 기억난다. 그는 자신이 5점 만점 중 5점을 받을 자격이 있다고 확신했고, 나는 3점 정도가 적합하다고 생각했다. 지금 생각하면 참으로 어처구니없는 일이지만, 당시 우리는 그렇게 점수를 놓고 옥신각신했다. 갤럽 설문조사에 따르면, 직장인의 14%만이 성과 평가에 고무적인 영향을 받는다고 한다. 실제로 전통적인 성과 평가는 너무 형편없어서, 직장인의 3분의 1 정도는 오히려 성과가 더 떨어진다.[4] 어쨌든 성과 평가라는 것이 휴먼 매직을 발산하게 만드는 방법이 아닌 건 분명하다.

베스트 바이의 최고경영자가 된 뒤 나는 개인적으로 더 이상 성과 평가를 하지 않았다. 대체 누가 당신에게 5점이니 3점이니 하는 말을 할 수 있단 말인가? 대체 어떤 상사가 당신의 성과를 정확히 평가하고 점수를 매길 수 있단 말인가? 나는 내게 직접 보고를 하는 사람들에게 동료들의 피드백을 토대로 자기평가를 해보고, 그 평가를 토대로 각자 발전 계획을 세운 다음 진전 상황을 알려달라고 했다. 나는 그들이 대개 자기평가를 아주 잘한다는 것을 알게 됐다. 나는 그들과 함께 일의 우선순위를 정했고, 그들이 자신의 발전 목표를 달성하게 도와주려고 애썼다. 확실히 이 방식은 전통적인 방법보다 훨씬 더 큰 동기부여를 해줄 수 있다.

둘째, 성과 관리에서는 평가보다 발전이 중시돼야 한다. 한때 제너럴 일렉트릭은 매년 성과에 따라 직원들의 순위를 매긴 뒤 하위 10%에 속하는 직원들을 해고했다. 그러나 순위를 매기는 것은 기준이 높고 주관적 판단에 의존하는 경우가 많아 문제가 있다. 또 순위 매기기는 사람들이 서로 상대를 밟고 올라가게 만든다. 게다가 사람들이 자기 일을 얼마나 잘하든지 늘 하위 10%는 존재하기 마련이며, 그 때문에 아까운 인재를 잃을 수도 있다.

이 방식을 지휘자 벤저민 잰더Benjamin Zander와 그의 아내이자 치료 전문가인 로저먼드 스톤 잰더Rosamund Stone Zander의 'A학점 주기' 방식과 비교해 보자. 미국의 명문 음대인 뉴잉글랜드 음악원에서 학생들을 가르치던 벤저민 잰더는 학생들이 학점 때문에 얼마나 전전긍

긍하는지를 지켜보았다. 학생들은 학점을 따지 못할까봐 모험을 하지 않으려 했고, 그 때문에 고도로 숙달된 음악가가 되기 어려웠다. 잰더는 매년 9월 2학기 첫 연주 수업 시간마다 모든 학생에게 A학점을 주겠다고 약속했다. 대신 한 가지 조건이 있었다. 연주 수업이 끝나는 그다음 해 5월 2주 전에, 모든 학생이 A학점을 받을 만한 어떤 일이 있었는지 자세히 기술한 편지를 써내야 한다는 조건이었다. 학생들이 현재 자신이 어떻게 발전했는지 설명하면서 배우고, 또 이미 성취한 것을 되돌아보고 미래의 자기 모습을 그려 보는 시간을 가지게 한 것이다. 어쨌든 평가라는 부담에서 벗어나자 학생들은 가능성의 세계를 상상할 수 있게 되었다. 미리 A학점을 주는 관행 덕에 그들의 휴먼 매직이 발산될 수 있었던 것이다. 학생들은 자신들을 가로막던 장애물을 헤치고 나아가는 자신을 상상했고, 또 실제로 그렇게 했다. 그러니까 미리 A학점을 준다는 것은 이런저런 기준이나 능력, 성과 등을 무시한다는 의미가 아니라, 숙달되기 위해 애쓴다는 공동의 목적을 향해 스승과 제자(또는 관리자와 직원)가 서로 합심한다는 의미다.[5]

"당신은 사람들의 행동을 관리할 수 없을 뿐 아니라, 성과도 관리할 수 없습니다." 당시 베스트 바이의 인사팀 책임자였던 캐미 스칼렛의 말이다. 그녀는 리더가 사람들의 잠재력을 뒷받침해야 한다고 주장한다. 2019년 10월, 베스트 바이는 매년 실시했던 상의하달식 평가 및 직원 참여도 조사를, 직원들이 각자의 목표와 진전 상황 등을 논의하는 분기별 대화로 대체한다고 발표했다.

셋째, 성과를 높이려면 문제를 해결하는 것보다는 장점을 발전시켜 나가는 게 더 중요하다. 전통적인 방법으로 성과를 평가하는 관리자들은 직장에서 필요한, 이미 정해진 장점들의 목록을 토대로 3가지 장점을 키우고 3가지 발전 기회를 가져야 한다고 강조한다. 시간이 지나면서 나는 개인의 발전이란 결국 각자가 갖고 있는 독특한 재능을 키워 일을 더 잘할 수 있게 해주는 것이라는 생각을 받아들이게 되었다. 작가 마커스 버킹엄Marcus Buckingham과 애슐리 구달Ashley Goodall은 그렇게 발전된 사람을 뾰족하다는 뜻의 '스파이키 피플spiky people'이라고 부른다.[6] 우리는 모든 것을 잘할 필요가 없다. 모든 것을 잘한다는 건 현실에서 불가능할 뿐 아니라, 뛰어난 부분과 내적 투지까지 약화시키기 때문이다. 우리의 다양한 재능과 우리에게 가장 큰 기쁨을 주는 일을 잘 조화시킬 때 비로소 가능한 최선의 성과를 낼 수 있다. 어떤 일에 숙달된다는 것은 약점을 극복하려고 노력하는 과정에서 생겨나는 게 아니라, 자기만의 독특한 장점을 최대한 키우고 활용하려고 노력할 때 일어난다. 물론 이 둘 사이에서 균형을 잡는 것이 중요하지만, 장점을 키우는 데 집중하는 것이 더 나은 결과에 이를 수 있다.

배움을 평생의 여정으로 삼기

앞서 얘기했듯, 나는 한때 경영자 코칭을 회의적인 눈으로 봤다. 초심자들에겐 훈련이 최고이고, 코칭은 보충적인 것이라고 믿었기 때문이다. 매킨지 앤드 컴퍼니에 있을 때 낮은 직급 사람들의 훈련은 많았지만, 고위직이나 최고경영자를 위한 훈련은 전혀 없었다.

칼슨에 있을 때 인사팀 책임자가 처음으로 코치 제도를 도입해 보라고 제안했다. 당시 마셜 골드스미스 코치는 성공한 최고경영자들을 도와 훨씬 좋은 성과를 올리고 있었다. 그런 관점에서 보니 그녀의 말이 와닿았다. 자신이 좋아하는 일을 더 잘하고 싶지 않은 사람이 어디 있겠는가? 스탠퍼드대학교 심리학 교수 캐럴 드웩이 말하는 이른바 '성장형 사고방식'에서는 배움과 발전을 평생 추구해야 할 과업으로 본다.

나는 무언가에 숙달되는 것을 평생의 발전 과제로 삼는 법을 배웠다. 세계 최고의 육상선수들은 모두 코치와 함께 훈련한다. 세계적인 테니스 선수 라파엘 나달Rafael Nadal과 로저 페더러Roger Federer는 테니스 챔피언이 된 뒤에도 코치를 해고하지 않았다. 나는 코칭을 받으며 내가 좋아하는 일을 더 잘할 수 있게 되었다. 다른 사람들의 피드백을 높이 평가하고 잘 활용하는 법도 배웠다. 문제를 해결하기 위해 혼자서 답을 찾기보다는, 다른 사람들이 각자 자기 일을 더 잘할 수 있게 도와주는 법도 배웠다. 숫자보다 사람에 더 관심을 기울이는 리더가 되는 법도 배웠다. 최고경영자로서 내 주된 임무는 휴먼 매직으로 움직이는 목적의식을 가진 조직을 만들고 이끄는 것이라는 사실도 배웠다. 또한 결코 배움을 중단하지 않을 것이고, 내가 하는 일을 더 잘할 수 있게 항상 노력할 거라는 사실도 알았다.

숙달에 이르는 길에는 최종 목적지가 없다. 그야말로 끝이 없는 여정이다.

실패할 여지를 두기

경영 관련 서적들을 펼쳐 보면 실패가 얼마나 중요한가 하는 얘기가 아주 많이 나온다. 그래서 여기서 일반적인 얘기를 되풀이하기보다 내 개인적인 얘기를 좀 하고자 한다.

2013년도 연휴 시즌에 베스트 바이는 기업 회생 기간 중 최악의 상황을 맞이했다. 목표들은 미달이었고, 매장들의 매출은 전년도보다 더 줄었다. 전년도에 11달러에서 42달러로 거의 4배나 올랐던 주가는 바로 30%나 떨어졌다.

변명거리와 속죄양을 찾든가 아니면 뭔가를 배우고 앞으로 나아가든가 둘 중 하나를 택해야 했다. 우리가 어떤 쪽을 선택했겠는가?

시장에 공고하기에 앞서 나는 베스트 바이의 고위급 리더 100명을 한자리에 모아 미팅을 열었다. 미팅에서 나는 내가 좋아하는 영화 몇 편의 대사를 인용해 말하고 싶은 메시지를 전했다. "우리는 왜 넘어질까, 브루스?" 2005년에 개봉한 《배트맨 비긴즈Batman Begins》에서 훗날 배트맨이 되는 어린 아들 브루스에게 아버지가 묻는다. "다시 일어서는 법을 배우기 위해서란다." 나는 또 《애니 기븐 선데이Any Given Sunday》의 한 장면도 소개했다. 미식축구팀 코치 역을 맡은 알 파치노가 전반전에서 참패한 자기 팀 선수들을 모아놓고 인상적인 연설을 한다. "우리는 지금 지옥에 빠져 있다. 여기 이대로 주저앉아 비참해질 수도 있고, 죽을힘을 다해 싸워 다시 천국에 오를 수도 있다. 이 지옥을 빠져나갈 수 있다. 한 번에 조금씩 빠져나가자."

나는 그 자리에 있는 모두에게, 각자 다르게 했을 수 있는 일들을 메모지에 자세히 써 보라고 했다. 그다음 각자 쓴 것을 모두 함께 보았지만, 그렇다고 마녀사냥을 하자는 건 아니었다. 우리가 무엇을 잘못했고, 그것을 어떻게 개선할지 방법을 찾으려 애썼을 뿐이다. 예를 들어 그해 연휴 시즌의 상황이 여의치 않다는 게 분명해진 상황에서, 크리스마스 직전에 매장 영업시간을 바꾸고 막판에 행사 홍보를 해봐야 혼란만 야기될 거라는 사실을 알아냈다.

아마존 창업자 제프 베이조스는 실패를 크게 두 종류로 나눈다. 첫 번째 실패는 이미 모든 게 잘 정립된 전문 지식 분야에서 일어난다. 아마존의 경우, 아마도 새 창고를 여는 일이 그런 분야에 해당할 것이다. 반면 두 번째 실패는 일을 하면서 새로운 아이디어와 방식을 탐구하는 과정에서 일어나는데, 이것은 혁신에 꼭 필요한 실패다. 충분히 예견하고 받아들일 수 있는 실패다.

두 번째 실패라면, 리더는 이런 실패를 해도 괜찮다는 것을 분명히 밝히고 권장해도 좋다. 내가 베스트 바이의 고위급 리더들에게 모험을 두려워하지 말라며 제시한 '감옥 탈출 카드'가 그 좋은 예다. 이때 중요한 것은, 부정적인 측면을 예방하고 여차하면 원상태로 되돌릴 수 있는 계산된 모험을 해야 한다는 것이다. 베스트 바이의 전략적 성장 부서가 가정방문 상담사 제도를 만들 때도 이런 방식을 활용했다. 새로운 아이디어를 내고 실행에 옮겨 테스트한 뒤, 그 아이디어를 보류하든가 널리 보급하는 방식이다. 사실 가정방문 상담사 제도의 첫 번째 테스트는 실패로 끝났고, 원점으로 돌아가 다시 새로운 시도를 해야 했다. 마찬가지로 베스트 바이의 기업 회생 과정 초기에 온라인 가격을 조정하기로 결정했을 때, 그것은 애초에 효과가 없으면 원상태로 되돌릴 수 있는 일종의 실험이었다. 실제 많은 실험이 성공적이지 못했다. 아파트 건물에 광대역 접속 서비스를 제공한다든가, 집의 특정 방에 맞춤화된 상품을 제공하는 아이디어들은 결국 보류해야 했다. 이렇듯 실패로 끝난 실험이 없었다면, 아마 성공적인 제품이나 서비스를 개발하지 못했을 것이다.

* * *

개인의 목적을 회사의 목적에 연결시키고, 진정성 있는 인간관계를 발전시키며, 자립성을 고취하고, 숙달을 지원하는 일은 모두 모든 개인이 최선을 다할 수 있는 환경을 조성하는 데 도움된다. 또한 적절한 전략이란 맥락에서 아주 놀라운 결과를 낳는다.

그러나 아직도 한 가지가 더 남았다. 경기가 위축되거나 침체되는 상황을 생각해 보라. 힘이 나는가? 그렇지 않을 것이다. 나도 그렇지 않다. 아마 그런 상황에서 힘이 나는 사람은 거의 없을 것이다. 이때 우리는 휴먼 매직의 다섯 번째 요소인 성장을 생각하게 된다.

- 당신이 좋아하는 일을 생각해 보라. 당신은 노력과 결과 중 어떤 것에 더 관심을 쏟는가?
- 당신의 직업적 발전이 당신의 상황에 적합하다고 느끼는가? 직속 부하 직원의 발전은 어떻게 맞춤화되고 있는가?
- 당신 회사에서는 코칭이 얼마나 일반화되어 있는가?
- 당신은 직속 부하 직원의 성과를 어떻게 평가하는가?
- 당신의 성과는 어떻게 평가되며 또 누가 평가하는가? 그것이 동기부여에 도움이 된다고 생각하는가?
- 당신은 무엇을 잘한다고 느끼는가? 직업적으로 무엇을 더 잘하고 싶은가? 자기 발전을 위한 계획은 무엇인가?
- 당신의 가장 큰 실패는 무엇이었나? 핵심적인 활동이나 혁신적인 실험과 관련이 있는 실패였나? 그 실패로부터 무엇을 배웠는가?

다섯 번째 요소: 바람을 등지고 달리기

성장은 생명의 유일한 증거다.

추기경 존 헨리 뉴먼

나는 베스트 바이의 최고경영자가 되면 어떻겠느냐는 짐 시트린의 그리 나쁘지 않은 제안을 고민하면서, 그 회사의 과거 수익 결산 회의 및 미팅 결과에 대한 얘기를 들었다. 하나같이 반복되는 한 가지 얘기를 담고 있었다. 베스트 바이의 문제는 '맞바람' 때문이라는 얘기였다. 그 얘기에 따르면, 베스트 바이는 주요 제품 범주에서 높은 점유율을 유지했다. 안타깝게도 문제는 가전제품 시장 환경이었다. 온라인 쇼핑으로의 전환도 문제였고, 아마존이 판매세를 징수하지 않는다는 것도 문제였다. 거기다 애플 스토어로 인해 맞바람이 더 거세졌다. 주요 제품의 가격이 떨어지고 있었기 때문이다. 아이폰의 출현으로 카메라, 녹음기, 음악 재생 장치 등이 무용지물이 되고 있었다.

이처럼 급변하는 시장 환경의 거센 폭풍우 속에서 베스트 바이는 희생양이 되고 있는 듯했다. 제아무리 뛰어난 선원이라도 이렇게 강력한 맞바람 속에선 어쩔 도리가 없는 것 아니겠는가! 대체 어떻게 이런 일이 벌어졌을까? 내가 이전에 일했던 기업들에서는 IT 및 전자 제품이 긍정적인 역할을 하는 분야였다. 베스트 바이와 달리 아마존, 애플, 삼성전자 같은 기업들은 승승장구하고 있었다.

베스트 바이에서 초창기에 연설을 하면서 나는 회사의 최고위층 리더들에게, 내가 애플의 최고경영자 팀 쿡Tim Cook 및 아마존의 최고경영자 제프 베이조스와 전화 통화를 한다면 그 대화가 어떻게 진행될지 상상해 보라고 했다.

"당신이 항해하고 있는 곳의 바람은 어떤가요?" 내가 묻는다.

그럼 아마 두 사람 다 이런 식으로 답할 것이다. "바람은 아주 좋죠! 항해하기에 그만입니다. 우린 지금 전성기를 보내고 있습니다." 나는 이런 결론을 내렸다. 그들이 바람을 등지고 달린다면 문제는 바람이 아니라고. 바람이 문제가 아니라면, 아마 우리가 문제일 것이다. 우리는 가장 그럴듯한 핑계를 대며 좋은 기회가 생길 날을 기다릴 수도 있겠지만, 아마 그런 날은 오기 힘들 것이다. 아니면 방향을 바꿀 수도 있을 것이다.

첫째, 우리는 조직을 개편해야 하고, 그러기 위해 '가지치기'를 해야 했다. 미켈란젤로가 대리석 덩어리에서 자신이 원하는 조각상 이외의 모든 부분을 조금씩 깎아냈듯이, 무언가를 축소하거나 가지치기해야 할 때가 있는 법이다. 베스트 바이의 기업 회생 과정에서 우리는 중국과 유럽 시장을 포기하기로 결정했다. 베스트 바이라는 깃발 아래 캐나다에서 그 두 브랜드를 통합하기로 했다.

일단 기업 회생 계획이 마무리되면서 우리는 선택해야 했다. 베스트 바이는 이제 가지치기를 받아들여 규모가 더 작지만 수익성이 더 좋은 기업이 되는 데 집중해야 할까? 아니면 그 가지치기를 전술적 조치로 삼아 새로운 전략적 지평을 열고, 새로운 성장을 이끌어야 할까?

당시에도 그랬고 지금도 그렇지만, 나는 성장이 꼭 필요하다고 생각한다. 그래야 승진 기회가 생겨나고 실직 없는 생산성 향상도 가능해지며 위험을 감수하고 투자할 여력도 생긴다. 기업 성장은 개인 성장으로 이어지며, 그것이 다시 혁신과 또 다른 사업 확장으로 이어진다.

이처럼 성장은 휴먼 매직의 꼭 필요한 다섯 번째이자 마지막 요소다. 위축, 정체, 두려움, 불확실성, 의구심 속에서는 활기에 넘친다거나 창의적이거나 위험을 무릅쓰기가 어렵다. 공동의 목적을 추구하는 개인과 기업이 끝없는 가능성에 확신을 갖고 있으면, 내적 욕구와 긍정적인 에너지가 발산되면서 각자 맡은 일에 최선을 다하게 된다.

당신이 맞바람을 맞고 있고 그 때문에 현재의 시장이 압박을 받고 있다면, 다음과 같은 방법으로 그 바람을 등지고 달려라.

- 가능성을 생각하기
- 도전을 잘 활용하기

- 목적을 모든 일의 중심에 놓기

가능성을 생각하기

2017년에, 코리 배리가 베스트 바이의 최고재무책임자가 된 다음 애시시 사크세나Asheesh Saksena가 전략 성장 부서를 인수받았다. 그는 시장을 재고해 보라고 제안했고, 우리는 힘들여 전략을 짠 뒤 곧 있을 투자자 프레젠테이션을 준비하고 있었다. 그때까지만 해도 베스트 바이는 우리 시장에 대해 하드웨어 장치들의 소매 판매 시장이라고 좁게 정의하고 있었다. 예를 들어 DVD 판매는 이 시장에 속해 있었으나, 비디오 스트리밍은 그렇지 않았다. 임원진 프레젠테이션에서 애시시는 서비스 및 구독을 비롯한 소비자 기술에 대한 총지출을 포함하여 우리 시장을 확대했다.

이런 관점에서, 우리 시장은 이제 베스트 바이가 이미 하고 있는 일들에만 한정되지 않고, 잠재적으로 할 수도 있는 일까지 포함하게 되었다. 약 2,500억 달러 규모의 시장만 들여다보다가, 이제 1조 달러가 넘는 규모의 시장을 넘보게 된 것이다. 애시시의 비전 덕에 많은 가능성의 세계가 활짝 열린 것이다.

그러나 애시시가 처음 그런 비전을 제시했을 때, 회의실에서는 사람들이 헉하며 놀라는 소리가 들릴 정도였다. 그들은, 새로운 시장에 뛰어드는 건 좋지만, 그 시장에서 일정 몫을 차지할 수 있다는 확신을 갖기도 전에 시장의 신뢰를 잃게 되지 않을까 두려웠던 것이다.

애시시의 접근방식은 많은 사람에게 충격을 안겼다. 그가 시장 점유율에 얽매이지 않고 판단 기준을 주로 사업 전략과 성공에 맞췄기 때문이다. 그러나 파이 하나를 여럿이 나눠 먹는 것처럼, 기존 시장에서 더 큰 몫을 차지하는 데 집중하는 것은 궁극적으로 자멸에 이르는, 협소한 사업 방식이다. 당신의 몫은 다른 누군가의 몫이 줄어들 때만 늘어난다. 자기 업계에서 '최고' 또는 '1위'가 되려는 기업은 일종의 제로섬 게임을 해야 하며, 언젠가는 패배자가 되어 있을 가능성이 높다.

애시시가 보기에 베스트 바이 매장에서 판매하는 하드웨어 장치와 관련된 맞바람은 우리의 통제권 밖에 있지 않았다. 김위찬 교수와 르네 마보안Renée Mauborgne은 시야를 넓혀 시장 개념을 확대하고 잠재 수요를 늘려 나가는 것을 '블루오션Blue Ocean 전략'1이라고 부른다. 우리도 이 블루오션 전략을 채택하면 어떻겠는가? 일단 이처럼 시장과 업계에 대한 시야를 넓히면 모든 사람이 성장할 수 있다. 이것은 기존의 접근방식보다 훨씬 더 긍정적인 방식이다. 기업은 더이상 피 튀기는 경쟁에 집착하지 않고 자신만의 독특한 목적과 자산을 앞세워 가장 나은 자신이 되는 데 전념하면 된다.

이런 접근방식을 실천에 옮긴 인물이 바로 마이크로소프트의 최고경영자 사티아 나델라Satya Nadella다. 마이크로소프트는 매년 JP모건에서 버크셔 해서웨이Berkshire Hathaway에 이르는 미국 최대 기업 200여 개의 최고경영자가 모이는 콘퍼런스를 주관한다. 나는 사티아가 최고경영자가 되기 전 이 콘퍼런스에 참석한 적이 있는데, 그때 거기서 눈에 띄는 것은 단 하나, 마이크로소프트의 기술뿐이었다. 마이크로소프트의 소프트웨어 데모 버전은 늘 자사 하드웨어 장치에서 돌아가고 있었다. 심지어 마이크로소프트가 가장 두각을 드러내는 분야가 아닌 스마트폰에서도 그들의 소프트웨어 데모 버전이 돌아갔다. 자사 제품을 함께 쓸 경우 얼마나 잘 돌아가는지 조직적으로 부각시킨 것이다. 마이크로소프트 제품은 함께 써야 제대로 돌아간다는 것을 시사해, 스스로 시야를 좁힌 꼴이었다.

내가 2014년, 그 콘퍼런스에 참석했을 때, 몇 개월 전 마이크로소프트의 최고경영자가 된 나델라는 애플의 아이폰에서 구동되는 자사의 새로운 소프트웨어 시연회를 마련했다. 마이크로소프트가 사업 지평을 갑자기 iOS와 안드로이드의 세계에까지 확대하면서, 자사 휴대폰의 시장 점유율을 훨씬 뛰어넘는 거대한 시장으로 발을 내디딘 것이다. 이런 부류의 접근방식은 사람들을 변화시키고, 기업까지 변화시키는 강력한 힘이 있다. 놀랄 일도 아니지만, 사티아의 이런 리더십 아래 마이크로소프트의 기업 문화는 활짝 열렸다. 실행속도는 엄청 빨라졌으며, 기업의 주가 역시 급등했다.

베스트 바이가 갖고 있는 시장 개념을 확대시켜 가능한 일에 집중해야 한다는 애시시 사크세나의 제안은 옳았지만, 그런 방식을 채택하기는 결코 쉬운 일이 아니다. 이제 막 기업 회생 과정을 마무리지은 사람들로부터 바로 반발이 터져 나왔다. 기업 회생 기간에는 약간의 실수도 위험 감수도 용납되지 않는 분위기였고, 시장 개념을 바꾸는 일에는 과도한 약속과 실패 위험이 따랐기 때문이다. 그러나 단순한 생존에서 성장으로 방향을 틀기 위해서는 이런저런 위험을 감수해야 했다. 결국 우리는 그 해에 투자자 프레젠테이션을 하면서 애시시의 새로운 시장 접근방식을 채택했다. 이제 목적 설정 방식은 물론 계획 수립 방식도 바꿔야 했다.

기업 회생 기간에는 실현 가능성이 거의 확실한 계획을 짠다. 베스트 바이의 기업 회생 기간 중에 최고재무책임자였던 샤론 매컬램은 이런 새로운 접근방식의 대가였다. 그녀는 우리가 재무 관련 목표를 소홀히 하는 일이 없도록 만전을 기하여, 우리의 일거수일투족을 모니터링 중인 시장 분석가들로부터 엄청난 존경과 신뢰를 받았다.

기업이 성장하려면 또 다른 계획 수립이 필요하다. 그것을 잘 보여준 사람이, 내가 칼슨의 최고경영자였을 때 칼슨 레지도르 호텔 그룹을 이끌던 쿠르트 리터^{Kurt Ritter}였다. 쿠르트는 자기 팀의 역량을 총동원해 '크고 위험하고 대담한 목표^{big hairy audacious goals, BHAG}'를 달성하려 애썼다. 그 목표는 아무도 거기 도달하는 방법을 몰랐음에도 사람들의 상상력을 사로잡았다.[2] 어쨌든 쿠르트의 BHAG 덕에 칼슨 레지도르 호텔 그룹의 호텔 객실 수는 획기적으로 늘어, 세계에서 가장 빠른 속도로 성장하는 호텔 기업 중 하나가 되었다.

매년 시장과 관련해 폭넓은 사고방식과 가능성에 믿음을 가지려면 이런 방식들 간에 적절한 균형을 맞출 필요가 있다. 지속적인 동기부여 속에 일을 추진하려면 포부가 큰 목표를 설정해야 한다. 반면에 감당할 수 없는 비현실적인 방식을 택하면 사람들의 사기를 저하시키고 회의감만 키울 수 있다. 조직적인 목표 달성에 실패하면 투자자와 직원은 경영진을 불신하게 되고, 시도한 일을 성취하지 못해 지친다. 현실적인 차원에서는 보너스를 받지 못해 실망하게 된다.

베스트 바이의 가정방문 상담사 제도는 균형을 잘 유지했다. 이 제도는 새로운 서비스를 향한 대담한 도약이었다. 그렇다면 그 도약은 대체 어느 정도까지 이루어져야 하는 걸까? 우리는 우리가 보유한 매장 수에서 시작해, 각 매장당 몇 명의 가정방문 상담사를 두어야 할지 가정하고 그것을 토대로 모든 것을 추정하는 좁은 접근방식을 채택할 수도 있었다. 이런 방식이라면 우리는 수백 명의 가정방문 상담사 채용 계획을 세우면 됐다.

아니면 매장 수는 무시하고, 대신 시장 내의 가정 수로 시작할 수도 있었다. 얼마나 많은 가정이 특정 기술과 베스트 바이의 가정방문 상담사 제도를 활용할지 추산하고, 한 가정방문 상담사가 서비스할 수 있는 가정 수는 얼마나 되는지 계산하는 것이다. 이런 방식대로라면 필요한 가정방문 상담사 수는 금방 5,000명에서 1만 명에 이를 수 있었다. 그러나 이런 숫자 자체는 그걸로 해낼 수 있는 일에 비하면 그리 중요하지 않았다. 그렇다고 우리가 수천 명의 가정방문 상담사를 곧바로 채용하고 훈련하여 실전 배치해야 한다는 얘기는 아니다. 이 새로운 제도를 성공적으로 실행하려면 시간이 필요했다. 균형을 잘 잡는 게 중요했다. 이 새로운 여정에서 가장 중요한 것은 크게 꿈꾸고 작게 시작하는 것이었다.

시간이 지나면서 우리는 새로운 가능성을 알아보고 실천하는 일을 점점 더 잘하게 됐다. 이 새로운 비전과 관점을 받아들이는 임원들을 끌어모으고 동시에 그 비전과 관점을 실행할 전략적 성장 부서 같은 팀들을 구성하면서, 이 모든 변화는 실현 가능해졌다. 2019년에 이르러, 베스트 바이의 새로운 최고경영자 코리 배리는 마침내 사람, 사업, 재정을 위한 확장 목표와 함께 2025년까지 지속될 기업 성장 전략을 실천했다. 이제 기업 회생을 위한 사고방식 대신 가능성과 성장을 위한 보다 폭넓은 사고방식이 자리잡게 되었다.

도전을 잘 활용하기

1805년에 나폴레옹과 그가 이끄는 막강한 군대는 프랑스 북부 도시 불로뉴에 진을 친 채 영국을 칠 준비를 하고 있었다. 그러나 그해 10월 21일, 영국 함대는 트라팔가르 해전에서 프랑스와 스페인 연합 함대에게 치욕스런 패배를 안겨주었다. 그 참패로 인해 나폴레옹의 계획은 큰 차질을 빚는다. 영국해협을 통제하지 못하면 그의 영국 침공 계획은 더이상 불가능했기 때문이다.

그러나 나폴레옹은 위기를 기회로 바꿨다. 그는 불로뉴 군대를 이끌고 동진하여 6주도 안 되는 기간에 거의 1,300km를 이동했다. 그런 다음 아우스터리츠 전투에서 오스트리아와 러시아 연합군을 격파했는데, 이 전투는 지금까지도 모든 시대를 통틀어 가장 위대한 군사 작전 중 하나로 여겨진다. 프러시아의 장군이자 군사 전략가인 카를 폰 클라우제비츠Carl von Clausewitz는 나폴레옹이 거둔 이 군사적 성공을, 신속한 작전 속도와 혜안 덕으로 봤다. 혜안이란 단숨에 정세를 알아보고 그것을 통해 명백한 한계나 도전을 극복할 기회를 포착하는 능력이다.

단숨에 가능한 해결책을 찾아내고 해결책을 중심으로 사람을 끌어모으는 능력은, 특히 촌각을 다투는 긴박한 도전에 직면했을 때 중요하다. 이런 일들을 불가능하게 하는 것이 바로 맞바람이다. 맞바람은 사람들을 더없이 기운 빠지게 만들고 주눅들게 하며 무력화한다. 리더란 바로 이럴 때 장애물을 헤쳐 나갈 길을 찾아내 사람들을 동원하고 그들에게 활력을 불어넣어야 하며, 어떻게든 기회를 잡아 역경을 극복해야 한다.

베스트 바이의 최고경영자가 됐을 때, 많은 사람으로부터 가망 없는 일로 여기는 일을 대체 왜 떠맡았느냐는 질문을 자주 받았다. 사실 나는 도전을 좋아한다. 도전은 내게 에너지를 주기 때문이다. 공동 목표를 중심으로 팀을 구축하고 그 팀을 이끌면서 문제를 해결하는 데서 나오는 만족감과 아드레날린도 그 에너지의 일부다. 내게 도전은 목적을 달성할 수 있는 좋은 기회이며, 그것을 통해 주변 사람들에게 긍정적인 변화를 준다. 내 아이디어를 활용해 세상을 긍정적으로 변화시키는 것이다.

이것이 바로 내가 EDS 프랑스, 비방디 게임사업부, 칼슨 왜건릿 트래블, 칼슨 컴퍼니스에서 경험한 종류의 에너지다. 내가 EDS 프랑스에 합류했을 때 회사의 미국 내 사업은 장기적인 대규모 아웃소싱 거래를 통해 잘 돌아가고 있었지만, 그런 대규모 거래가 드문 프랑스에서는 빠른 속도로 매출이 떨어지면서 고전을 면치 못하고 있었다. 그러나 우리 팀과 함께 프랑스 시장에서 성공할 수 있는 방법을 찾아내고, 사람들을 참여시키자 회사에 활력이 넘쳤다. 비방디 게임사업부가 당면한 문제를 해결하도록 돕고, 또 주력 분야인 블리자드 엔터테인먼트의 국제적인 성공을 돕는 것 역시 흥분되는 일이었다. 인터넷 여행 예약 서비스의 출현으로 존폐 위기에 놓여 있던 칼슨 왜건릿 트래블을 재건하는 일도 가슴 뛰는 일이었다.

2020년에 전 세계를 휩쓴 코로나 19 팬데믹은 심각한 도전을 만들어 내면서 많은 기업의 생존을 위협했다. 그러나 건강과 안전을 둘러싼 혹독한 제약들은 새로운 가능성도 일으켰다. 기존의 절차와 제품, 서비스를 재고하지 않을 수 없게 되면서, 미개척 분야의 수요를 활용해 새로운 성장을 이끌어 낼 새로운 방법들이 생겨난 것이다.

예를 들어 코로나 19 위기 이전에 디지털 크리에이티브 기업 어도비Adobe는 라스베이거스에서 1만 5,000명 정도가 참석하는 연례 콘퍼런스를 개최해 왔다. 그러나 2020년에는 사회적 거리두기와 안전상의 우려 때문에 사람들이 참석하는 연례 콘퍼런스를 개최할 수 없었다. 그들은 온라인 콘퍼런스를 개최했고, 무려 8만 명이 참여했다. 온라인에서는 많은 인원에 대한 제약이 없었기 때문이다.

이번에는 랄프 로렌 코퍼레이션을 살펴보자. 맨해튼의 매디슨 애비뉴와 72번가 모퉁이에는 랄프 로렌 코퍼레이션의 뉴욕 대표 매장인 '더 맨션the Mansion'이 있다. 목재로 장식된 이 매장에는 유행을 타지 않는 패션 스타일을 창조한 랄프 로렌의 비전이 잘 살아 있어, 뉴요커는 물론 관광객도 둘러보고 싶어 한다. 코로나 19 팬데믹이 기승을 부리자 회사는 직원과 고객을 보호하기 위해 바로 전 매장을 폐쇄했다. '더 맨션'의 물리적인 문은 닫혔지만, 가상공간의 문은 열렸다. 고객은 여전히 판매 직원과 화상 채팅을 통해 매장을 체험할 수 있다. 그 결과 고객층이 확대되어, 온라인 매장 이용 고객 수가 오프라인 매장 방문 고객 수보다 훨씬 더 많아졌다. 교육 기관이 원격 수업을 실시하면 더 많은 학습자에게 다가가기가 쉬워지고, 온라인 영상 강의에서는 특별 강사를 초청하기가 더 쉬워지는 것과 비슷한 이치다.

또한 코로나 19 위기 때문에 고객층이 확대됐을 뿐 아니라 고객 경험을 변화시킬 기회도 생겨났다. 2020년 4월, 베스트 바이는 그해 3월에 문을 닫은 일부 매장을 일대일 예약제 상담을 위해 다시 열기로 결정했다. 매장에 너무 많은 사람이 몰릴 경우에 생길 안전상의 우려를 줄이는 동시에, 고객에게 직접 접촉 체험을 제공하기 위한 결정이었다. 이 결정 덕에 매출도 늘었다. 예약을 하고 찾아오는 고객은 대개 매장만 구경하는 고객보다 더 적극적으로 해결책을 찾는 편이라서, 실제 매출로 이어질 가능성도 더 높았기 때문이다.

같은 맥락에서, 코로나 19 위기와 그와 관련된 안전상의 우려 때문에, 기술의 진보로 급성장한 원격 의료 분야 역시 큰 인기를 누리고 있다. 원격 의료 시스템 덕에 환자들은 이제 집에서 편히 의사의 진료를 받을 수 있다. 또한 환자들은 내키지 않는 상황에서 굳이 병원이나 주치의를 찾아가지 않아도 된다.

목적을 모든 일의 중심에 놓기

5장에서도 말했지만, 기업의 숭고한 목적을 명확히 하는 것은 전략상 꼭 필요한 일이다. 그러나 그에 못지않게 중요한 것은, 목적이 특히 어려운 시기에 사람들에게 보다 폭넓은 사고방식과 가능성에 대한 믿음을 심어주는 데 도움이 된다는 것이다. 베스트 바이가 스스로 가전제품을 파는 체인점이라고 생각했을 때는 이 세상 온갖 맞바람이 불어닥쳤다. 그러나 '기술로 고객의 삶을 풍요롭게 만들어주는 것'을 목적으로 삼자, 회사 사람들은 새로운 시장을 볼 수 있었고, 그 결과 사람들의 삶에 의미 있고 지속적인 변화를 줄 수 있었다. 이것이 바로 2017년에 내가 투자자들에게, "베스트 바이는 상품이 아니라 행복을 파는 기업"이라고 말했을 때 가졌던 생각이다. 회사의 목적을 분명히 하면 세월의 시련을 견디고 사업, 시장, 기술적 변화를 헤쳐 나갈 기회가 열린다. 그 목적은 사실 당신이 결코 도달하지 못할 수평선이다. 앞으로 20년에서 30년 후에도 기술은 여전히 사람의 삶을 풍요롭게 만들어줄 기회를 창출할 것이다. 홀로그램 매장이 생겨나든 드론이 물건을 배달하든 마찬가지일 것이다.

코로나 19 팬데믹 같은 위기 상황에서 우리는 목적을 세우고 그것에 집중해 우리의 관점을 확대하지 않을 수 없다. 미니애폴리스 미술관은 최악의 위기를 맞아 문을 닫아야 했다. 그러나 '예술의 힘을 통해 사람들에게 경이로움을 안겨준다.'라는 그들의 임무를 실행에 옮기는 건 미술관 벽에서만 국한되지 않았다. 미술관의 목적에 따라, 미술관 직원들은 인터넷에 연결될 수 있는 사람이라면 누구든 집에서 미술관 소장품을 감상하고 관련 팟캐스트를 청취하며 온라인 이벤트에 참여할 수 있는 기회를 제공했다. 이처럼 새로운 방식을 통해 이 미술관은 거리 및 물리적 접근상의 제약에서 벗어나 훨

13. 다섯 번째 요소: 바람을 등지고 달리기

썬 더 많은 사람들에게 경이로움을 안겨주었다.

픽업 서비스나 배달 서비스를 개발하는 식당들이 생겨나고 고객들이 집에서 가장 좋아하는 요리를 해먹을 수 있게 음식 재료를 배달해주는 새로운 사업도 생겨났는데, 이 모든 것이 같은 아이디어에서 나왔다. 이처럼 보다 폭넓은 목적에 전념하다 보면 더 많은 사람에게 다가설 수 있다.

* * *

아스테릭스Asterix와 오벨릭스Obelix라는 두 주인공이 등장하는 프랑스의 인기 만화에서는, 기원전 50년에 프랑스 브르타뉴 지방의 한 작은 마을이 불가능해 보이는 일을 해낸다. 막강한 로마 제국에 맞서 버틴 것이다. 당시 로마 제국은 갈리아(오늘날의 북이탈리아, 프랑스, 벨기에에 해당하는 지역 - 옮긴이)의 나머지 지역들을 전부 정복했으나, 유독 이 마을만은 끝까지 손에 넣을 수 없었다. 이 마을의 무기는 그 마을의 드루이드Druid(고대 켈트족의 종교인 드루이드교의 성직자-옮긴이)가 만든 비약으로, 누구든 그걸 마시면 초인적인 힘을 낸다.

모든 사람의 기대를 뛰어넘는 이런 성과는 만화책에서만 나오는 게 아니다. 그런 성과는 기업에서도 나올 수 있다. 그런데 아스테릭스와 달리, 기업에서 그런 결과를 만드는 데 필요한 건 비약이 아니다. 기업이 아스테릭스처럼 되려면 휴먼 매직이 필요하다. 즉, 이 책 3부에서 다룬 휴먼 매직을 발산하는 데 필요한 5가지 요소가 있어야 한다.

이 책의 1부에서는 일에 대한 새로운 관점을 다루었고, 2부에서는 목적의식이 뚜렷한 조직의 구조를 살펴봤다. 그러나 3부에서 다룬 휴먼 매직에 필요한 요소들만으로는 기업을 재건할 수 없다. 새로운 종류의 리더라는 또 다른 요소가 하나 더 필요하다.

| 깊이 생각해 볼 질문들 | ⋯⋯⋯⋯⋯⋯⋯⋯⋯⋯⋯⋯⋯⋯⋯⋯⋯⋯⋯⋯⋯⋯⋯⋯⋯⋯⋯⋯⋯⋯⋯⋯⋯⋯⋯⋯⋯

- 당신이 속한 조직은 현재 가능성의 세계에서 운영 중인가, 제약된 세계에서 운영 중인가?
- 당신의 목표와 조직의 목표를 어떻게 규정 짓는가? 당신의 목표가 혹시 1위나 최고가 되는 것인가?
- 당신 자신과 조직을 위해 가능성을 재정립할 수 있는가?
- 도전은 대개 당신에게 어떤 영향을 주는가? 당신의 힘을 고갈시키는가, 활력을 주는가?
- 당신은 자신의 성장 전략과 목적을 어떻게 연결시키는가?

13. 다섯 번째 요소: 바람을 등지고 달리기

4부

목적의식이
뚜렷한 리더

THE HEART OF BUSINESS

이 책에서 다루는 비즈니스의 관점은 일에 대한 새로운 관점(1부), 기업의 역할과 본질에 대한 새로운 관점(2부), 비합리적일 정도로 큰 성과를 올리는 데 필요한 환경에 대한 관점(3부)을 토대로 한다. 이 모든 요소를 한데 모으려면, 우리는 전통적인 리더십 관점을 바꿔야 한다. 그것이 바로 이 4부에서 다룰 주제다. 똑똑하고 강력한 슈퍼 영웅 같은 리더십 모델은 구시대적이다. 오늘날의 리더는 목적의식이 있어야 하고, 서비스할 대상이 명료해야 하며, 자신의 진정한 역할이 무엇인지를 알아야 한다. 또한 여러 가치에 따라 움직여야 하며, 진정성이 있어야 한다. 이것이 바로 목적의식이 뚜렷한 리더가 갖춰야 할 5가지 요건이다.

The Heart of Business

어떤 리더가 될 것인가?

———

현명한 선택을 했습니다.

성배 기사, 《인디아나 존스, 최후의 성전》 중에서

내가 비방디 게임사업부를 이끌던 2000년에 모기업인 비방디는 거대 미디어 기업인 유니버셜Universal을 인수했다. 그때 나는 상사에게 이메일을 보내, 유니버셜 인수팀에 내가 꼭 참여해야 한다고 주장했다. 나는 매킨지 앤드 컴퍼니에 재직할 때 기업 인수 이후의 상황을 관리하는 일을 했고, 그래서 필요한 경험과 능력이 있다고 썼다. 그 주장은 통했고, 결국 나는 미국 내 인수를 통해 시너지 효과를 끌어내려는 인수팀에 합류했다. 또한 파리에 있는 비방디의 최고운영책임자에게 직접 보고를 하게 됐다. 이사회 직후 나온 보도 자료에 내가 인수팀에 합류했다는 얘기가 실렸다. 나는 아주 흥분됐다.

내가 맡은 새로운 일이 고상한 목적을 실현시켜 준다거나 세상에 긍정적인 변화를 줄 거라고 생각했을까? 솔직히 말해, 당시에 그런 생각은 없었다. 나는 내 개인적인 야심으로 그 일을 자청하고 나섰다. 그 새로운 일을 통해 정상에 한 발 더 가까이 올라가게 될 거라는 생각에 기뻤다.

그러나 기쁨은 그리 오래가지 못했다. 유니버설을 인수해서 얻는 시너지 효과가 별로 없었던 것이다. 미국을 중심으로 활동하는 유니버설의 주력 사업은 음악과 영화 제작, 테마파크 운영인데, 주로 프랑스에서 활동하는 비방디의 주력 사업은 휴대폰 및 유료 TV 서비스여서, 두 기업 사이엔 공통분모가 많지 않았다. 나는 이기적인 마음으로 결정을 내린 탓에, 주목은 받았을지언정 별 의미도 없는 일을 하게 됐다. 내키지도 않는 미팅에 참석하고 별 의미도 없는 활동을 독려하고 모니터링하면서, 결국 나는 그 일에서 아무 즐거움도 느끼지 못했다. 그나마 다행스럽게도 그 일은 18개월도 채 안 돼 끝났다. 2002년 무렵 비방디는 기업 인수 소동을 거치면서 너무 많은 부채를 떠안았고, 그 결과 위기에 빠졌다. 그리고 이번에는 회사 재건을 이끄는 팀에 합류했다.

비방디에서 개인적인 목적으로 기업 인수팀에 들어간 그 일로 나는 소중한 교훈을 얻었다. 어떤 목적으로 움직일지는 주의하고 또 주의해야 한다는 것이다. 그 교훈 때문에 나 자신에게 '어떤 리더가 될 것인가?'라는 질문을 던지지 않을 수 없었다. 그 이후 나는 진로를 선택할 때 예전과 다른 기준을 적용하려 애썼다. '이 일이 내 목적에 부합할까?' '이 일을 통해 중요하고 긍정적인 기여를 할 수 있을까?' '이 일을 즐길 수 있을까?' '이 일이 의미 있고 영향력 있으며 즐거울 수 있을까?' 이 질문들은 내가 베스트 바이의 최고경영자가 될지 고민할 때 스스로에게 던진 질문이기도 하다. 사람들은 내가 제정신이 아니라고 생각했지만, 그 일은 나의 이 3가지 중요한 기준과도 맞아떨어졌다.

'어떤 리더가 될 것인가?'라는 질문과 관련된 선택은 우리가 내려야 할 가장 중요한 2가지 선택 중 하나다. 나머지 하나는 '다른 누구를 리더로 지목해야 하는가?'이다.

나는 리더십에 관한 3가지 믿음에 영향을 받으며 살아왔고, 그 믿음들은 처음에 내가 앞의 질문들에 대한 답을 찾아내고 비즈니스의 세계를 더 폭넓게 바라보는 데 영향을 주었다. 그 3가지 믿음은 다음과 같다.

- 리더는 슈퍼 영웅 같은 존재다
- 리더십은 타고난 능력이다
- 사람은 변하지 않는다

그러나 세월이 지나고 경험을 쌓으면서, 나는 이 3가지 믿음이 잘못됐고 스스로 어떤 리더가 될지 선택해야 한다는 사실을 알게 됐다. 우리가 이끄는 조직과 사람들을 위해서라도, 이 선택은 너무나도 중요하다.

리더십에 관한 3가지 잘못된 믿음의 실체

잘못된 믿음 1: 리더는 슈퍼 영웅 같은 존재다

살아오면서 나는 성공한 리더란 대개 혼자 힘으로 해결책을 찾아내 난국을 헤쳐 나간다고 생각했다. 또한 똑똑하고, 그것을 사람들에게 증명해야 뛰어난 리더라고 생각했다. 최고의 대학을 졸업한 사람이 최고의 일자리를 갖게 되고, 그런 사람이 다시 최고의 리더가 된다고 생각했다. 이때 직업적 성공의 척도는 권력, 명예, 영광, 돈이었다. 실제로 이런 고려 사항은 내가 처음 진로를 선택할 때 부분적으로 영향을 미쳤다.

경영대학원 졸업반이었을 때, 하루는 학장이 사무실로 나를 불렀다. 그 자리에서 나는 거대 국영 철강 기업인 사실로Sacilor의 회장 겸 최고경영자의 비서직을 제안 받았다. 당시 출세의 사다리를 타고 다음 단계로 올라갈 준비를 하던 전임 비서 역시 나처럼 과 수석 졸업자였다. 나는 바로 그 제안을 받아들였다. 어떤 목적의식이 있어서라기보다 그 자리가 워낙 탐나는데다, 거기서 인맥을 쌓다 보면 경력 관리에도 도움이 될 것 같았기 때문이다. 그렇게 나는 프랑스 사업계의 소수 엘리트 서클에 첫발을 내딛었다. 이 서클은 훗날 막강한 영향력을 지닌 영웅 리더이자 회의실에서 가장 똑똑한 사람이 될 소수의 명문대 졸업생들이 모인 곳이었다.

혼자 힘으로 난국을 헤쳐 나가는 총명한 영웅 리더에 대한 믿음은 그 뿌리가 워낙 깊다. 고대 그리스 신화에 나오는 헤라클레스를 비롯한 그 모든 신격화된 영웅 리더까지 거슬러 올라가며, 다시 오늘날의 기업 리더에게까지 이어진다. 내가 사회 초년생이었을 무렵에는 제너럴 일렉트릭의 회장이자 최고경영자였던 잭 웰치Jack Welch처럼 유명한 기업 리더가 뛰어난 지력, 전략적 감각, 활기 넘치는 스타일로 많은 존경을 받았다. 또한 그들은 흠잡을 데 없는 천재로 여겨져 맹목적인 추종자까지 생겨날 정도였다.

그러나 최근 들어 흠잡을 데 없는 리더의 타입은 상당 부분 매력을 잃었다. 첫째, 요즘은 진실성과 인간관계를 중시하는 사람들이 점점 더 많아지고 있다. 위스콘신-매디슨대학교 심리학 교수인 폴라 니덴탈Paula Niedenthal이 조사한 바에 따르면, 인간은 천성적으로 진실성이 없는 사람을 알아본다고 한다.[1] 늘 흠잡을 데가 없는데다 힘과 권위(과거에는 이것이 리더에게 기대하는 특징이었다)까지 있으면, 지금은 진실성이 없는 사람으로 보이고 거리감까지 느끼게 된다는 것이다. 둘째, 영웅 리더 모델에게는 오늘날의 기업에서 가장 중시하는 목적의식이 없는 경우가 많다. 슈퍼 영웅은 영화에나 등장하지, 기업에서 볼 수 없는 사람들이다.

셋째, 성공한 영웅 리더는 자신이 다른 누구보다 똑똑하고 흠잡을 데 없기 때문에 없어선 안 될 인물이라는 잘못된 믿음을 갖기 쉽다. 권력, 명성, 영광, 돈의 유혹에 넘어가기도 쉽다. 아첨꾼과 예찬론자에 둘러싸여 현실로부터, 동료들로부터 단절되기도 쉽다. 베스트 바이의 커뮤니케이션 및 홍보 부문 책임자였던 맷 퍼먼은 그런 영웅 리더의 의식 세계를 이런 우스갯소리로 더없이 완벽하게 축약했다. 그는 이렇게 말한다. "내 이야기는 그만하죠." 그다음 다시 이렇게 말한다. "자, 그럼 이제 내 이야기를 해볼까요!"

엔론의 제프 스킬링Jeff Skilling, 닛산의 카를로스 곤Carlos Ghosn, 퀘스트의 조지프 나치오Joseph Nacchio, 월드컴의 버니 에버스Bernie Ebbers 등등. 역사적으로 한때 사업의 천재 또는 슈퍼 영웅으로 여겨져 잡지의 표지 인물로 나왔다가 죄를 짓고 감옥에 간 유명 최고경영자들이 한 둘이 아니다.

사회 초년생 시절에 개인적인 야심으로 결정을 내리고 피드백과 씨름하던 세월을 돌이켜보면, 내가 당시 슈퍼 영웅 최고경영자 모델에 대한 잘못된 믿음에 얼마나 푹 빠져 있었는지 기억난다. 그러나 그런 리더가 되고 싶지 않다는 것을 깨달은 뒤, 다시는 그런 함정에 빠지지 않도록 노력하기로 마음먹었다. "여러분의 임무는 제가 그 어떤 잡지의 표지에도 나오지 않게 하는 것입니다." 베스트 바이의 최고경영자가 됐을 때 내가 커뮤니케이션팀에 한 말이다. 또한 가능한 한 일반 항공기를 이용하겠다고 고집했다. 자만에 빠지지 않으려고 가드레일을 친 것이다. 자아에 이리저리 휘둘리지 않으려고 나름대로 부단히 노력했다.

"나는 베스트 바이의 최고경영자가 아닙니다." 베스트 바이에 합류한 직후 미니애폴리스 현지 신문에 실린 한 칼럼에서 내가 한 말이다. 베스트 바이의 최고경영자가 된 것은 영광이지만, 자리에 연연하지 않겠다는 의미였다. 애초부터 내 목표는 없어도 되는 사람이 되는 것이었다. 내가 2019년에 최고경영자 자리를 코리 배리와 그녀의 팀에 넘기기로 결정한 것도 바로 그런 이유에서였다. 나는 목표로 삼았던 일을 완수했고, 그런 결정을 내리기는 쉬웠다. 비범한 임원진이 이끌고 우수한 직원들이 힘을 보태면서 회사는 잘 돌아가고 있었다. 영웅 리더는 전면에 나서서 사람들 눈에 띄는 걸 좋아한다. 그러나 리더십 전환기에 성공을 위해 필요한 리더는 눈에 잘 띄는 리더가 아니다. 필요할 때만 전면에 나서고, 그 외에는 뒤에서 뒷받침해주는 리더가 필요하다. 1년 만에 리더십 전환 작업은 마무리됐고, 나는 회장 자리에서 내려왔다. 나는 나를 베스트 바이의 최고경영자로 규정하지 않았기 때문에, 회장에서 물러나기는 어렵지 않았다.

잘못된 믿음 2: 리더십은 타고난 능력이다

로이드 블랭크페인Lloyd Blankfein이 아직 투자은행 골드먼 삭스Goldman Sachs의 최고경영자였던 시절에, 나는 그가 미니애폴리스 클럽에서 한 연설을 들었다. 블랭크페인은 매일 면도를 하며 자신에게 이런 말을 한다고 했다. "오늘일까? 세상 사람들이 내가 이 자리에 적임이 아니라는 걸 알게 될까?" 세상에서 가장 큰 성공을 거둔 은행가 중 한 사람인 블랭크페인이 자신의 능력을 믿지 못하고 있었다. 나를 포함해 내가 알고 있는 대부분의 리더가 이와 비슷한 가면 증후군imposter syndrome(사회적으로 인정받는 유능한 사람이 자신의 능력을 의심하며 언젠가 무능함이 밝혀지지 않을까 걱정하는 심리 상태-옮긴이)을 갖고 있다.

가면 증후군은 리더십이 타고난 능력이라는 잘못된 믿음에서 생겨난다. 즉 타고났거나 그렇지 못한 지적 능력, 자신감, 카리스마에서 나온다는 것이다. 이것이 사실이라면, 큰 성공을 거두는 사람은 극히 예외적이고, 나머지는 운이 없다고 해야 할 것이다. 연구 결과에 따르면, 이는 사실이 아니다. 위대한 리더들의 인생 이야기도 마찬가지다. 한 시대를 풍미했던 윈스턴 처칠 같은 인물도 흠잡을 데 없는 타고난 리더의 틀에 전혀 맞지 않는다. 처칠은 어린 시절에 유명한 열등생이었으며 언어 장애까지 갖고 있었다. 그러나 그는 훗날 20세기의 가장 위대한 리더 중 한 사람이 '되었다.' 그렇다. '되었다.' 나는 '타고난' 리더십과 관련 있어 보이는 특징들, 그러니까 전략적 사고나 달변 능력 등은 거의 후천적으로 습득할 수 있다고 믿는다. 앞에서 이미 언급했듯이 나도 코칭과 역할 모델 덕에 더 나은 리더가 될 수 있었다.

잘못된 믿음 3: 사람은 변하지 않는다

베스트 바이에 있던 시절, 한 임원이 "사람은 변하지 않으며 변할 수도 없다고 확신한다."라고 말했다. 내가 '사람은 변한다.'라는 말의 산증인이었기 때문에, 나는 그 말에 격렬하게 반대했다. 오늘날 내가 사람들을 이끄는 방식은 30년 전의 방식과 매우 다르다. 나는 한때 리더십에서 가장 중요한 것이 데이터와 분석에 기반을 둔 상의하달식 전략적 계획 수립 접근방식이라고 믿었다. 그러나 지금은 목적과 휴먼 매직을 가장 중시한다. 나는 한때 회의실 안에서 가장 똑똑한 사람이 되고 싶었고, 모든 문제를 혼자 해결하려 애썼다. 그러나 지금은 다른 사람들이 발전하고 해결책을 찾아낼 수 있는 환경을 조성하려 애쓰고 있다. 또한 한때는 수익이 기업의 목적이라고 믿었다. 그러나 지금은 수익이 그저 꼭 필요한 결과에 지나지 않는다는 것을 잘 알고 있다.

당신이 선택한 리더가 되기

리더는 타고나는 사람도 아니고 초인도 아니다. 이런 결론을 내리고 나자, 나는 어떤 리더가 될지 자유롭게 선택할 수 있었다. 내 선택은 나에게도 중요하지만, 다른 사람들과의 교류에 영향을 주고, 내가 사람들을 리더로 지명함으로써 조직 전체에도 영향을 준다.

내가 선택할 수 있는 리더 모델은 아주 많다. 서점의 서가에는 서로 다른 제목, 서로 다른 접근방식을 지지하는 리더십 관련 서적들이 넘쳐난다.² 클레이튼 크리스텐슨Clayton Christensen은 2010년 하버드 경영대학원 졸업생들에게 이렇게 조언했다. "여러분의 삶을 어떤 기준으로 평가할지 생각해 보고 매일 그 기준을 지키며 사십시오. 그러면 훗날 여러분의 삶은 성공적인 삶으로 평가받게 될 것입니다."³ 이는 내게도 도움되는 말이다. 어떤 리더가 될지 선택하기 위해, 다음 3가지 질문에 답해 보라. 당신을 움직이는 원동력은 무엇인가? 당신은 어떤 유산을 남기고 싶은가? 어떻게 코스를 벗어나지 않을 것인가?

당신을 움직이는 원동력은 무엇인가?

2018년 가을의 어느 일요일 오후에, 나는 디자이너 아이세 비르셀Ayse Birsel이 미드타운 맨해튼에서 개최한 '당신이 사랑하는 삶을 디자인하라Design the Life You Love'라는 워크숍에 참석해 시간을 보냈다. 그때 아이세는 사람들에게 디자인 원칙을 활용해 삶의 선택을 생각해 보라고 권했다. 그녀는 특별히 심오한 한 리더십 훈련 과정에서 우리가 존경하는 사람들을 떠올려 보라고 했다. 나는 간디에서 메드트로닉의 전임 최고경영자 빌 조지에 이르는 다양한 집단 속 개인들을 존경하는 인물들로 꼽았다. 아이세는 각자 존경하는 사람의 명단에 올린 인물들의 특징을 써 보라고 했다. 그때 내가 쓴 특징은 주로 세상에 큰 변화를 줄 수 있는 의지와 능력, 변함없이 다른 사람들을 뒷받침하고 돕는 헌신적인 자세 등이었다.

당시 아이세는 이런 말을 했다. "이것이 여러분이 원하는 종류의 리더입니다." 그러면서 그는 그런 특징을 자기 것으로 받아들이고 그에 맞게 행동하는 게 우리가 할 일이라고 했다.

이 리더십 훈련 과정의 타이밍은 기가 막혔다. 당시 나는 베스트바이를 떠날 생각을 하던 참이었다. 이냐시오 데 로욜라의 영적 수련 기간 중에 찾아낸 목적은 그대로 유지되고 있었지만, 아이세의 워크숍 덕에 나는 내게 필요한 리더의 특징을 보다 구체화할 수 있었다. 또한 그 특징을 다음 단계에 대담하게 적용할 수 있었다.

당신은 어떤 유산을 남기고 싶은가?

이 두 번째 질문을 깊이 생각해 보는 것은 가치 있는 일이다. 또한 당신이 내린 결정과, 당신의 시간, 노력, 에너지를 쓰는 방식이 그 선택을 반영하도록 확실하게 행동하는 것도 그럴 만한 가치가 있다. 당신은 그런 명확성을 어떻게 얻는가? 경영자 리더십 코치이자 작가인 내 아내 오르탕스 르 장티는 틈나는 대로 고객에게 자신의 부고장을 써 보길 권했다. 자신의 부고장을 쓰는 것은, 생각을 하고 싶은 일, 즉 목적에 집중하게 하고, 자신의 선택이 그 목적에 부합하는지 알려주는 강력한 방법이다. 마찬가지로 마이클 포터[Michael Porter] 교수는 새로운 최고경영자들을 위한 하버드 경영대학원 워크숍에서 참석자들에게 퇴임사를 써 보라고 한다. 그들은 어떻게 기억되고 싶을까? 자신들이 무엇에 기여했기를 바랄까? 어떤 유산을 남기고 싶을까?

물론 이런 질문을 던졌을 때 자신이 얼마나 돈을 많이 벌었는지, 얼마나 많은 사람을 해고했는지, 얼마나 많이 잡지의 표지 인물로 나왔는지 관심을 보인 최고경영자는 거의 없었다.

어떻게 코스를 벗어나지 않을 것인가?

클레이튼 크리스텐슨은 경영학 석사 과정 졸업생들에게 한 어떤 연설에서, 성공한 최고경영자 중에 감옥에 가려고 그 자리에 앉은 사람은 없다고 말했다. 성취욕이 강한 사람은 시간과 에너지를 자신이 가장 중요하게 여기는 일이나 사람들을 위해 쓰기보다, 단기적이며 가시적인 업적을 올리고 인정받기 위해 쓰는 경향이 있다.[4] 이런 경향을 바로잡으려면 매일 자신과 마주하려는 노력과 자기인식이 필요하다. 마셜 골드스미스는 고객들에게, 중요한 가치를 보여주는 행동과 관련된 질문을 나열해 보고, 자신이 그런 행동을 하려고 최선을 다했는지 매일 자문하라고 권한다. 어떤 식으로 자기 성찰을 하든, 매일 당신의 목적을 상기하고 그 목적대로 살아가기 위해 '잠시 멈춤' 버튼을 눌러라. 우리는 뚜렷이 자기인식을 하면서 자신만의 원칙을 고수해야 하며, 동시에 가족, 친구, 동료, 코치, 멘토, 뛰어난 임원들을 가드레일로 삼아야 한다. 그래야 코스에서 벗어나지 않을 수 있고, 길을 잘못 들었을 때 바른 길로 되돌아갈 수 있다.

* * *

나는 이제 리더로서의 내 역할이 모든 해결책을 찾아내는 데 있다고 믿지 않는다.

왜 그리고 어떻게 권한을 행사할지, 누구에게 권한을 위임할지 선택하는 것이 리더가 해야 할 가장 중요한 선택이다. 기업은 개인들이 힘을 합쳐 함께 공동의 목적을 추구하는 인간 조직이다. 이 개념을 바탕으로 우리는 모든 리더에게 거는 기대를 바꿀 필요가 있다.

지금 우리에게 필요한 것은 목적과 사람을 가장 중시하는 리더십 스타일이다. 나는 이것을 '목적의식을 가진 리더십'이라고 부른다.

| 깊이 생각해 볼 질문들 | ··

- 자신이 어떤 리더라고 생각하는가?
- 지금까지 직업과 관련된 결정을 내리게 만든 원동력은 무엇인가?
- 당신은 어떤 리더가 되고 싶은가?
- 당신은 어떤 리더로 기억되고 싶은가?

목적의식이 뚜렷한 리더

우리는 훨씬 더 많은 걸 할 수 있다.
올바른 리더십으로 이 세상을 구할 수 있다.

에이드리언 바이트, 영화 《와치맨》 중에서

2013년 1월 베스트 바이의 인사 및 소매 부문 책임자였던 샤리 밸러드는, 내가 생각하는 위대한 리더란 어떤 사람인지 명확히 얘기해달라고 했다. 그녀는 최고경영자가 내리는 가장 중요한 결정이 누구를 리더에 앉힐 것인가에 관한 문제라면, 그런 결정을 내리는 기준을 명확히 해둘 필요가 있다고 강조했다. 그러나 당시는 우리의 기업 회생 계획이 막 시작된 참이었고, 베스트 바이는 아직 위험한 상태였다. 나는 우리가 말보다 행동에 집중해야 한다고 느꼈고, 굳이 위험을 감수하는 일을 하고 싶지 않았다.

물론 샤리의 말이 틀린 건 아니었다. 그로부터 몇 년 후 우리가 회사를 살리는 데 성공하고 성장 전략에 착수했을 때, 그녀는 내게 리더십 원칙을 명확히 해달라고 촉구했다. 이젠 그럴 때도 된 듯했다. 나는 비단 베스트 바이에 있을 때뿐 아니라 20년 넘게 다른 여러 기업을 이끌면서 갖게 된, 목적의식이 뚜렷한 리더십에 대한 내 생각을 전부 털어놓았다.

그 생각은 이 책 곳곳에 나와 있다. 그 생각이 바로 목적의식이 뚜렷한 리더의 5가지 요건이다. 그것은 다음과 같다.

1. 자신의 목적, 주변 사람들의 목적이 회사의 목적과 어떻게 연결되는지 명확히 알아야 한다

리더를 선발할 때 나는 후보들에게 그들의 경험과 오랜 시간 발전시킨 능력, 직업적 목적, 그리고 조직에 자신을 잘 맞추는지 여부 등을 묻곤 했다. 그야말로 표준적인 평가 기준이지만, 나는 이런 기준들을 가장 중요하게 고려해야 한다고 생각했다.

파리에서 출발해 미니애폴리스로 가는 비행기 안에서 칼슨의 회장 겸 최고경영자였던 매릴린 칼슨 넬슨이 내게 "당신의 영혼에 대해 말해주세요."라고 했던 일은 지금도 기억한다. 지금 나는 리더를 선발할 때 그 후보들의 꿈과 목적을 이해하려고 많은 시간을 보낸다. 나는 이렇게 묻는다. "당신에게 활력을 주는 게 무엇인가요?", "당신을 움직이는 원동력은 무엇인가요?"

내 뒤를 이어 베스트 바이의 최고경영자가 된 코리 배리는 이렇게 말했다. "내 목적은 처음보다 조금이라도 더 나아진 뭔가를 남기는 겁니다. 지역사회는 물론 가정에서도, 베스트 바이에서도 말이죠." 코리는 자신의 목적을 잘 알고 있을 뿐 아니라, 그 목적을 '기술로 삶을 풍요롭게 만들자'는 베스트 바이의 임무에 어떻게 연결해야 하는지도 아주 잘 알고 있다. 베스트 바이의 최고경영자가 되기 전에도, 그녀는 건강관리 프로젝트 같은 새로운 방향으로 회사를 이끌고 가는 데 큰 역할을 했다. 그것은 자신의 목적뿐 아니라 베스트 바이의 목적에도 부합되는 일이었다.

코리는 《포춘》이 선정한 '가장 강력한 여성들' 명단에 속해 있고, '《포춘》지 선정 최고경영자 500인' 중에서도 가장 젊은 최고경영자에 속한다. 그녀의 목적은 지금까지도 변함없다. 그녀는 매일 퇴근길 차 안에서 자신에게 "오늘 내가 베스트 바이에 있으면서 조금이라도 좋아진 게 있는가?"라고 자문함으로써 자신의 목적을 잊지 않으려 애쓴다.

이제 나는 베스트 바이의 회장 겸 최고경영자에서 물러났기 때문에, 이처럼 목적과 관련된 질문(각자의 목적뿐 아니라 그에 못지않게 중요한 다른 사람을 움직이는 원동력에 대한 질문을 포함하여)은 내가 코치하는 리더들과의 토론에서 종종 등장한다. 최근에 성공한 한 최고경영자가 팀원들 문제로 도움을 요청한 적이 있다. 그는 팀원들이 서로 고립된 채 조직 전체보다는 각자가 맡은 분야에만 신경을 쓰는 것 같다고 느꼈다. 함께 머리를 맞대고 이런저런 얘기를 나누니, 그는 자신의 목적과 조직의 목적을 잘 알고 있었지만, 주변 사람을 움직이는 원동력이 무엇인지는 잘 알지 못했다. 그것을 제대로 알지 못하면 팀원들을 도와 각자의 목적을 조직의 목적에 연결시키기도 어렵고, 모든 팀원을 제대로 지원해주기도 어렵다.

코로나 19 팬데믹 상황에서 나는 많은 기업 리더와 얘기를 나누었다. 그들은 이 위기를 각자의 목적을 구체화하고, 그 목적을 회사의 목적에 연결할 더없이 좋은 기회로 보았다. 다른 사람들을 돕고 인간애를 바탕으로 그들을 이끌 기회 말이다. 처칠처럼 말하자면, 그들은 지금 이 위기의 시기가 '최고의 시기'가 될 수도 있고, 또 그렇게 만들어야 한다는 걸 잘 알고 있었으며, 어떻게든 이 위기를 잘 넘기고 싶어 했다. 자신들의 성과가 회사의 주가나 주당 순익 실현earnings-per-share guidance에 의해 평가되지 않고, 회사와 그 리더들이 보다 높은 목적을 실현하고 많은 이해관계자의 기대에 부응하는지 여부로 평가될 거라는 사실도 잘 알고 있었다.

2. 리더로서의 자기 역할을 명확히 알아야 한다

모든 유통업체가 1년 중 가장 바쁜 세일 시즌은 블랙프라이데이 때다. 2014년, 이 시즌을 2주 앞두고 베스트 바이가 데이터 유출 피해를 입은 것 같다고 FBI에서 연락이 왔다. 그야말로 재앙에 가까운 일이었다. 나는 심각한 고민에 빠졌다. 우리는 아직 기업 회생 작업 중이어서, 데이터가 유출되었다면 세일 시즌은 물론 '리뉴 블루' 기업 회생 계획도 큰 타격을 받게 될 것이기 때문이었다. 그다음 날 아침 일찍 베스트 바이 위기관리팀을 소집했고, 창문이 없는 조그만 회의실 안에 IT, 영업, 법무, 커뮤니케이션, 재정 부문 관계자들이 모였다. 우리는 긴 테이블에 둘러앉았다. 분위기는 침울했다. 어찌해야 할까? 울분과 불만을 쏟아내야 할까? 직접 뛰어들어 해결 방법을 찾아내야 할까?

나는 이 모든 생각을 옆으로 밀어내며, 속으로 온도계보다는 온도 조절 장치가 되어야겠다고 다짐했다. 일단 온도를 조정해 밝고 긍정적인 분위기를 만들어야겠다고 다짐했다.

"블랙프라이데이를 2주 앞두고 이런 일이 일어나길 바란 사람은 아무도 없을 겁니다." 내가 말했다. "어쨌든 이것은 말할 수 없이 중대한 리더십의 위기이며, 우리는 어떻게 이 위기를 극복할 것인지 결정해야 합니다. 이 위기를 통해 우리는 큰 변화를 만들어야 합니다. 나는 물론 우리 모두, 가장 나은 자신이 될 수 있는 기회를 맞았습니다. 여러분은 모두 유능하고 재능 있는 분들이며, 저는 여러분 각자가 힘을 합쳐 최선의 결과를 낼 수 있기를 바랍니다. 자, 그럼 시작할까요?"

우리는 데이터 유출 시 행동 요령을 미리 연습해 봤던 터라, 이런 위기에 어느 정도 대비되어 있다고 느꼈다. 다행히 FBI의 통보는 오보로 밝혀졌다. 데이터 유출은 없었다. 이 해프닝을 통해 나는 리더로서의 내 역할이, 특히 아주 힘겨운 상황에서는 조직에 활력과 추진력을 불어넣는 것임을 새삼 절감했다. 사람들이 가능성과 잠재력을 볼 수 있게 해주는 것이 내 역할이었다. 30년 전의 나는 사람들에게 활력과 영감과 희망을 불어넣는 일의 중요성을 간과했다. 그러나 사실 이것은 목적의식을 가진 리더에게 꼭 필요하다. 이것은 미국의 6대 대통령 존 퀸시 애덤스John Quincy Adams가 했다고 알려진 다음의 말로 요약할 수 있다. "당신의 행동으로 다른 사람들이 더 많은 것을 꿈꾸고 배우며 해낼 수 있다면, 당신은 리더다."

당신이 상황을 선택할 수는 없어도, 자신의 사고방식을 통제할 수는 있다. 당신의 사고방식에 따라 사람들에게 활력과 영감과 희망을 불어넣어줄 수도 있고, 좌절감을 안겨줄 수도 있다. 그러므로 선택을 잘 해야 한다. 칼슨에 있을 때 나는 매일 아침 이런 생각을 했다. 칼슨 본사 로비에는 창업자 커트 칼슨^{Curt Carlson}의 조각상이 있고, 거기에는 라틴어로 'Illegitimi non carborundum'이라는 문구가 새겨져 있었다. '나쁜 놈들이 너를 짓밟지 못하게 하라'는 뜻이다.

3. 자신이 누구를 위해 일하는지 알아야 한다

"여러분이 자신과 상사 또는 회사의 최고경영자인 나를 위해 일한다고 믿는다면 좋습니다. 그건 여러분의 선택이니까요." 내가 언젠가 베스트 바이의 임원들에게 한 말이다. "그렇다면 여러분은 여기서 일하면 안 됩니다. 고객으로 승진해야 합니다." 베스트 바이는 자신의 경력을 높이는 게 주목적인 사람들이 있을 데가 아니라는 뜻이었다. 전문 지식과 경험 덕에 채용된 한 똑똑한 임원은 결국 베스트 바이를 떠났다. 그가 떠난 한 가지 이유는, 그가 개인적인 야심으로 움직이는 스타일이었기 때문이다. 그는 주로 자신을 위해 일했고, 동료들과 잘 어울리지 못했다.

어떤 리더는 다른 사람과의 경쟁에서 이기고 자아에 귀 기울이는 것이 경력에 도움이 된다고 생각한다. 당신은 이런 리더가 되고 싶은가? 당신은 그런 선택을 해야 하는가? 내 친구 짐 시트린은 세계적인 임원 스카우트 기업 스펜서 스튜어트의 북미 최고경영자다. 그는, 최고의 리더란 혼자 힘으로 꼭대기에 오르는 게 아니라 다른 사람들의 힘으로 꼭대기에 오른다고 했다. 그 비결은 다른 사람들을 위해 일하는 것이다.

당신이 리더라면, 기업을 이끌고 가면서 일선에서 일하는 사람들을 위해 일해야 한다. 동료를 위해 일해야 한다. 이사회를 위해 일해야 한다. 주변 사람들을 위해 일해야 한다. 그러려면 먼저, 그들이 최선을 다하기 위해 무엇이 필요한지 알아내 도와야 한다.

마셜 골드스미스는 언젠가 모든 사람을 고객으로 보라고 말했다. 예를 들어 당신이 비행기 승무원이나 식당 종업원을 어떻게 대하느냐에 따라 당신이 받게 될 서비스 자체가 크게 달라진다. 내가 일했던 한 기업의 고위직 임원은 비싼 대가를 치르고 그런 교훈을 얻었다. 그는 예약한 항공편 운항이 취소되면서 공항에 발이 묶인 적이 있다. 경로를 변경하기 위해 창구에서 줄을 서서 기다리던 그는 갑자기 인내심을 잃고 줄 앞으로 걸어 나가 창구에 앉은 항공사 직원에게 큰소리로 외쳤다. "당신 내가 누군지 알아?"

그러자 그 항공사 직원은 줄을 선 여행객들에게 말했다. "신사 숙녀 여러분, 저 좀 도와주셔야겠습니다. 여기 정체성을 잊은 분이 계십니다. 이 남자분은 자신이 누군지 모르시겠다네요!"

권력, 명예, 영광, 돈이 친 덫에 걸리지 않으려면 늘 스스로 경계해야 하고 건강한 자기인식을 가져야 한다. 공항에서의 이 고위직 임원처럼, 이기심과 야심에 매몰되거나 자신의 지위를 악용하려는 일은 누구에게나 일어날 수 있다. 나도 내 이기심과 야심에 따라 움직이던 시절에 바로 이런 덫에 걸린 적이 있었다. 14장에서 얘기한 것처럼 당시 나는 이름을 날리기 위해 별 의미도 없는 일을 하려 애썼다. 말이나 행동에 앞서, 먼저 당신의 동기가 무엇인지 또 당신이 누구를 위해 일하는지 명확히 알아야 한다.

4. 가치에 따라 움직여야 한다

매킨지 앤드 컴퍼니에 있던 시절 나는 러스 프래딘^{Russ Fradin}에게 리더십에 관한 조언을 듣고자 했다. 그는 내 파트너 중 한 사람으로, 훗날 베스트 바이 이사회의 사외이사가 된 인물이다. 그는 내 요청에 이렇게 답했다. "진실을 말하고 옳은 일을 하십시오."

대부분 우리는 옳은 일들, 즉 정직, 존경, 책임, 공정, 연민 등에 반대하지 않는다. 서류상으로는 모든 기업이 위대한 가치를 갖고 있다. 그러나 서류에만 존재하는 가치는 아무 쓸모가 없다. 가치에 따라 움직인다는 것은 단순히 무엇이 옳은지 알고 입으로만 떠드는 게 아니라, 직접 그 일을 행한다는 것이다. 리더의 역할은 그런 가치에 따라 살고 그 가치를 적극 장려해 기업에 녹아들게 하는 것이다. 예를 들어 존슨앤드존슨은 1943년 창업자의 아들이 처음 만든 신조로 유명하다. 회사는 1982년, 청산가리에 오염된 해열 진통제 타이레놀 한 알을 먹은 뒤 사망한 사람이 발생하자, 회사의 베스트셀러 제품 중 하나인 타이레놀 약 3,100만 개를 바로 회수했다. 이 회사의 리더들이 그 신조를 얼마나 잘 지키고 있는지 보여주는 사례가 아닐 수 없다. 오늘날까지도 회사는 직원들에게 회사가 이 신조를 얼마나 잘 지키는지 정기적으로 평가하게 한다. 또한 수차례의 '신조 챌린지^{Credo Challenge}'를 통해 회사의 가치를 논하는 공개 토론을 마련해, 가치의 타당성을 검토함은 물론 현재 상황에서 그 가치를 어떻게 변화시킬지도 검토한다.

비슷한 맥락에서, 칼슨에 있을 때나 베스트 바이에 있을 때나 나는 '가치의 날'을 정했다. 그날에는 전 직원이 시간을 내서 동료들과 함께 회사의 가치를 논의했고, 우리가 그 가치를 얼마나 잘 지키고 있고 또 더 잘 지키려면 어떻게 해야 하는지 고민했다.

물론 무엇이 옳은지 알고, 행동에 옮기는 게 늘 쉬운 것은 아니다. 그러나 하버드대학교 경영학 교수 클레이튼 크리스텐슨이 지적한 것처럼, 이 원칙을 전체 시간의 98% 동안 고수하는 것보다는 100% 고수하기가 더 쉽다. 가치에 반하는 어떤 일을 '이번 한 번만' 할 때 드는 한계비용은 혹할 만큼 낮은 것 같지만, 일단 한 번의 예외를 인정하면 갈수록 문제가 더 커져서 잘못하면 감옥 신세를 지게 될 수도 있다.[1] 당신이 이번 한 번만의 유혹에 넘어가지 않는다면, 잊지 않고 늘 진실만을 말하고 옳은 일을 하려 한다면 선택은 더 쉬워진다.

스트레스와 압박감 때문에 옳은 것에 대한 판단이 흐려지는 위기의 순간에는 이런 가치를 고수하는 것이 특히 더 중요하다. 해리 크래머Harry Kraemer는 의료 서비스 기업 백스터 인터내셔널Baxter International의 회장 겸 최고경영자였으며, 켈로그 경영대학원 리더십 교수이자 사모펀드 기업 매디슨 디어본Madison Dearborn의 임원이다. 그는 코로나 19 위기 상황에서 많은 리더가 공감할 만한 말을 했다. "여러분은 지금 많은 걱정, 두려움, 불안감, 압박감, 스트레스를 느끼고 있습니다. 이런 감정들에 완전히 압도당하고 있습니다. 그렇게 압도당한 결과, 당신은 거의 무력화되고 있습니다."

그의 관점에서 볼 때, 위기를 헤쳐 나가야 하는 상황에서 리더에게 필요한 주요 원칙이나 기도문은, 자신이 옳은 일을 할 것이며 그러기 위해 최선을 다할 것임을 믿는 것이다. 주변에 당신이 신뢰하는 사람들이 있고 그들의 가치가 당신과 조직의 가치와 맞는다면, 당신은 무엇이 옳은 일인지 혼자 외롭게 알아낼 필요가 없다. 사람들과 함께 무엇이 옳은지 결정하고 최선을 다해 그것을 실행에 옮기면 된다.2

나는 코로나 19 위기 상황에서도 베스트 바이의 리더들이 이렇게 중요한 가치를 고수했다는 사실이 너무 자랑스럽다. 미국의 거의 모든 주에서 베스트 바이는 중요한 서비스를 제공한 것으로 평가받는다. 적절한 장비와 지원을 통해 사람들이 재택근무를 편하게 할 수 있었고, 매장 영업을 계속하는 것이 옳다는 걸 입증했다. 이 상황에서 제품 및 서비스 수요가 폭증했지만, 우리는 그 무엇보다 중요하고 기본적이며 시급한, 직원과 고객의 안전이라는 문제와 균형을 맞춰야 했다. 직원들이 안전을 걱정했고, 당연히 고객들도 불안해했다. 이런 상황에서 코리 배리와 그녀의 팀은 지체 없이 매장 문을 닫았다. 그리고 며칠 뒤부터 베스트 바이는 매장 픽업 제도인 '비대면 커브사이드 픽업 제도'로 전환했다. 매장 문을 닫은 것이 최종 결산 결과에 어떤 영향을 미쳤는지 정확히 알 수는 없지만, 그건 문제가 아니었다. 중요한 것은, 옳은 일을 한다는 것이었다.

당신이 가치에 따라 움직인다는 것은 곧 환경(동료, 상사, 이사회, 회사의 가치 및 목적)과 맞지 않다면 떠나야 한다는 걸 안다는 의미이기도 하다. 격언에도 있지만, 당신이 바꿀 수 있는 것과 바꿀 수 없는 것의 차이를 아는 지혜를 가져야 한다. 내가 EDS 프랑스를 떠난 주된 이유도, 수익 및 사람과 관련해 새로운 최고경영자의 견해가 내 견해와 다르다는 걸 알았기 때문이다.

5. 진정성이 있어야 한다

2020년 6월 11일, 나는 베스트 바이의 회장에서 물러났다. 여러 면에서 1년 전에 최고경영자 직위를 물려주는 것보다 낫다고 판단했다. 이후로도 계속 베스트 바이와 그곳 사람들을 응원하고 존경하고 지지하고 있지만, 당시 나는 베스트 바이에서 공식 직함이 사라졌다. 8년간 더없이 멋진 시간을 보낸 뒤 나는 사무실을 비웠다. 전국이 아직 코로나 19 팬데믹으로 고통 받는 상황이어서, 나는 온라인으로 작별 인사를 해야 했다. "여러분 사랑합니다!" 이것이 내가 긴밀히 함께해 온 고위직 리더들과 이사회 이사들에게 보낸 이메일 제목이었다. 무엇보다도 내 감정을 표현하고 싶었다. 영국 작가 A.A. 밀른A.A. Milne의 말처럼, 작별 인사가 너무 아쉽게 느껴지는 무언가가 있다는 게 행운이라고 생각했다. 베스트 바이의 전 직원에게 작별 인사하는 동영상을 찍으면서도 그런 감정을 느꼈다. 동영상에서 나는 이런 말로 작별 인사를 끝냈다. "잘 있어요, 내 친구들! 나는 여러분을 늘 내 가슴속에 간직할 겁니다."

몇 년 전만 해도, 아마 이런 식으로 모든 것을 털어놓지는 못했을 것이다. 틱낫한의 가르침대로, 머리에서 가슴까지 약 45cm에 이르는 여행은 아마 여러분이 하게 될 가장 먼 여행일 것이다. 우리 세대의 다른 많은 리더와 마찬가지로, 나 역시 오랜 세월 동안 사업적으로 감정은 서로 공유하는 게 아니라고 믿었다. 내게는 아직 지워야 할 지식이 많았다. 목적의식이 뚜렷한 리더가 갖춰야 할 5번째 요건이자, 내가 가장 갖추기 힘든 요건은 나 자신이 되어야 한다는 것이었다. 진정한 자기 자신이 되는 것, 온전한 자기 자신이 되는 것, 가장 나은 자기 자신이 되는 것이다. 진정성을 가져라. 이것이야말로 새로운 세대의 리더가 갖추어야 할 요건이다.

일과 삶의 균형이라는 개념에 대해서는 다 들어봤을 것이다. 가족, 친구, 여가 생활, 일의 균형은 중요한 부분이다. 그러나 이 얘기는, '삶은 일의 곁면이고, 일은 우리의 진정한 삶이 아니라 삶과는 다른 그 무엇'임을 시사한다.

그러나 일과 삶의 균형이라는 개념은 코로나 19 팬데믹과 함께 사라져 버렸다. 워낙 많은 사람이 집에서 일해야 했기 때문이다. 우리는 자녀, 개, 고양이와 함께하면서도 온전한 자신을 일에 쏟아야 했다. 인간으로서 우리 자신도 그 어느 때보다 분명히 드러났다. 이것이 늘 편하거나 쉬운 일은 아니다. 그러나 우리는 너 나 할 것 없이 모두 새로운 관점에서 다른 사람들을 보고 우리 자신을 보여줘야 했다.

직원들은 인간적인 리더를 원한다. 리더가 자신들의 현재 모습을 있는 그대로 봐주고 존중하며, 자신들의 말에 귀 기울이길 바란다. 다시 말해, 리더는 가슴을 활짝 열고, 자신의 약함도 드러내야 하며, 역시 모르는 게 많다는 것을 인정해야 한다.

브레네 브라운은 약함이야말로 사회적 관계의 핵심이라고 말한다. 사회적 관계는 또한 사업의 핵심이기도 하다.

그리고 사회적 관계는 우리 각 개인에서 시작된다.

- 어떤 리더가 되고 싶은지 결정했는가?
- 당신의 목적을 어떻게 설명하겠는가?
- 다른 사람들이 번영하는 환경을 조성하기 위해 무엇을 하고 있는가?
- 당신은 누구에게 도움을 주고 있는가?
- 당신은 어떤 가치를 갖고 있는가?
- 당신은 진정성이 있고 약함을 드러낼 수 있는 사람이 되기 위해 최선을 다하고 있는가?

15. 목적의식이 뚜렷한 리더

행동하라

친애하는 독자 여러분께,

우리는 이제 여기에서 어디로 가야 할까?

우리는 어떻게 목적과 사람을 비즈니스의 중심에 놓을 수 있을까?

우리는 어떻게 제대로 휴먼 매직을 발산하고 실현 불가능해 보이는 결과를 얻을 수 있을까?

우리는 어떻게 기업 재건에 필요한 조치를 확대할 수 있을까? 또 어떻게 목적의식이 뚜렷한 인간적인 리더십 원칙을 중시하는 자본주의를 확대할 수 있을까?

이 모든 것이 중요하면서도 시급한 일이다. 모든 인간은 이 지구의 시민이기 때문에, 우리는 모든 이해관계자의 이익을 위해 행동해야 한다.

그러려면 어떻게 해야 할까?

희소식이 있다면, 그간 미국을 비롯한 전 세계의 비즈니스 분야에서 목적과 이해관계자 자본주의 개념이 큰 발전을 이룩해 왔다는 것이다. 내 생각에 대부분의 리더가 이 접근방식이 효과가 있다고 믿는다. 그러나 개인적 경험에 비추어 볼 때, 아는 것과 행하는 것은 엄연히 다르다. 내가 보기에는 이런저런 생각과 말을 실행에 옮기려면 아직 해야 할 일이 많다.

내가 생각하는 방식으로 기업을 재건하려면 우리 모두와 이해관계자 집단이 변해야 한다.

이 말은 꼭 하고 싶다. 행동을 바꾸려면 행동을 바꿔야 한다. 자, 이제 우리가 무엇을 할 수 있는지 생각하자.

우리 모두 각자 해야 할 역할이 있다.

리더를 위한 조언

나는 세상을 변화시키고 싶어 한, 한 남자의 이야기를 좋아한다. 그 남자는 가장 가난한 사람들을 돕기 위해 먼저 인도의 콜카타로 갔다. 그러나 그는 행복하지 않았다. 다시 뉴욕으로 이주해 그곳에서 가난한 사람들을 도와야겠다고 생각했다. 그래도 그는 여전히 행복하지 않았다. 그는 생각했다. '먼저 가족을 돌보고 최선을 다해 아내와 아이들을 도와야 할 모양이다.' 그런데도 여전히 그리 행복하지 않았다. 한동안 많은 생각을 한 끝에, 그는 먼저 자신을 위해 일해야 할 것 같다고 결론을 내렸다. 그래서 그는 자신을 변화시켰고, 그 결과 마침내 세상을 변화시킬 수 있었다.

15장에서 살펴봤듯, 우리가 목적의식이 뚜렷한 리더로 발전하려면 모든 걸 우리 자신에서부터 시작해야 한다. 또한 우리를 움직이는 원동력이 무엇인지 분명히 알고, 계속 그 원동력에 연결되기 위해 자기 성찰과 심사숙고를 해야 한다. 자기 자신과 깊이 연결되지 못하면 다른 사람들과도 진실하게 연결될 수 없다.[1] 주변 사람들을 도와 성공을 거두고 최고의 자신이 되려면, 매일매일 스스로 가장 나은 '내'가 되도록 노력해야 한다.

그러니 모든 건 당신 자신에서부터 시작하라.

당신이 원하는 리더가 돼라.

당신이 원하는 변화를 이뤄라.

기업을 위한 조언

농부라면, 척박한 땅에 뿌린 씨앗은 제대로 자라지 못한다고 입을 모을 것이다. 좋은 결실을 보려면, 먼저 땅을 비옥하게 만들어야 한다.

기업도 마찬가지다. 기업이 숭고한 목적을 추구하는 여정에 나서면서 제일 먼저 해야 할 일은 기업의 목적을 정하는 것이 아니다. 먼저 비옥한 환경을 조성하는 데 전념해야 한다. 사람들이 각자 존재감과 소속감을 느끼고 가치를 인정받아 자신이 중요하다고 느낄 수 있는 그런 환경 말이다. 그런 환경이 조성될 때 비로소 숭고한 목적이 뿌리를 내리고 번성할 수 있다.

적절한 시기가 되면, 다음 4가지 측면을 고려하여 팀원들과 함께 숭고한 목적을 만들어라. 첫째는 세상 사람들에게 필요한 것, 둘째는 회사의 능력, 셋째는 회사 사람들을 움직이는 원동력과 그들의 갈망, 넷째는 돈을 벌 수 있는 방법이다.

그런 다음 팀원들과 함께 회사의 숭고한 목적에 따라 구체적인 전략 계획을 수립하여, 회사가 의미 있는 발전을 향해 나아갈 수 있게 하라. 이어서 전략 계획을 실천하고, 사람들과의 커뮤니케이션에 착수해라. 마케팅의 대가 론 타이트Ron Tite는 이 모든 과정을 이렇게 요약했다. "생각하라. 행하라. 말하라." 커뮤니케이션에 착수할 적절한 때가 되면 회사의 숭고한 목적을 발표해라. 회사의 전 직원이, 그 숭고한 목적이 자신에게 구체적으로 무엇을 의미하고, 자신들이 그 목적에 어떻게 기여할 수 있는지 이해할 수 있게 현실적이면서도 간단한 말로 발표해라.

새로 세운 숭고한 목적이 제대로 뿌리를 내려 번성하게 하려면, 아마 회사를 크게 변화시켜야 할 것이다. 일을 하는 방식도 변화시켜야 한다. 내가 지금 하는 얘기는 단순한 전략이 아니라 조직의 인간적 측면이 변화해야 한다는 얘기다. 모든 사람이 자신의 잠재력을 활짝 꽃피우고 휴먼 매직이 제대로 발현될 수 있는 환경을 조성해야 한다는 것이다.

업계, 분야, 지역사회 리더를 위한 조언

당신의 영향력은 회사의 네 벽을 넘어 확산된다. 당신은 당신 분야와 지역사회 등을 아우르는 더 큰 생태계의 일부이기 때문이다. 예를 들어 인종 간 불평등이나 환경 문제처럼 당신이 변화에 일조할 수 있는 문제를 찾아내 동료들과 함께 해결해라. 그것이 리더인 당신이 해야 할 일이다. 업계 차원의 계획, 새로운 규범, 향상된 기준을 토대로 한 집단행동을 통해 공정한 경쟁의 장을 조성하고 필요한 변화를 이끌어 낼 수 있다.

이사회를 위한 조언

당신이 이런 원칙으로 책임을 다하려 애쓰는지 자문해 보라.

- 리더를 선발, 평가, 보상, 계발하고 승진시키는 회사의 방침에는 목적의식이 뚜렷한 인간적인 리더십 원칙이 어느 정도 반영되는가?
- 모든 이해관계자와의 관계에 대해 회사의 전략에는 숭고한 목적이 어느 정도 반영되는가?
- 당신 회사가 목표를 설정하고 성과를 관리하는 방식에는 이런 원칙이 어느 정도 반영되는가?
- 당신 회사의 이사회는 기업 문화를 조성하는 데 어느 정도 기

여하는가? 모든 사람이 소속감을 느끼고, 회사의 고객이나 지역사회의 다양성을 대변한다고 느끼는 환경을 조성하기 위해 꾸준히 노력하는가?

• 당신 회사의 정책과 위험 관리 및 자율 준수 프로그램에는 회사의 목적과 목적의식이 뚜렷한 인간적인 리더십 원칙이 어느 정도 반영되는가?

투자자, 분석가, 규제 당국, 평가 기관을 위한 조언

목적의식이 뚜렷한 인간적인 리더십에 보다 잘 부합되는 평가 및 투자 결정을 하려면 또 어떤 일을 할 수 있는지 자문해 보라.

기업이 모든 이해관계자를 위해 얼마나 신경 쓰는지 평가하는 데 도움되는 새로운 기준, 규범, 툴을 개발해야 한다. 예를 들어 세계경제포럼과 지속가능회계기준위원회Sustainability Accounting Standards Board는 그간 지속 가능성을 측정하는 툴을 기업 성과 평가에 접목하기 위해 계획을 세웠다.

그러나 아직도 개선되어야 할 점이 많다. 예를 들어 대리 자문 기업들은 경영진 보상 계획을 평가할 때 여전히 전적으로 주주 수익을 중시한다. 회계 기준도 여전히 외부 요인들을 경제 성과 평가와 통합하지 못한다.

기업 교육 기관을 위한 조언

이제 주요 기업 교육 기관들 대다수가, 숭고한 목적과 인간적인 리더십 원칙을 미래의 리더 양성에 적용하고 있다. 이 기관들은 마케팅에 통달하고 투자의 순 현재 가치를 잘 판단한다고 해서 최고의 리더가 되지 못한다는 것을 잘 안다.

우리에겐 아직 해야 할 일들이 많다. 경영학과 졸업생들을 슈퍼 영웅이 아닌 보다 나은 리더, 목적의식이 뚜렷한 리더, 인간적인 리더로 만들려면 어떻게 해야 할까? 그 학생들이 훗날 기업에 들어가 숭고한 목적에 맞는 전략을 짜고, 다른 사람들에게 효율성과 영감을 줄 수 있는 환경을 조성하며, 모든 이해관계자를 위해 책임을 다하게 하려면 어떻게 교육해야 할까?

* * *

이 모든 것을 해낼 수 있느냐 없느냐는 우리 각자에게 달렸다.

나는 이제 베스트 바이를 떠나 인생의 새로운 장을 시작했고, 어떻게든 이 의미 있는 대의에 내 목소리와 에너지를 보태고 싶다. 내가 이 책을 쓰게 된 것도 사실 그 때문이다. 3년 전 모교인 HEC 파리에서 목적의식 있는 리더십에 대해 강의하고, 거기에서 다른 교수들과 함께 이 대의를 위해 일하기로 한 것도 바로 그 때문이다. 하버드 경영대학원에서도 이런 이유로 강의를 했다. 거기에서 뛰어난 동료 교수들을 도와 차세대 리더를 교육하는 데 일조할 수 있게 되어 너무 기쁘다. 지금 나는 뛰어난 경영자 리더십 코치이자 유명 작가인 내 아내 오르탕스 르 장티와 함께, 가장 나은 자기 자신이 되고 목적과 인간애를 가진 리더가 되며 세상을 긍정적으로 변화시키려 애쓰는 다른 리더들을 열심히 돕고 있다.

당신은 어떤 식으로 기여하고 싶은가?

우리 다 함께 목적과 사람이 비즈니스의 중심에 놓이는 세상을 향해 나아가자.

2020년 11월

위베르 졸리

감사의 글

위베르 졸리

이 책이 나오기까지 중요한 역할을 해준 많은 분들께 아주 큰 빚을 졌다. 다음에 언급하는 분들께 깊은 감사의 말씀을 전하고 싶다.

• 먼저 지난 수십 년간 내게 이런저런 영감을 준 많은 분들에게 감사의 말씀을 전한다. 내가 매킨지 앤드 컴퍼니에 있을 때 장 마리 데카르팡트리와 이브 르사주 같은 여러 고객은 내게 리더십과 관련된 기본 원칙을 가르쳐주었다. 사무엘 신부님은 30년 넘게 언제나 나의 영적 가이드였으며, 많은 영감과 지혜를 주신다. 매릴린 칼슨 넬슨은 사랑으로 사람들을 이끄는 게

어떻게 가능한지 보여줬다. 매킨지 앤드 컴퍼니에서 파트너였고, 훗날 베스트 바이 이사회에서 사외이사가 된 러스 프래딘은 여러 해 동안 자신의 지혜를 아낌없이 내게 나눠주었다. 마셜 골드스미스는 전반적인 내 삶에, 그리고 특히 다른 사람들의 피드백에 마음을 열어 더 나은 사람이 되려 애쓰는 내게 지대한 영향을 주었다. 에릭 플리너는 훗날 내가 효율적인 팀 리더십에 대해 더 많은 걸 배울 수 있게 도움을 주었다. 임원 스카우트 기업 스펜서 스튜어트의 내 친구 짐 시트린은 내가 베스트 바이의 최고경영자가 되는 데 도움을 주었을 뿐 아니라, 틈날 때마다 리더십 및 성장과 관련된 정보와 지혜를 나눴다. 랄프 로렌은 내 역할 모델로, 더 나은 삶을 향한 꿈을 갖고 사업할 수 있다는 걸 보여줬다. 빌 조지는 10년 넘게 내 멘토이자 친구로, 역할 모델이 되어 주었다. 그는 이 책의 여기저기에서 더없이 소중한 피드백을 주었고, 이 책의 서문을 썼다. 보다 시야를 넓혀 보면, 지난 수십 년간 내가 알고 지낸, 뛰어난 여러 최고경영자들과 기업 및 비영리 단체 리더 역시 목적과 인간애를 가지고 사람들을 이끄는 방법과 관련해 내게 놀라운 영감을 주었다. 그들 중 많은 사람들이 고맙게도 이 책의 추천사를 써주었다.

• 베스트 바이의 팀원들 모두에게도 감사를 전한다. 베스트 바이 시절에 나는 회사 창업자인 딕 슐츠와, 오랜 기간 최고경영자를 지낸 브래드 앤더슨(칼슨 시절에 이사회 이사로 처음 만났다)을

비롯한 여러 친구와 동료로부터 너무도 많은 걸 배웠다. 이 책에서 언급한 베스트 바이의 모든 임원과 리더들, 특히 오늘날 세계에서 가장 유명한 최고경영자 중 하나로 꼽을 만한 놀라운 후임자 코리 배리로부터도 많은 것을 배웠다. 함께 일할 기회가 있었던 블루 셔츠 내이션의 모든 구성원(여러분은 정말 내게 너무 많은 것을 주었다)으로부터도 많은 것을 배웠다. 마지막으로 베스트 바이의 모든 책임자들, 특히 내가 베스트 바이에 합류했을 때 비상임 회장이었던 내 친구 하팀 티압지에게도 꼭 감사를 전하고 싶다.

- 목적의식이 뚜렷한 리더십과 관련해 함께 손잡고 일한 HEC 파리 팀원들에게도 감사의 말을 전한다. 특히 내 모든 생각을 믿어주고 그 생각들을 활용해 경영학 교육을 변화시키는 데 도움을 준 피터 토드와 듀란드 교수에게 감사를 전하고 싶다.

- 나를 교수로 맞아주고, 또 차세대 젊은이들이 뛰어난 리더가 되어 세계가 직면한 도전을 해결할 준비를 하는 데 일조할 기회를 준 하버드 경영대학원의 새로운 동료 교수들에게도 고마움을 전한다.

- 함께 일할 수 있어 너무 즐거웠고, 모든 걸 가능하게 해준 집필 파트너 캐롤라인 램버트에게도 감사의 말을 전한다. 책을 쓰는 건 어렵지 않을지 몰라도, 좋은 책을 쓰는 건 너무나도 어

럽다. 이 책이 좋은 책이라면, 그건 순전히 캐롤라인 덕분이다.

- 출판 에이전트 라페 사갈린에게도 고마움을 전한다. 그는 끊임없이 이 책을 다듬는 데 도움을 주었고 '말하지 말고 보여주라'며 늘 우리를 독려했으며 종국에는 우리를 HBR 프레스 출판사의 멋진 팀원들에게 소개해주었다.

- HBR 프레스 출판사의 팀원들, 특히 캐롤라인과 내가 이 책을 출간하는 과정에서 즐거운 마음으로 함께 일한 뛰어난 편집자 스콧 베리나토에게 감사의 말을 전한다. 그는 처음부터 끝까지 아주 소중한 가이드와 지지자 역할을 해주었다. 우리는 당신과 함께한 모든 순간들을 소중히 생각한다.

- 집필 작업을 보조해준 놀라운 능력자 셸리 플런켓, 마샤 샌드버그, 이사도라 클라린에게도 고마움을 전한다. 세 사람은 이 책을 집필하기 전후는 물론 집필 과정에서도 늘 효율적인 방식으로 내게 도움을 주었다.

마지막으로 꾸준한 노력과 품위 있는 행동의 중요성을 가르쳐주신 우리 부모님, 늘 내게 이런저런 아이디어와 사랑과 격려를 주는 아이들, 그리고 늘 기적 같은 지지와 파트너십을 보여주는 내 아내 오르탕스에게 특히 큰 고마움을 전하고 싶다.

캐롤라인 램버트

이 책의 집필 작업에 참여한 것은 아주 기쁘고 영감을 주는 일이었다.

위베르 졸리, 당신의 이 모험에 나를 초대해주어 감사한 마음이다. 정말이지 얼마나 멋진 모험이었는지! 그간 여러 차례 주소를 이전하고, 삶에 중요한 변화가 있었으며, 전 세계적으로 코로나 19 팬데믹이 기승을 부렸다. 와이파이가 고장을 일으키고, 셀 수 없이 많은 화상회의를 여는 등 많은 일들이 있었다. 그 와중에도 위베르는 나를 믿고 많은 아이디어와 이야기를 털어놓았고, 이런저런 내 질문에 일일이 다 답해주었으며, 여러 해 전 내가 도망쳐 나온 기업의 세계와는 너무나도 다른 긍정적인 기업의 비전을 제시해준 것에 감사드린다. 또한 그의 참을성과 친절함, 관대함, 긍정적인 사고방식에도 고마운 마음이다. 아마 당신보다 더 멋진 집필 파트너를 만난다는 건 꿈도 꿀 수 없을 것이다.

우리가 처음부터 뛰어난 편집자 스콧 베리나토와 함께 일하게 된 것은 더없이 큰 행운이었다. 그의 피드백과 예리한 편집 능력 덕에 이 책의 각 페이지는 훨씬 더 좋아졌고, 그의 유머 감각과 격려 덕에 우리의 미팅은 늘 즐거웠다. 이 책이 컴퓨터 모니터에서 서점의 서가로 옮겨가는 데 도움을 준 HBR 프레스의 팀원 모두에게도 감사를 전한다.

여러 동료들이 이 책의 원고를 읽고 검토해주고 소중한 피드백을 주었다. 그분들께도 감사를 드린다.

위베르 졸리의 출판 에이전트 라페 사갈린은 우리의 출판 제안서를 다듬는 데 많은 도움을 주었고, HBR 프레스에서 이 책을 출간할 수 있게 주선했다. 매달 미팅을 마련해준 셸리 플런켓, 마샤 샌드버그, 이사도라 클라린에게도 깊은 감사를 전한다. 베스트 바이와 관련한 정보를 제공해준 맷 퍼먼과 그의 팀에게도 고마움을 전하고 싶다.

오르탕스 르 장티에게도 말할 수 없이 많은 빚을 졌다. 그녀가 없었다면 이 모든 건 이루어지지 못했을 것이다. 오르탕스의 끝없는 우정과 지지에 감사드린다.

마지막으로 변함없이 큰 사랑과 지지를 보내며 허구한 날 밤늦게까지 원고를 쓰고 수정하는 나를 이해해준 남편 데이비드와 우리 딸 조에게 더없이 큰 감사와 사랑을 보낸다. 나의 세계는 두 사람으로부터 시작해 두 사람에서 끝난다.

주

프롤로그

1   Lisa Earle McLeod, *Leading with Noble Purpose: How to Create a Tribe of True Believers* (Hoboken, NJ: Wiley, 2016).

1부 일의 의미

1. 아담의 저주

1   Marcus Buckingham and Ashley Goodall, *Nine Lies about Work: A Freethinking Leader's Guide to the Real World* (Boston, MA: Harvard Business Review Press, 2019), *Appendix* A, 237–245.

2   Jim Harter, "Dismal Employee Engagement Is a Sign of Global Mismanagement," Gallup Workplace Blog, https://www.gallup.

com/workplace/231668/dismal-employee-engagement-sign-global-mismanagement.aspx.

3   Gallup, *State of the Global Workplace* (Washington, DC: Gallup, 2017), 5.

4   Andrew Chamberlain, "6 Studies Show Satisfied Business Employees Drive Business Results," *Glassdoor*, December 6, 2017, https://www.glassdoor.com/research/satisfied-employees-drive-business-results/.

5   Glassdoor, "New Research Finds That Higher Employee Satisfaction Improves UK Company Financial Performance,"March 29, 2018, https://www.glassdoor.com/about-us/new-research-finds-that-higher-employee-satisfaction-improves-uk-company-financial-performance/.

6   2016년부터 2017년까지 1년에 걸쳐 15개 분야, 75개 기업에 근무하는 50만 명 이상의 직원 등을 상대로 실시한 한 설문조사는 직원 참여도를 측정하고 개선하는 데 활용되는 플랫폼인 글린트[Glint]를 통해 이런 사실을 밝혀냈다. 직원 만족도에 박한 점수를 주는 직원은 후한 점수를 주거나 중립적인 직원에 비해 설문조사 이후 6개월 이내에 이직할 가능성이 5배, 1년 이내에 이직할 가능성이 12배 높다는 것이다.

7   Buckingham and Goodall, *Nine Lies about Work*, Appendix A, 237.

8   Glint customer studies.

9   아리스토텔레스가 매긴 사람이 하는 일의 서열에 따르면, 노예의 노동에서 숙련공의 노동에 이르는 노동은 최하위에 속한다. 이는 프락시스[praxis](생각을 실천하는 것)는 물론 테오리아[theoria](삶을 영위하는 가장 숭고한 방법으로 여겨지는 지적 명상)보다 아래에 있다.

10   로마의 시인 베르길리우스는 주피터가 인간의 욕구를 만족시키기 위해 인간에게 노동을 시켰다는 이야기를 들려준다. 이는 노동의 부담에서 자유로운 신들과는 다른 점이다. 키케로는 노동이 몸과 정신을 퇴보시키는 천한 것이라고 적고 있다.

11   "땅은 너 때문에 저주를 받으리라. 너는 사는 동안 줄곧 고통 속에서 땅을 부쳐 먹으리라." 아담이 선악과를 따먹은 뒤 하느님이 말씀하셨다(《창세기》 3:17). 그리고 "너는 흙에서 나왔으니 흙으로 돌아갈 때까지 얼굴에 땀을 흘려

야 양식을 먹을 수 있으리라."(《창세기》 3:19) 이렇게 볼 때 일은 필요하지만 고통스러운 것이다.

12 Adam Smith, *Wealth of Nations* (New York, NY: Random House, 1937), 734–735.

13 이런 관점에서 일의 유일한 목적은 생계를 꾸리는 것이며, 일 그 자체에는 아무 유용성도 없다. "일은 피해야 할 필요악이다." 마크 트웨인은 이렇게 말했다. 오스트리아의 저널리스트 알프레트 폴가에 따르면 "일은 언젠가 더 이상 할 필요가 없게 하려고, 지금 하는 것이다."

14 General Stanley McChrystal, Swith Tantum Collins, David Silverman, and Chris Fussell, *Team of Teams: New Rules of Engagement for a Complex World* (New York, NY: Portfolio/Penguin, 2015).

15 McChrystal, Collins, Silverman, and Fussell, *Team of Teams*.

16 According to the ADP Research Institute's global survey; see Buckingham and Goodall, *Nine Lies about Work*, 244–245.

2. 우리가 일을 하는 이유

1 Khalil Gibran, "On Work," in *The Prophet* (New York, NY: Alfred A. Knopf, 1923).

2 Genesis 2:15.

3 로마 교황이 주교들에게 보내는 많은 회칙으로 구성되었으며, 이 회칙들은 전부 훗날 요한 바오로 2세가 펴낸 《가톨릭교회의 사회적 원칙 요약서》에 통합됐다.

4 John Paul II, "Laborem Exercens," September 14, 1981, http://www.vatican.va/content/john-paul-ii/en/encyclicals/documents/hf_jp-ii_enc_14091981_laborem-exercens.html.

5 "모든 인간은 공익을 위해 열심히 일하게끔 창조되었다." 프랑스 종교 개혁가 장 칼뱅의 말이다.

6 John W. Budd, *The Thought of Work* (Ithaca, NY: Cornell University Press, Kindle Edition), 166. 또한 이슬람교에서는 "가장 훌륭한 사람은 남에게 유용한 사람이다."라고 가르친다(162).

7 Budd, *The Thought of Work*, 166. 개인들은 자신이 삶의 지상 목표로 정한 이

타적인 일을 함으로써, 전 세계 모든 이를 위해 끊임없이 봉사하는 데 힘쓰라고 교육받는다. (162) 힌두교의 영적 교육자이자 작가인 가야트리 나라이네는 이런 말을 했다. "일에 봉사의 개념을 추가하면 사람을 일의 중심에 놓게 되며, 일에 부족하기 쉬운 의미와 목적도 부여할 수 있다." See Naraine Gayatri, "Dignity, Self-Realization and the Spirit of Service: Principles and Practice of Decent Work," in *Philosophical and Spiritual Perspectives on Decent Work*, ed. Dominique Peccoud (Geneva, Switzerland: International Labour Organization, 2004), 96.

8 Andrew E. Clark and Andrew J. Oswald, "Unhappiness and Unemployment," *The Economic Journal* 104, no. 424 (May 1994): 648–659, https://www.jstor.org/stable/2234639?read-now=1&refreqid =excelsior%3Ab2ef5905f5bcbaad19ec08dd2dd565d7&seq =11#page_scan_tab_contents.

9 Juliana Menasce Horowitz and Nikki Graf, "Most U.S. Teens See Anxiety and Depression as a Major Problem Among Their Peers," Pew Research Center, February 20, 2019, https://www.pewsocialtrends.org/2019/02/20/most-u-s-teens-see-anxiety-and-depression-as-a-maor-problem-among-their-peers/

10 Amy Adkins and Brandon Rigoni, "Paycheck or Purpose: What Drives Millennials?," Gallup Workplace, June 1, 2016, https://www.gallup.com/workplace/236453/paycheck-purpose-drives-millennials.aspx.

11 David Brooks, *The Second Mountain: The Quest for a Moral Life* (New York, NY:Random House, 2019).

12 Bill George, *Discover Your True North: Becoming an Authentic Leader* (Hoboken, NJ: John Wiley & Sons, 2015).

13 Hortense le Gentil, *Aligned: Connecting Your True Self with the Leader You're Meant to Be* (Vancouver, BC: Page Two, 2019). Hortense le Gentil is also my wife.

14 Gianpiero Petriglieri, "Finding the Job of Your Life," *Harvard Business Review*, December 12, 2012, https://hbr.org/2012/12/finding-the-job-of-your-life.

15 J. Stuart Bunderson and Jeffrey A. Thompson, "The Call of the Wild:Zookeepers, Callings and the Double-Edged Sword of Deeply Meaningful

Work," *Administrative Science Quarterly* 54, no. 1 (March 2009): 32–57.

16   Dan Ariely, "What Makes Us Feel Good about Our Work?," filmed October2012 at TEDxRiodelaplata, Uruguay, video, 20:14, https://www.ted.com/talks/dan_ariely_what_makes_us_feel_good_about_our_work.

3. 완벽의 문제

1   Marshall Goldsmith with Mark Reiter, *What Got You Here Won't Get You There: How Successful People Become Even More Successful* (New York, NY: Hachette Books, 2007).

2   Etienne Benson, "The Many Faces of Perfectionism," *Monitor on Psychology* 34, no. 10 (November 2003): 18, https://www.apa.org/monitor/nov03/manyfaces.

3   Brene Brown, *The Gifts of Imperfection: Let Go of Who You Think You're Supposedto Be and Embrace Who You Are* (Center City, MN: Hazelden Publishing, 2010), 7.

4   Brené Brown, "The Power of Vulnerability," filmed June 2010 at TEDxHouston, Texas, video, 20:04, https://www.ted.com/talks/brene_brown_the_power_of_vulnerability/transcript?language=en.

5   Jeff Bezos, "Annual Letter to Shareholders," April 6, 2016, US Securities and Exchange Commission, https://www.sec.gov/Archives/edgar/data/1018724/000119312516530910/d168744dex991.htm.

6   Carol Dweck, *Mindset: The New Psychology of Success* (New York, NY: Random House, Kindle Edition, 2007), 20.

7   Thomas Curran and Andrew P. Hill, "Perfectionism Is Increasing over Time: A Meta-Analysis of Birth Cohort Differences from 1989 to 2016," *Psychological Bulletin* 145, no. 4 (2019): 410–429, https://www.apa.org/pubs/journals/releases/bul-bul0000138.pdf.

2부 목적의식이 뚜렷한 인간 조직

4. 기업의 목적은 수익 창출이 아니다

1 　최근에 실시한 에델맨 설문조사에 따르면, 설문에 응한 전 세계 많은 사람들 중 상당수가 현재의 자본주의는 장점보다 단점이 더 많다고 믿고 있다. 퓨 리서치 센터에 따르면, 미국인의 3분의 1이 자본주의를 부정적으로 본다. 왜 자본주의가 나쁘냐고 질문하면 그들은 주로 2가지 이유를 든다. 하나는 자본주의 체제가 불공정하며 부의 불평등에 일조한다는 것이다. 다른 하나는 자본주의가 본질적으로 부패와 착취에 토대를 두고 있어, 사람과 환경을 파괴한다는 것이다. 베이비붐 세대는 여전히 자유시장 체제를 받아들이고 있지만, 자본주의에 대한 젊은 세대의 환멸감은 2010년 이후 갈수록 더 커지고 있다. 그 결과 지금 젊은 세대는 겨우 절반만 자본주의를 긍정적으로 본다. 사회주의와 별 차이가 없다. See Edelman, "Edelman Trust Barometer 2020," 12, https://cdn2.hubspot.net/hubfs/440941/Trust%20Barometer%202020 /2020%20Edelman%20Trust%20Barometer%20Global%20Report.pdf?utm_ campaign=Global:%20Trust%20Barometer%202020&utm_source=Website; Pew Research Center, "Stark Partisan Divisions in Americans' Views of 'Socialism,' 'Capitalism,' " FactTank: News in the Numbers, June 25, 2019, https://www.pewresearch.org/fact-tank/2019/06/25/stark-partisan-divisions-in-americans-views-of-socialism-capitalism/; and Lydia Saad, "Socialism as Popular as Capitalism Among Young Adults in the U.S.," Gallup, November 25,2019, https://news.gallup.com/poll/268766/socialism-popular-capitalism-among-young-adults.aspx.

2 　2016년 5월, 《타임》지의 커버스토리는 '미국 자본주의가 직면한 큰 위기'로, "미국의 시장 자본주의 체제 자체가 망가졌다"는 내용을 담고 있다. 2018년 《이코노미스트》는 자본주의의 결함을 고치는 문제를 지속적으로 논의하는 '오픈 퓨처Open Future'를 시작했다. See Rana Foroohar, "American Capitalism's Great Crisis," *Time*, May 12, 2016, https://time.com/4327419/american-capitalisms-great-crisis/;and https://www.economist.com/open-future.

3   Milton Friedman, "A Friedman Doctrine," *New York Times*, September 13, 1970, https://www.nytimes.com/1970/09/13/archives/a-friedman-doctrine-the-social-responsibility-of-business-is-to.html.

4   The Business Roundtable, "Statement on Corporate Governance," September1997, 1, http://www.ralphgomory.com/wp-content/uploads/2018/05/Business-Roundtable-1997.pdf.

5   Edmund L. Andrews, "Are IPOs Good for Innovation?," Stanford Graduate School of Business, January 15, 2013, https://www.gsb.stanford.edu/insights/are-ipos-good-innovation.

6   Edelman, "Edelman Trust Barometer 2020."

7   BBC News, "Flight Shame Could Halve Growth in Air Traffic," October 2, 2019, https://www.bbc.com/news/business-49890057.

8   Larry Fink, "A Fundamental Reshaping of Finance," 2020 letter to CEOs, BlackRock, https://www.blackrock.com/corporate/investor-relations/larry-fink-ceo-letter.

9   Charlotte Edmond, "These Are the Top Risks Facing the World in 2020," World Economic Forum, January 15, 2020,https://www.weforum.org/agenda/2020/01/top-global-risks-report-climate-change-cyberattacks-economic-political.

10   Lynn Stout, " 'Maximizing Shareholder Value' Is an Unnecessary and Unworkable Corporate Objective," in *Re-Imagining Capitalism: Building a Responsible Long-Term Model*, ed. Barton Dominic, Dezso Horvath, and Matthias Kipping (Oxford, UK: Oxford University Press, 2016), chapter 12.

11   Global Sustainable Investment Alliance, "2018 Global Sustainable Investment Review," 8. 글로벌지속가능연합에 따르면, 현재 '책임감 있는 투자'는 일본 18%, 호주와 뉴질랜드 63% 등, 이 지역에서 전문적으로 관리되는 자산 중에서 비중이 점점 늘어난다고 한다(2018 Global Sustainable Investment Review 3쪽 참조). http://www.gsi-alliance.org/wp-content/uploads/2019/06/GSIR_Review2018F.pdf.

12   2017년 6월, 국제 금융 시스템을 모니터링하는 국제기구인 금융안정위원회

는 기후 관련 금융 문제를 다루는 태스크 포스를 통해 은행, 보험회사, 자산관리인, 자산 소유주를 위한 권고안을 내놓았다. 위원회의 공개 연례 서류에서 기후 관련 금융 정보를 밝힌 것이다(see https://www.fsb-tcfd.org/ publications/ final-recommendations-report/). 자산 운용사인 블랙록은 최고경영자들에게 이 권고안을 따르도록 권하고 있다. 또한 이 권고안에 따라 충분한 노력을 기울이지 않고, 그에 필요한 사업 관행과 계획을 보여주지 못하는 기업의 경영진이나 이사회에 반대표를 던질 것이라는 입장을 견지하고 있다. See Fink, "A Fundamental Reshaping of Finance."

5. 성당을 짓는 사업

1   Lisa Earle McLeod, *Leading with Noble Purpose: How to Create a Tribe of True Believers* (New York, NY: Wiley, 2016).

2   Simon Sinek, "How Great Leaders Inspire Action," filmed September 2009 at TEDxPugetSound, Washington State, September 2009, video, 17:49, https:// www.ted.com/talks/simon_sinek_how_great_leaders_inspire_action.

3   Ralph Lauren, "About Us," https://www.ralphlauren.co.uk/en/global/about-us/7113.

4   Johnson & Johnson, "Our Credo," https://www.jnj.com/credo/.

5   Raj Sisodia, Jag Sheth, and David Wolfe, *Firms of Endearment: How World Class Companies Profit from Passion and Purpose*, 2nd ed. (Upper Saddle River, NJ: Wharton School, 2014), https://www.firmsofendearment.com.

6   Sisodia, Sheth, and Wolfe, *Firms of Endearment*.

7   See, for example, Cathy Carlisi, Jim Hemerling, Julie Kilmann, Dolly Meese, and Doug Shipman, "Purpose with the Power to Transform Your Organization," Boston Consulting Group, May 15, 2017, https://www.bcg.com/ publications/2017/transformation-behavior-culture-purpose-power-transform-organization.aspx.

8   Leslie P. Norton, "These Are the 100 Most Sustainable Companies in America—and They're Beating the Market," *Barron's*, February 7, 2020,

https://www.agilent.com/about/newsroom/articles/barrons-100-most-sustainable-companies-2020.pdf.

9 Larry Fink, "A Sense of Purpose," Larry Fink's annual letter to CEOs, 2018, https://www.blackrock.com/corporate/investor-relations/2018-larry-fink-ceo-letter.

10 최고경영자가 비즈니스 라운드테이블의 회원인 기업은 고용 직원이 1,000만 명 이상이며, 연간 7조 달러 이상의 수익을 창출한다. https://www.business roundtable.org/about-us.

11 Business Roundtable, "Statement on the Purpose of a Corporation," August 19, 2019, https://s3.amazonaws.com/brt.org/BRT-StatementonthePurposeofaCorpo rationOctober2020.pdf.

12 Business Roundtable, "Statement on the Purpose of a Corporation."

13 Global Justice Now, "69 of the 100 Richest Entities on the Planet Are Corporations, Not Governments, Figures Show," October 17, 2018, https://www.globaljustice.org.uk/news/2018/oct/17/69-richest-100-entities-planet-are-corporations-not-governments-figures-show.

14 "아메리칸드림은 살아 있지만 너무 닳고 닳았다." JP모건 체이스 앤드 컴퍼니의 회장 겸 최고경영자이자 미국 경제 단체 비즈니스라운드 테이블의 의장인 제이미 다이먼의 말이다. "주요 기업은 직원과 지역사회에 투자한다. 장기적으로 볼 때 그것이 성공에 이르는 유일한 길임을 잘 알고 있기 때문이다." 정보 운용사 뱅가드의 전직 최고경영자였던 빌 맥나브도 비슷한 말을 한다. "기업의 목적을 세울 때 보다 광범위하고 경쟁력 있는 관점을 가짐으로써, 이사회는 장기적인 가치를 창출하는 데 집중할 수 있고, 투자자, 직원, 지역사회, 공급업체, 고객 등 모든 이해관계자들에게 더 많은 도움을 줄 수 있다." August 19, 2019, https://www.businessroundtable.org/business-roundtable-redefines-the-purpose-of-a-corporation-to-promote-an-economy-that-serves-all-americans.

6. 숭고한 목적

1 Kavita Kumar, "Amazon's Bezos Calls Best Buy's Turnaround 'Remarkable' as Unveils New TV Partnership," *Star Tribune*, April 19, 2018, http://www.startribune.com/best-buy-and-amazon-partner-up-in-exclusive-deal-to-sell-new-tvs/4800599/.

2 Kumar, "Amazon's Bezos."

3 V. Kasturi Rangan, Lisa Chase, and Sohel Karim, "The Truth about CSR," *Harvard Business Review*, January–February 2015, https://hbr.org/2015/01/the-truth-about-csr.

4 Marc Bain, "There's Reason to Be Skeptical of Fashion's New Landmark Environmental Pact," *Quartz*, August 24, 2019, https://qz.com/quartzy/1693996/g7-summit-new-fashion-coalition-unveils-sustainability-pact/.

5 Marc Benioff and Monica Langley, *Trailblazer: The Power of Business as the Greatest Platform for Change* (New York, NY: Random House, Kindle Edition, 2019), chapter 2, 26–33.

6 Jim Hemerling, Brad White, Jon Swan, Cara Castellana Kreisman, and J. B. Reid, "For Corporate Purpose to Matter, You've Got to Measure It," Boston Consult-ing Group, August 16, 2018, https://www.bcg.com/en-us/publications/2018/corporate-purpose-to-matter-measure-it.aspx.

7. 사람으로 시작해 사람으로 끝내기

1 Statista, "Small Appliances," n.d., https://www.statista.com/outlook/16020000/109/small-appliances/united-states.

2 그 당시 우리는 그 프레젠테이션이 허리케인 샌디 때문에 11월 13일까지 미뤄지게 되리라는 걸 알 수 없었다.

3부 휴먼 매직

8. 인센티브의 허상

1 Richard Schulze, *Becoming the Best: A Journey of Passion, Purpose, and Perseverance* (New York, NY: Idea Platform, 2011), 153.

2 RSA Animate, "Drive: The Surprising Truth about What Motivates Us," YouTube, filmed April 1, 2010, video, 10:47, https://www.youtube.com/watch?v=u6XAPnuFjJc&feature=share.

3 Daniel Pink, "The Puzzle of Motivation," TEDGlobal 2009, video, 18:36, https://www.ted.com/talks/dan_pink_the_puzzle_of_motivation/transcript?referrer=playlist-why_we_do_the_things_we_do#t -262287.

4 1970년대 초에 이미 로체스터대학교 심리학과 교수이자 학과장이었던 에드워드 데시는 연구 결과, 성과에 대한 보상은 이른바 '내재적 동기(intrinsic motivation, 외부 자극에 좌우되지 않고 스스로 행동하려는 욕구 - 옮긴이)'를 저해한다고 결론을 내린 바 있다.

5 Samuel Bowles, "When Economic Incentives Backfire," Harvard Business Review, March 2009, https://hbr.org/2009/03/when-economic-incentives-backfire.

9. 첫 번째 요소: 꿈과 꿈을 연결하기

1 Shawn Achor, Andrew Reece, Gabriella Roser Kellerman, and Alexi Robichaud, "9 out of 10 People Are Willing to Earn Less Money to Do More-Meaningful Work," Harvard Business Review, November 6, 2018, https://hbr.org/2018/11/9-out-of-10-people-are-willing-to-earn-less-money-to-do-more-meaningful-work.

2 Bill George, *Discover Your True North: Becoming an Authentic Leader* (Hoboken, NJ: John Wiley & Sons, 2015).

10. 두 번째 요소: 인간관계 맺기

1   Dan Buettner, "How to Live to Be 100+," filmed September 2009 at TEDxTC, Minneapolis, MN, video, 19:03, https://www.ted.com/talks/dan_buettner_how_to_live_to_be_100.

2   Charles O'Reilly and Jeffrey Pfeffer, *Hidden Value: How Great Companies Achieve Extraordinary Results with Ordinary People* (Boston, MA: Harvard Business School Press, 2000).

3   Raj Sisodia, Jag Sheth, and David Wolfe, *Firms of Endearment: How World Class Companies Profit from Passion and Purpose*, 2nd ed. (London, UK: Pearson Education, 2014), 68.

4   John Mackey and Raj Sisodia, *Conscious Capitalism: Liberating the Heroic Spirit of Business* (Boston, MA: Harvard Business Review Press, Kindle Edition, 2012), chapter 15.

5   이것은 하버드 경영대학원의 에이미 에드먼슨 교수가 '심리적 안전'이라고 규정한 것이다.

6   Drake Baer, "Why Doing Awesome Work Means Making Yourself Vulnerable," FastCompany, September 17, 2012, https://www.fastcompany.com/3001319/why-doing-awesome-work-means-making-yourself-vulnerable.

7   Brené Brown, "The Power of Vulnerability," filmed June 2010 at *TEDxHouston*, TX, video, 12:04, https://www.ted.com/talks/brene_brown_the_power_of_vulnerability ?language=en.

8   Mackey and Sisodia, *Conscious Capitalism*, 227.

9   Dorie Clark, "What's the Line between Authenticity and TMI?," *Forbes*, August 26, 2013, https://www.forbes.com/sites/dorieclark/2013/08/26/whats-the-line-between-authenticity-and-tmi/#12881ca720a.

10 Marriott International, "A Message from Arne," Twitter, March 20, 2020.

11 McKinsey & Company, "Women Matter, Time to Accelerate: Ten Years of Insights into Gender Diversity," October 2017, 13–5, https://www.mckinsey.com/~/media/McKinsey/Featured%20Insights/Women%20

matter/Women%20Matter%20Ten%20years%20of%20insights%20on%20
the%20importance%20of%20gender%20diversity /Women-Matter-Time-
to-accelerate-Ten-years-of-insights-into-gender-diversity.ashx; and Vivian
Hunt, Dennis Layton, and Sara Prince, "Why Diversity Matters," McKinsey
& Company, January 2015, https://www.mckinsey.com/business-functions/
organization/our-insights/why-diversity-matters.

12 McKinsey & Company, "Women Matter."

13 Jen Wieczner, "Meet the Women Who Saved Best Buy," *Fortune*, October 25,
2015, https://fortune.com/2015/10/25/best-buy-turnaround/.

14 Sally Helgesen and Marshall Goldsmith, *How Women Rise: Break the 12
Habits Holding You Back from Your Next Raise, Promotion, or Job* (New York,
NY: Hachette Books, 2018).

15 Stephanie J. Creary, Mary-Hunter McDonnell, Sakshi Ghai, and Jared Scruggs,
"When and Why Diversity Improves Your Board's Performance," Harvard
Business Review, March 27, 2019, https://hbr.org/2019/03/when-and-why-
diversity-improves-your-boards-performance.

16 Clare Garvie and Jonathan Frankle, "Facial-Recognition Software Might Have
a Racial Bias Problem,"The Atlantic, April 7, 2016, https://www.theatlantic.
com/technology/archive/2016/04/the-underlying-bias-of-facial-recognition-
systems/476991/.

11. 세 번째 요소: 자율성 키우기

1 Robert Rosenzweig, "Robert S. McNamara and the Evolution of Modern
Management," Harvard Business Review, December 2010, https://hbr.
org/2010/12/robert-s-mcnamara-and-the-evolution-of-modern-management.

2 Daniel Pink, "Drive: The Surprise Truth about What Motivates Us," RSA
Animate, April 1, 2010, https://www.youtube.com/watch?v=u6XAPnuFjJc.

3 Robert Karasek, "Job Demands, Job Decision Latitude, and Mental Strain:
Implications for Job Redesign," *Administrative Science Quarterly* 24, no. 2 (June

1979): 285–308, https://www.jstor.org/stable/2392498?casatoken=zErCV0xkAv
8AAAAA:YpBVSvBEQ5hj7z EYgfGGX4QUUVJO4LhVvTcm2lTXPjOuYo
QqlzLkzmzvwfd4jL5SlhKnbv6ZejaHhIYvDHolTkpjZjiN2hQ4Dj9VRX1cYur
_6ab9bCA&seq=1#metadata.

4   Amazon, Jeff Bezos's letter to shareholders, April 2017, https://www.sec.gov/
Archives/edgar/data/1018724/000119312517120198/d373368dex991.htm.

5   '상황적 리더십'이라는 이 모델을 개발한 사람은 폴 허시와 켄 블랜차드였
다. See Paul Hersey, Kenneth Blanchard, and Dewey Johnson, *Management
of Organizational Behavior : Leading Human Resources*, 10th ed. (Upper
SaddleRiver, NJ:Pearson Prentice Hall, 2012).

6   Alex Berenson, "Watch Your Back, Harry Potter: A Wizardly Computer Game,
Diablo II, Is a Hot Seller," *New York Times*, August 3, 2000, https://www.
nytimes.com/2000/08/03/business/watch-your-back-harry-potter-a-wizardly-
comuter-game-diablo-ii-is-a-hot-seller.htm.

12. 네 번째 요소: 숙달하기

1   George Leonard, Mastery: *The Keys to Success and Long-Term Fulfillment* (New
York, NY: Penguin Publishing Group, Kindle Edition, 1992), xiii.

2   Neil Hayes, *When the Game Stands Tall, Special Movie Edition: The Story of
the De La Salle Spartans and Football's Longest Winning Streak* (Berkeley, CA:
North Atlantic Books, 2014).

3   "우리의 권리는 우리가 맡은 행동의 성과에 국한되며, 우리의 의무는 최선을
다해 맡은 그 행동을 잘 해내는 데 있다. 우리의 마음이 행동 자체보다 행동
의 결과에 집중될 때, 정신이 산만해져 제대로 집중하지 못하게 되는 경우가
많다. 또한 집착은 우리를 불안하게 만들 수 있고, 승리에 대한 부담은 우리의
에너지를 고갈시킬 수 있다." From Menon Devdas, *Spirituality at Work: The
Inspiring Message of the Bhagavad Gita*(Mumbai, India: Yogi Impressions Books,
Kindle Edition, 2016), 103.

4   Robert Sutton and Ben Wigert, "More Harm than Good: The Truth about

Performance Reviews," *Gallup*, May 6, 2019, https://www.gallup.com/
workplace/249332/harm-good-truth-performance-reviews.aspx.

5   Rosamund Stone Zander and Ben Zander, *The Art of Possibility: Transforming
Professional and Personal Life* (New York, NY: Penguin), chapter 3.

6   Marcus Buckingham and Ashley Goodall, *Nine Lies about Work: A
Freethinking Leader's Guide to the Real World* (Boston, MA: Harvard Business
Review Press, Kindle Edition, 2019), 111.

13. 다섯 번째 요소: 바람을 등지고 달리기

1   Chan Kim and Renee Mauborgne, *Blue Ocean Strategy: How to Create
Uncontested Market Space and Make the Competition Irrelevant* (Boston, MA:
Harvard Business School Publishing, 2004).

2   이 문구는 작가 제임스 콜린스와 제리 포라스가 개진했다.

4부 목적의식이 뚜렷한 리더

14. 어떤 리더가 될 것인가?

1   Emma Seppala, "What Bosses Gain by Being Vulnerable," Harvard Business
Review, December 11, 2014, https://hbr.org/2014/12/what-bosses-gain-by-
being-vulnerable.

2   Rodolphe Durand and Chang-Wa Huyhn, "Approches du Leadership, Livret de
Synthese," HEC Paris, Society and Organizations Institute, n.d.

3   Clayton Christensen, "How Will You Measure Your Life?," Harvard Business
Review, July–August 2010, https://hbr.org/2010/07/how-will-you-measure-
your-life.

4   Christensen, "How Will You Measure Your Life?"

15. 목적의식이 뚜렷한 리더

1   Clayton Christensen, "How Will You Measure Your Life?," Harvard Business Review, July–August 2010, https://hbr.org/2010/07/how-will-you-measure-your-life.

2   Marshall Goldsmith and Scott Osman, *Leadership in a Time of Crisis: The Way Forward in a Changed World* (New York, NY: Rosetta Books, 2020).

결론. 행동하라

1   Hortense le Gentil, *Aligned: Connecting Your True Self with the Leader You're Meant to Be* (Vancouver, BC: Page Two, 2019), 2.

찾아보기